国家宏观战略中的关键性问题研究丛书

人口空间分布趋势预测及相关政策研究

陈 雯 李平星 闫东升◎著

科学出版社

北 京

内 容 简 介

　　人口空间分布，是"经济–社会–资源–环境"复杂系统中的关键一环，是制定国家及区域重大战略的前提，是各类规划合理配置要素的重要基础。本书根据我国社会主义现代化建设的新要求和人口发展与空间布局的新趋势，从全国、长三角城市群、典型城市及其代表区域等尺度，开展人口空间分布的演化过程与形成机理研究，从开发–保护平衡、公平–效率兼顾维度进行人口空间分布预测，进而提出引导和优化人口空间分布的政策建议，可为我国新时期优化城乡区域发展格局、促进协调发展提供科学依据和政策建议。

　　本书可为各级经济发展与改革、城市发展与规划、自然资源管理等相关政府管理部门提供决策参考，也可作为区域与城市规划、人文地理学、区域公共管理学等领域研究人员和高等院校师生的参考用书。

图书在版编目(CIP)数据

人口空间分布趋势预测及相关政策研究/陈雯，李平星，闫东升著. —北京：科学出版社，2023.3
　（国家宏观战略中的关键性问题研究丛书）
　ISBN 978-7-03-071235-6

Ⅰ. ① 人⋯　Ⅱ. ① 陈⋯　② 李⋯　③ 闫⋯　Ⅲ. ① 人口分布 – 研究 – 中国
Ⅳ. ① C922.2

中国版本图书馆 CIP 数据核字（2021）第 271172 号

责任编辑：陈会迎／责任校对：姜丽策
责任印制：张　伟／封面设计：有道设计

科 学 出 版 社 出版
北京东黄城根北街 16 号
邮政编码：100717
http://www.sciencep.com

北京中科印刷有限公司 印刷
科学出版社发行　各地新华书店经销
*

2023 年 3 月第 一 版　开本：720 × 1000　1/16
2023 年 3 月第一次印刷　印张：16 1/2
字数：330 000
定价：182.00 元
（如有印装质量问题，我社负责调换）

丛书编委会

主　编：

侯增谦　副　主　任　　国家自然科学基金委员会

副主编：

杨列勋　副　局　长　　国家自然科学基金委员会计划与政策局

刘作仪　副　主　任　　国家自然科学基金委员会管理科学部

陈亚军　司　　　长　　国家发展和改革委员会发展战略和规划司

邵永春　司　　　长　　审计署电子数据审计司

夏颖哲　副　主　任　　财政部政府和社会资本合作中心

编委会成员（按姓氏拼音排序）：

陈　雯　研　究　员　　中国科学院南京地理与湖泊研究所

范　英　教　　　授　　北京航空航天大学

胡朝晖　副　司　长　　国家发展和改革委员会发展战略和规划司

黄汉权　研　究　员　　国家发展和改革委员会价格成本调查中心

李文杰　副　主　任　　财政部政府和社会资本合作中心推广开发部

廖　华　教　　　授　　北京理工大学

马　涛　教　　　授　　哈尔滨工业大学

孟　春　研　究　员　　国务院发展研究中心

彭　敏　教　　　授　　武汉大学

任之光　处　　　长　　国家自然科学基金委员会管理科学部

石　磊　副　司　长　　审计署电子数据审计司

唐志豪　处　　　长　　审计署电子数据审计司

涂　毅　主　　　任　　财政部政府和社会资本合作中心财务部

王　擎　教　　　授　　西南财经大学

王　忠　副　司　长　　审计署电子数据审计司

王大涛　处　　　长　　审计署电子数据审计司

吴　刚　处　　　长　　国家自然科学基金委员会管理科学部

徐　策　原　处　长　　国家发展和改革委员会发展战略和规划司

杨汝岱　教　　　授　　北京大学

张建民　原副司长　　国家发展和改革委员会发展战略和规划司

张晓波　教　　　授　　北京大学

周黎安　教　　　授　　北京大学

丛 书 序

习近平总书记强调，编制和实施国民经济和社会发展五年规划，是我们党治国理政的重要方式①。"十四五"规划是在习近平新时代中国特色社会主义思想指导下，开启全面建设社会主义现代化国家新征程的第一个五年规划。在"十四五"规划开篇布局之际，为了有效应对新时代高质量发展所面临的国内外挑战，迫切需要对国家宏观战略中的关键问题进行系统梳理和深入研究，并在此基础上提炼关键科学问题，开展多学科、大交叉、新范式的研究，为编制实施好"十四五"规划提供有效的、基于科学理性分析的坚实支撑。

2019 年 4 月至 6 月期间，国家发展和改革委员会（简称国家发展改革委）发展战略和规划司来国家自然科学基金委员会（简称自然科学基金委）调研，研讨"十四五"规划国家宏观战略有关关键问题。与此同时，财政部政府和社会资本合作中心向自然科学基金委来函，希望自然科学基金委在探索 PPP（public-private partnership，政府和社会资本合作）改革体制、机制与政策研究上给予基础研究支持。审计署电子数据审计司领导来自然科学基金委与财务局、管理科学部会谈，商讨审计大数据和宏观经济社会运行态势监测与风险预警。

自然科学基金委党组高度重视，由委副主任亲自率队，先后到国家发展改革委、财政部、审计署调研磋商，积极落实习近平总书记关于"四个面向"的重要指示②，探讨面向国家重大需求的科学问题凝练机制，与三部委相关司局进一步沟通明确国家需求，管理科学部召开立项建议研讨会，凝练核心科学问题，并向委务会汇报专项项目资助方案。基于多部委的重要需求，自然科学基金委通过宏观调控经费支持启动"国家宏观战略中的关键问题研究"专项，服务国家重大需求，并于 2019 年 7 月发布"国家宏观战略中的关键问题研究"项目指南。领域包括重大生产力布局、产业链安全战略、能源安全问题、PPP 基础性制度建设、宏观经济风险的审计监测预警等八个方向，汇集了中国宏观经济研究院、国务院发展研究中心、北京大学等多家单位的优秀团队开展研究。

该专项项目面向国家重大需求，在组织方式上进行了一些探索。第一，加强顶层设计，凝练科学问题。管理科学部多次会同各部委领导、学界专家研讨凝练

---

① 《习近平对"十四五"规划编制工作作出重要指示》，www.gov.cn/xinwen/2020-08/06/content_5532818.htm，2020 年 8 月 6 日。

② 《习近平主持召开科学家座谈会强调 面向世界科技前沿面向经济主战场 面向国家重大需求面向人民生命健康 不断向科学技术广度和深度进军》（《人民日报》2020 年 9 月 12 日第 01 版）。

科学问题，服务于"十四五"规划前期研究，自上而下地引导相关领域的科学家深入了解国家需求，精准确立研究边界，快速发布项目指南，高效推动专项立项。第二，加强项目的全过程管理，设立由科学家和国家部委专家组成的学术指导组，推动科学家和国家部委的交流与联动，充分发挥基础研究服务于国家重大战略需求和决策的作用。第三，加强项目内部交流，通过启动会、中期交流会和结题验收会等环节，督促项目团队聚焦关键科学问题，及时汇报、总结、凝练研究成果，推动项目形成"用得上、用得好"的政策报告，并出版系列丛书。

该专项项目旨在围绕国家经济社会等领域战略部署中的关键科学问题，开展创新性的基础理论和应用研究，为实质性提高我国经济与政策决策能力提供科学理论基础，为国民经济高质量发展提供科学支撑，助力解决我国经济、社会发展和国家安全等方面所面临的实际应用问题。通过专项项目的实施，一方面，不断探索科学问题凝练机制和项目组织管理创新，前瞻部署相关项目，产出"顶天立地"成果；另一方面，不断提升科学的经济管理理论和规范方法，运用精准有效的数据支持，加强与实际管理部门的结合，开展深度的实证性、模型化研究，通过基础研究提供合理可行的政策建议支持。

希望此套丛书的出版能够对我国宏观管理与政策研究起到促进作用，为国家发展改革委、财政部、审计署等有关部门的相关决策提供参考，同时也能对广大科研工作者有所启迪。

侯增谦

2022 年 12 月

前　言

人口是经济社会活动的基础。优化人口发展战略，是党的二十大明确提出的战略要求，也是支撑中国式现代化建设的关键举措。人口的"一双手"代表劳动和创造能力的供给，"一张嘴"是对食物及生存的需求，这是人口发展的两个基本逻辑。人口空间分布，作为"经济–社会–资源–环境"复杂系统的关键一环，一直是地理学、管理学、经济学、社会学等关注的重要命题，也是科学配置经济社会发展各类要素、编制国土空间等各类规划、促进城乡区域均衡协调发展的现实基础。

作为一个拥有 14 亿多人口、幅员辽阔、自然地理条件和经济社会发展地区差异显著的大国，人口空间分布的极大不均衡性是中国人口空间布局研究中不容忽视的一个基本现象。人口空间分布及演化过程，有着特定的自然人文环境和政策制度背景，长期受到自然资源环境条件供给的决定性影响，受制并反作用于经济社会发展水平，且与宏观政策具有互动影响。一方面，中国自然地理格局决定了"胡焕庸线"表征的人口东密西疏格局长期的稳态；另一方面，处于快速发展中的中国，经济社会发展格局演变和人口政策变化同样带来人口空间分布的复杂演变。当前，中国加快构建新发展格局过程中，区域协调发展战略、区域重大战略、主体功能区战略、新型城镇化战略等深入实施，人口迁移呈现出更加多元化、复杂化的特征。一方面，我国以城市群、都市圈为依托构建大中小城市协调发展格局，城市群和都市圈成为人口大规模集聚的主阵地，京津冀、长三角、珠三角、长江中游和成渝五大城市群就以 11%的国土面积集聚了全国 40%的人口。另一方面，随着东部产业调整及中部崛起、西部大开发战略实施，人口向中西部回流的趋势显现，东部地区人口快速增长的态势被遏制；大城市因公共服务水平高、就业岗位丰富、收入水平较高，人口依然呈现快速集聚态势，但中小城镇的人口集聚处于停滞，甚至降低状态。此外，新冠疫情等各类突发公共安全卫生事件，增加了人口流动和空间分布的复杂性。

面向新时代、新征程，科学理清中国人口空间分布演化过程、未来趋势及科学制度，建立与资源环境和经济社会相均衡的人口价值观，制定有效引导人口合理分布的政策体系，成为支撑全面建设社会主义现代化国家的关键基础之一。因此，在国家自然科学基金委员会"2019 年度专项项目国家宏观战略中的关键问题研究项目"的支持下，本书按照"数据采集—格局测度—机理解析—模型构建—趋势预测—政策制定"的技术路线，开展"人口空间分布趋势预测及相关政策研究"，以期解决人口分布格局研究中存在的价值取向不明确、调控手段不清晰、技术手段不科学等关键核心问题。首先，融合人口普查及抽样数据、统计年鉴数据、婚姻社保信息、企业终端采集数据、互联网大数据、遥感及夜间灯光数据等，构建中国人口空间分布与流动的多源异构数据库，多角度刻画改革开放以来中国人口地理分布与城乡格局，总结人口空间分布及流动的一般规律。其次，从自然地理环境、经济发展水平、社会文化与制度条件等方面，甄别不同尺度人口规模的关键影响因子，分析不同阶段人口流动及分布格局的形成机理。再次，建立"开发与保护均衡、公平与效率兼顾"的价值导向原则，构建多区域人口空间分布趋势预测的技术方法体系，提出"十四五"期间及未来一段时期中国人口空间分布可能趋势与方案，并从全国及各大区域、典型城市群、代表性城市等多维度开展情景模拟与预测。最后，结合新时期国内外发展形势和我国人口发展趋势，从人口规模结构、流动及空间分布、资源环境与经济绩效、区际差异、政策与制度等方面，提出了分区域、分城乡、分类型的人口空间分布引导和控制政策建议。通过这一系统研究，以期解决数据库完善、技术手段创新、人口布局预测、政策措施制定等方面存在的问题。

研究由中国科学院南京地理与湖泊研究所牵头，河海大学、华东师范大学、北方工业大学、成都智库二八六一信息技术有限公司参与。全书由中国科学院南京地理与湖泊研究所陈雯研究员和李平星副研究员负责统稿，共分为五篇十七章。

第一篇为科学问题与理论基础，主要解析人口空间分布研究的背景与意义，梳理相关概念、理论基础和已有研究与实践进展，提出多尺度人口分布数据采集与模拟方法。本篇由中国科学院南京地理与湖泊研究所陈雯、李平星，河海大学闫东升，北方工业大学祖岩撰写。

第二篇为全国篇，主要解析全国层面人口空间分布格局演变特征，探析人口分布的影响因素，并开展不同区域、典型省域的人口规模预测。由华东师范大学丁金宏、顾高翔，河海大学闫东升，中国科学院南京地理与湖泊研究所陈雯、李平星、袁丰、陈诚、吴加伟撰写。

第三篇为长三角篇，主要是以长三角城市群为研究对象，分析城市群人口分布及迁移特征，研究人口偏移增长及其影响因素，揭示人口与经济协调格局的时空演变过程。由中国科学院南京地理与湖泊研究所孙伟、河海大学闫东升撰写。

第四篇为典型城市篇，以长三角地区的无锡市为案例，分析城市人口发展特征及成因，解析职住空间关系及影响因素，并对人口规模及其空间分布进行预测。由中国科学院南京地理与湖泊研究所李平星、陈诚、孙伟撰写。

第五篇为对策建议，分别从全国、城市群和城市尺度，提出中国人口空间分布优化的对策建议。由中国科学院南京地理与湖泊研究所李平星、河海大学闫东升撰写。

在此特别感谢国家自然科学基金专项项目、国家发展和改革委员会的大力支持，感谢参与该项研究的中国科学院南京地理与湖泊研究所的所有工作人员和学生，包括车前进、肖琛、牟宇峰、王珏、马筱倩、周健、杨柳青等博士生和硕士生。感谢河海大学、华东师范大学、北方工业大学、成都智库二八六一信息技术有限公司相关工作人员和学生的支持和参与，他们为研究的开展和报告的撰写做了大量贡献，也是本书的参与作者之一。感谢科学出版社的编辑老师，他们为本书出版提供了诸多帮助。

对处于快速发展中的中国而言，人口空间分布研究是一项具有较大挑战性的工作，既要立足传统，又要与时俱进。然而，很多热点难点问题，在学界、政界等尚未有明确定论，这都给构建科学的分析框架带来了诸多挑战。因此，本书将难以避免地出现不妥之处，敬请广大同仁批评、指正。同时，在本书成稿过程中，也参考了许多专家学者的研究成果，虽然已经做了尽可能全面的标注，但仍难免有缺漏之处，恳请多加包涵、谅解。

陈　雯

2022 年 11 月于中国科学院南京九华山园区

目　录

第一篇　科学问题与理论基础

第一章　绪论 ·· 3
　　第一节　研究背景与意义 ························ 3
　　第二节　技术方案 ······························ 7
　　参考文献 ···································· 11

第二章　文献回顾与评述 ······················ 13
　　第一节　相关概念梳理 ···················· 13
　　第二节　相关理论基础 ···················· 14
　　第三节　实证研究主要进展 ················ 29
　　第四节　综合评述与展望 ·················· 47
　　第五节　人口分布空间均衡导向：人口–自然–经济的互馈 ·· 48
　　参考文献 ···································· 51

第三章　多尺度人口分布数据采集与模拟方法 ···· 62
　　第一节　数据采集与建库 ·················· 62
　　第二节　实证分析方法 ···················· 64
　　参考文献 ···································· 73

第二篇　全　国　篇

第四章　多尺度人口空间分布格局演变特征与规律 ·· 77
　　第一节　"胡焕庸线"两侧人口分布演变 ······ 77
　　第二节　多尺度人口分布演变 ·············· 79

第五章　人口分布的影响因素分析 ·············· 89
　　第一节　自然生态要素驱动机理 ············ 89
　　第二节　经济社会要素驱动机理 ············ 90

第六章　区域与典型省域人口规模预测 ·········· 97
　　第一节　中国区域人口空间分布模拟与预测 ·· 97
　　第二节　典型省域人口规模预测与检验：江苏省 ·· 99
　　参考文献 ··································· 106

第三篇　长　三　角　篇

第七章　长三角城市群人口分布及其迁移特征演变 ·· 111
　　第一节　长三角人口规模演变分析 ·········· 111
　　第二节　长三角人口分布格局演变特征 ······ 113
　　第三节　长三角地区人口迁移网络及演化 ···· 118
　　第四节　研究结论 ······················· 124
　　参考文献 ··································· 125

第八章　长三角人口偏移增长及影响因素研究 ……………………………… 127
　　第一节　研究区域与数据说明 ……………………………………………… 128
　　第二节　长三角人口偏移增长时空演变分析 …………………………… 128
　　第三节　长三角人口偏移增长影响因素分析 …………………………… 133
　　第四节　研究结论 ………………………………………………………… 139
　　参考文献 …………………………………………………………………… 140
第九章　长三角一体化的人口增长与集散效应研究 ……………………… 142
　　第一节　理论机制、实证模型与数据来源 ……………………………… 143
　　第二节　实证检验结果与分析 …………………………………………… 146
　　第三节　一体化影响城市人口增长的机制检验 ………………………… 150
　　第四节　研究结论 ………………………………………………………… 152
　　参考文献 …………………………………………………………………… 153
第十章　长三角人口与经济协调格局的时空演变研究 …………………… 155
　　第一节　基于增长弹性的总体状况对比研究 …………………………… 156
　　第二节　人口与经济的时空演变及协调性状况研究 …………………… 159
　　第三节　人口与经济分布格局演变的驱动力分析 ……………………… 164
　　第四节　结论与讨论 ……………………………………………………… 165
　　参考文献 …………………………………………………………………… 167

第四篇　典型城市篇：以无锡为例

第十一章　无锡市人口发展特征及成因 …………………………………… 171
　　第一节　总体特征 ………………………………………………………… 171
　　第二节　成因分析 ………………………………………………………… 183
第十二章　无锡市职住空间关系变化及影响因素分析 …………………… 186
　　第一节　无锡市职住空间变动过程 ……………………………………… 187
　　第二节　无锡市职住空间匹配分析 ……………………………………… 190
　　第三节　无锡市职住空间关系影响因素分析 …………………………… 192
　　第四节　结论与讨论 ……………………………………………………… 193
　　参考文献 …………………………………………………………………… 194
第十三章　无锡市人口规模预测与分布优化 ……………………………… 196
　　第一节　人口规模预测 …………………………………………………… 196
　　第二节　空间分布优化 …………………………………………………… 208
第十四章　典型城区人口规模预测与分布优化 …………………………… 216
　　第一节　人口发展特征 …………………………………………………… 216
　　第二节　人口规模预测 …………………………………………………… 226
　　第三节　空间布局优化 …………………………………………………… 230

第五篇　对　策　建　议

第十五章　未来人口空间分布的对策建议 ………………………………… 241
第十六章　城市群未来人口空间分布的对策建议 ………………………… 244
第十七章　城市未来人口分布与优化的对策建议 ………………………… 246

第一篇

科学问题与理论基础

第〈一〉章

绪　论

第一节　研究背景与意义

中国是世界上人口最多的国家，第七次全国人口普查显示人口总量约 14.44 亿人，但一个不容忽视的现象是人口空间分布的不均衡性。在中国特色社会主义现代化建设进程中，人口空间分布是各类经济社会发展要素科学配置的基础，是制定国家及区域重大战略的前提，也是政府实施空间调控和编制各类规划的重要依据，关乎高质量发展和供给侧结构性改革全局，对区域协调、城乡融合及资源环境可持续发展具有深远影响[1-2]。

人口的"一双手"代表劳动和创造能力的供给，"一张嘴"是对食物及生存的需求，这是人口发展的两个基本逻辑，其长期受自然资源环境的决定性影响，中短期受制并反作用于经济社会发展、宏观政策等[3]。人口空间分布，作为"经济-社会-资源-环境"复杂系统的关键一环，一直是管理学、地理学、经济学、社会学等关注的重要领域。西方学界的研究，最早追溯到 Ravenstein 改善生存条件的"七定律"迁移法则[4]。此后，关于人口空间分布的研究日益丰富，但不同学科对人口空间分布及其迁移的解释角度存在差异。例如，新古典主义和发展经济学分别基于人力资本效益及劳动力行业效率差异解释人口迁移[5-7]；行为学派从社会结构研究人口迁移行为[8]；地理学家从资源环境承载及就业等经济活动提出人口均衡分布格局[9-11]等。

中国的人口空间分布格局及演化过程，有着特定的自然人文环境和户籍管理制度背景，并不能完全套用西方的人口理论和研究语境。长期以来形成的大自然地形格局，决定了人口东密西疏的"胡焕庸线"呈现相对的长期稳定性[10,12]。新中国成立以来，我国出现两次较大规模的人口迁移：一是 1950～1960 年的三线建设和知识青年下乡，人口向西部、东北的全域及中东部乡村地区扩散，缓解了东部城市就业和食物压力，但也导致西部生存环境恶化和生产效率低下；二是改革开放以来全球化、市场化、城镇化背景下，沿海快速工业化和世界工厂扩张带动中西部乡村人口向东部城市迁移，民工潮汹涌，东西部发展差距拉大，城乡社会发展严重不平衡。当前，我国开启全面建设社会主义现代化国家新征程，新发展格局加速建构，经济社会发展路径加速转型，主体功能区及区域协调发展、新型城镇化与乡村振兴等战略深入实施，以"一带一路"倡议、长江经济带发展、京津冀协同发展、粤港澳大湾区建设、长三角一体化发展、成渝地区双城经济圈建设等为主体的改革开放战略布局持续优化，同时也出现新冠疫情常态化防控等新情况，我国人口迁移与空间布局面临新环境，并呈现出多元化特征。

（1）国家重大区域战略实施加快人口空间布局重塑优化。受经济发展、就业岗位等因素的影响，随着改革开放、计划经济向市场经济转型，中国以户籍制度为核心的二元社会体制明显松动，产业变动、城市化进程以及国民经济发展使得人口迁移活动空前活跃，中国进入大规模的人口迁徙、流动期[13-14]。"十四五"时期，是我国全面建成小康社会向基本实现社会主义现代化迈进的关键时期，社会主要矛盾发生明显转变，实现经济社会"充分"和"均衡"地高质量发展成为核心导向。全球贸易保护主义盛行，加之 2020 年开始暴发的全球新冠疫情的冲击，使得国际环境复杂多变。面对国内外环境的明显转变，党中央提出加快构建以国内大循环为主体、国内国际双循环相互促进的新发展格局。在构建新发展格局的背景下，我国制定并实施以京津冀协同发展、长三角一体化发展、粤港澳大湾区建设、长江经济带发展、黄河流域生态保护和高质量发展、海南全面深化改革开放为主的国家重大区域发展战略，涵盖 24 个省份和港澳地区，截至 2019 年底人口占全国总人口的 80.4%。经济发展结构的调整和区域协调发展战略、"一带一路"倡议、中部崛起战略等的实施，使由地理区位为主要制约因素的东部、中部、西部经济差异和人口东密西疏的空间格局逐渐改变，东部沿海地区产业布局发生调整，"一带一路"倡议为将西北地区和西南地区打造为国内大循环连接国际循环的重要节点提供了难得契机。经济活动是影响人口空间分布的主要因素，区域经济发展差异进一步弱化人口流动动力，人口分布格局面临经济结构调整背景下的重塑和优化[15-16]。同时，单独二孩、全面二孩、放开三孩等政策的相继实施，也对区域人口自然增长产生较大影响，这既影响了区域人口的自然增长，也可能通过人口流动影响其他地区的人口格局。

（2）现代化建设、经济社会全面转型驱动人口迁移意愿的多元化。在全球化、信息化和市场化背景下，区域一体化在重塑世界经济地理新格局的同时，也对区域增长溢出、社会公平发展以及资源环境利用产生了根本性影响。区域经济格局带来迁移人口空间极化，已成为学者的共识[17]。城镇化是现代化建设的必由之路，实现新型城镇化是社会主义现代化建设的重要内容。长期以来，我国的人口户籍政策、城乡二元分割的存在，对人口流动产生了严重制约。受此影响，《国务院关于城镇化建设工作情况的报告》指出，全国超过 2 亿在城市工作半年以上的农民工及其随迁家属不能完全融入城市生活，处于"半市民化"状态。随着新型城镇化的不断推进，2019 年我国提出推动 1 亿人口落户城市的新型城镇化建设目标，城镇化建设是应对经济社会全面转型发展背景下的重大举措之一，新型城镇化是双循环经济发展格局中国内循环的最大潜力所在[18]。在构建以城市群为主体、大中小城市和小城镇协调发展的社会主义现代化城镇建设格局背景下，人口迁移意愿呈现多元化特征。人口迁出原住地和人口定居在流入地是人口迁移的两个过程，其中城乡收入差异是引起人口迁出原住地的主要原因，随着人口流动模式由个人到家庭式流动的转变[19]，公共服务供给成为影响人口定居在流入地的主要原因。此外，年龄、性别、婚姻状况、区域产业结构、房价等因素也成为影响流动人口的短期居留、长期居留和永久居留的重要因素[20-21]。个体社会经济属性、经济导向、公共服务等因素影响下的人口居留时长意愿呈现出以下特征：东部沿海经济发达地区短期居留意愿高、永久居留意愿最低，中西部地区长期居留意愿高，而诸如东北等经济发展较差的地区，成为永久居留意愿最高和短期居留意愿最低的区域。随着我国双循环经济发展格局的构建和新型城镇化建设的推进，经济结构调整下的人口迁移意愿将在以经济和公共服务为主要导向的影响下呈现多元化特征，进而影响人口空间布局的变化。

（3）城市群与都市圈成为人口集聚主要阵地。对于中国而言，随着区域一体化推进、城镇化进程加快和城市集群化发展的显现，城市也从"单兵突进"转向"抱团发展"，宏观政策制定也顺应了这一趋势，如长江三角洲城市群、成渝城市群、中原城市群、哈长城市群等国家级城市群规划的先后获批，以及党的十九大报告将"以城市群为主体构建大中小城市和小城镇协调发展的城镇格局"作为建设现代化经济体系的重要内容之一[22-24]。城市群和都市圈作为新型城镇化建设的空间主体，肩负着经济发展新格局背景下的重大使命和任务，既是人口、生产要素等集聚的主要区域（仅京津冀、长三角、珠三角、长江中游和成渝五大城市群，以 11%的国土面积集聚了全国 40%的人口，以核心城市为极点带动区域经济发展），也是构建我国经济发展大格局的关键所在。国家重大区域发展战略的实施和都市圈规划的进一步落实，使城市群和都市圈在我国经济社会发展进程中的战略核心地位逐步强化。我国人口红利弱化背景下的区域人才落户、人才竞争趋势逐步凸显，放宽落户限制、城市群发展带来的公共服务提升和经济效益使城市群、都市圈成为人口集聚的主要阵地。此外，人口流入也将提高城市群、都市圈的经济社会发展水平，形成双向驱动。第七次全国人口普查数据显示我国城镇化率为 63.89%，处于城镇化中后期阶段[25]，城市群人口密度大、人口数量增长迅速，人口向城市群内各城市集聚和扩散的流量大[26]。城市群差异化的发展水平对人口的集聚和扩散效应不同，经济发展水平较高的城市群对人口的集聚效应更强，京津冀城市群、长三角城市群和粤港澳大湾区人口迁移活跃，其中京津冀城市群人口迁移倾向活跃程度低于粤港澳大湾区和长三角城市群[27]；而经济发展水平较低的城市群对人口分布的影响呈现出核心城市集聚、周边城市扩散的特征[26]。在城市群和都市圈发展逐步推进的进程中，我国人口分布空间格局仍将呈现以城市群、都市圈为热点的主要布局特征。与此同时，东部产业调整及中部崛起战略的实施，使部分人口反向流动回中西部，乡村人口开始回流；大城市因公共福利强和就业岗位丰富，人口集聚最快，中小城镇则相对停滞。人口极化与分散并存，对区域城乡协调及现代化建设将会产生深远影响。

（4）大中小城市发展差异与人口空间均衡分布。区域发展不仅受资源禀赋、政府宏观调控等的制约，也受城市群空间结构的影响[28-29]，合理的空间结构成为优化资源空间配置、促进经济增长的必要条件[30-32]。在经济发展、城乡收入、产业结构、基础设施、对外开放和政策导向等的影响下，城市规模呈现差异化演变态势，并通过人口规模、经济发展、基础设施等推动区域空间结构的演变。空间结构与经济增长之间存在复杂关系，空间结构过度集聚或分散都会对区域发展产生不利影响，保持合理的空间结构成为实现可持续发展的重要举措[32-34]。总体而言，中小城市建设滞后，城市功能缺失[35]，大城市在医疗水平、教育设施等公共服务方面强于中小城市，公共服务配套完善的大城市对人口空间布局的集聚效应显著，如医疗设施和教育设施水平越高，城市人口的集聚效应越显著[36]。此外，高铁等交通设施对人口密度大的大城市而言，人口扩散效应更为显著，从而实现人口向周围区域的疏散，并助力大城市的进一步扩张；中小城市人口密度低，高铁对城市人口分布的集聚效应强于扩散效应。当前，中国以城市群为载体的空间格局正日益完善，城市群也成为支撑新型城镇化的重要空间形态[23,32]。对于人口规模超过14亿的大国，摩根士丹利预测城镇化率将从2019年的60%提升至2030年的75%①，大规模人口流动必将带来城市群空间结构重构，也引出未来新型城镇化进程中如何引导要素布局的重大现实问题：在首位城市集聚还是在大中小城市均衡布局[23,32]。

（5）城乡融合发展、乡村振兴等战略驱动下的城乡人口流动。乡村振兴战略以促进农村地区全面发展为落脚点，人口城镇化重在引导农村人口流动，实现农村人口市民化，城乡融合发展以打破城乡二元结构，实现城市和乡村真正的全面发展为目的。减少农民数量、实现农村人口向城镇转移、提高农业资源的人均占有量是解决农村发展问题、实现乡村振兴的重要途径之一。此外，推动但不只依赖农业现代化发展，实施城乡融合发展，调整农村单一产业结构，打破阻碍生产要素流动的城乡障碍，实现农村全产业发展是另一重要途径。城镇化发展带来城市人口增加、农副产品需求增大，消费结构升级带动社会分工细化、促进产业结构向大力发展服务业转变，而城乡融合发展下的农村地区成为全产业发展区域，

---

① https://baijiahao.baidu.com/s?id=1649736092095310752&wfr=spider&for=pc。

进而使农村地区的全产业发展进程得以进一步加快。乡村振兴是在城镇化发展的背景下提出的,城镇化发展的客观规律决定我国的人口空间格局总体呈现乡村人口减少、城市人口增加的发展趋势,但也存在"城—乡"人口流动,乡村振兴战略的提出和城乡融合发展吸引部分劳动力返回农村[37],从而构成以"乡—城"人口流动为主,少量"城—乡"人口流动的城乡双向人口流动格局。

(6)突发公共安全事件加剧人口流动分布复杂性。突发公共安全事件包括如地震、海啸等自然灾害,新冠疫情、非典等公共卫生事件,恐怖袭击等社会安全事件。以2020年初在全球暴发的新冠疫情为例,截至2022年1月1日0时,全球累计确诊病例达28 710.46万例,在疫情防控常态化阶段,针对疫情局部暴发我国实施严格的隔离防控政策,隔离确诊病例,保护监测易感染人群,以健康码、核酸检测证明等方式切断传播途径,限制区域人口流动,疫情显著影响了我国周末、节假日等时间段的城市人口流动[38]。此外,地震、恐怖袭击等突发公共安全事件同新冠疫情类似,均表现出围绕公共安全事件发生地弱化的人口流动特征,使人口流动呈现区域化减弱的总体趋势,增加了人口流动分布的复杂性。

为此,根据我国社会主义现代化建设的新要求,研究人口空间分布演化过程、未来趋势及科学制度,揭示人口分布的客观规律及内在机理,建立与资源环境和经济社会相均衡的人口价值观,制定有效引导人口合理分布的政策体系,具有十分重要的现实意义。

第二节 技 术 方 案

一、研究内容

(一)基于多源异构数据的人口空间分布格局及演化研究

融合人口普查及抽样数据、统计年鉴数据、婚姻社保信息、企业终端采集数据、互联网大数据、遥感及夜间灯光数据等,构建我国人口空间分布与流动的多源异构数据库,多角度刻画改革开放以来中国人口地理分布与城乡格局,分析人口流动方向,总结我国人口空间分布及流动的一般规律。

(1)人口地理分布格局及演化特征。以户籍人口、常住人口规模为基础,集成运用大数据采集处理与分析工具,刻画改革开放以来我国分地带、分省区、分市县的人口地理分布格局及演化特征。

(2)人口空间流动与迁徙方向。从人口迁入与迁出规模入手,分析我国不同尺度的人口流动迁徙方向;结合分县人口地理分布格局,融合百度迁徙和企业终端采集数据、重力模型方法等,甄别主要人口迁徙目的地及流失地。

（3）人口城乡流动与城市群集聚态势。选取典型城市群与都市圈地区，定量刻画典型区域内外人口的流动格局，探究当前我国区域、城乡尺度上的人口流动与迁徙动态。

（4）我国人口空间分布及流动规律总结。结合我国工业化与城镇化进程、区域经济发展格局、城乡区域差异等时代背景，从总量规模变动、空间聚散、流入流出与迁徙网络等维度，归纳总结我国多尺度人口空间分布及流动的总体特征与一般规律。

（二）多尺度人口空间分布形成机理及关键因子甄别

从自然地理环境、经济发展水平、社会文化与制度条件等方面，甄别不同尺度区域人口容量的关键约束因子，分析不同阶段我国人口流动及分布格局的形成机理，探讨空间尺度对人口分布流动关键因子及其作用机制的影响。

（1）人口流动及空间分布的关键影响因子识别。对照人口空间分布格局和流动规律，从自然地理环境（生态重要性、水资源、地形地貌气候、土壤植被、资源丰度以及灾害情况等）、经济发展水平（经济规模与质效、产业结构、就业与劳动力收入、城镇建设与基础设施等）、社会文化（地域文化、公共服务、历史因素等）和制度条件（人口政策、区域政策、空间规划、产业及投资政策等）等方面，识别我国不同时期人口流动及空间分布的关键影响因子。

（2）人口流动及分布的形成机理及空间尺度效应。在关键影响因子甄别的基础上，研究构建不同时期各类型区域和城乡人口流动及空间分布形成机理的分析框架，并以典型城镇化地区（城市群、都市圈）、农业地区、生态地区为例，探讨人口空间分布关键影响因子在不同类型及空间尺度内的作用强度和关联影响。

（三）基于开发–保护和公平–效率的多尺度人口空间分布预测

建立"开发与保护均衡、公平与效率兼顾"的价值导向原则，构建多区域人口空间分布趋势预测的技术方法体系，提出"十四五"时期及未来一段时期我国人口空间分布的可能趋势与方案。

（1）多区域人口空间分布的预测方法体系。集成数理统计、人工智能与多源异构大数据分析工具等技术，综合考虑自然地理环境、经济发展水平、社会文化与制度条件对人口空间分布的驱动影响，将主体功能区、人口功能分区等纳入预测模型，形成开发与保护均衡、公平与效率兼顾的多尺度人口空间分布预测方法。

（2）我国多区域及主要城市群人口空间分布趋势预测。应用改进的多区域人口预测模型，开展我国华北、东北、华东、华南、华中、西南、西北等大区域人口空间分布趋势预测，在此基础上预测京津冀、长三角、珠三角、长江中游、成渝、中原等城市群的人口增长态势。

（3）典型城市群内大中小城市及城乡人口空间分布。以长三角城市群为例，依据长三角人口空间分布规律特征，建立生态、生产、生活要素驱动人口空间分布的预测模型，对长三角内的典型城市、城区的人口空间分布进行趋势预测。

（四）引导和优化调控人口空间分布的政策建议

结合新时期国内外发展形势和我国人口发展趋势，从人口规模结构、流动及空间分布、资源环境与经济绩效、区际差异、政策与制度等方面，总结影响我国人口布局的关键因素和重大挑战。基于"开发与保护均衡、公平与效率兼顾"的人口空间分布价值导向，结合未来人口空间分布趋势预测，提出人口空间分布的优化方案及调控方向，据此制定分区域、分城乡、分类型的人口空间分布引导和控制政策建议。

二、研究目标

（1）建立人口空间分布大数据库及科学分析方法，总结我国多尺度的人口空间分布与流动的总体特征和一般规律，为丰富中国特色的人口发展理论做出贡献。

（2）构建多尺度、多类型的人口空间分布驱动机理，建立基于"开发与保护均衡、公平与效率兼顾"的多区域人口空间分布预测方法和模型，提出我国大区域、典型城市、特色城区的人口空间分布预测方案，以期在技术方法上有所突破，科学性有所增强。

（3）基于人口空间分布优化方向和预测方案，提出分区域、分城乡、分类型的人口空间分布引导和控制政策建议，为我国人口及城乡区域协调发展政策制定提供科学依据。

三、科学问题

（1）如何识别人口流动及空间分布关键影响因子及其空间尺度效应。影响人口流动及空间分布形成的因素涉及自然地理环境、经济发展水平、社会文化、制度条件等诸多方面，且各影响因素在不同历史阶段、不同空间尺度的作用机制也有所差异，在众多影响要素中剥离和甄别出关键影响因子十分困难。

（2）如何突破关键技术瓶颈，构建人口空间单元划分及分区域人口空间分布预测方法体系。虽然已有较多关于人口规模与结构的预测模型方法，但涉及人口空间单元划分及人口空间分布趋势预测的科学方法还十分欠缺，尤其是运用前沿技术，构建和完善多区域、多情景的动态人口空间分布趋势预测方法，还存在较多难点。

（3）如何进行我国人口发展及空间分布的规律性、价值性与合理性判断，并将其应用于科学研究和发展实践。当前，对于我国人口发展及空间分布等问题，学界、政界均有一定争论，科学研判我国"十四五"时期及未来一段时期内关于人口发展和空间分布的规律性、价值性、合理性问题是一项系统工程，运用上述结果指导学科发展、完善理论和技术方法体系、引导我国人口空间分布优化等也具有相当难度。

四、技术路线

本书拟按照"数据采集—格局测度—机理解析—模型构建—趋势预测—政策制定"的技术路线进行（图 1.1）。数据采集主要是采集不同时段分县的人口普查调查数据和多源大数据，构建基础研究数据库；应用空间计量分析方法，建立空间统计分析与关联模拟模型，展示我国不同时段人口空间分布格局，揭示人口空间分布的一般规律及驱动机理；基于人口空间分布的综合价值导向原则，建立多区域人口空间分布预测与优选模拟模型，提出多尺度多区域人口空间分布预测与优化调控方案，据此提出相关政策建议。

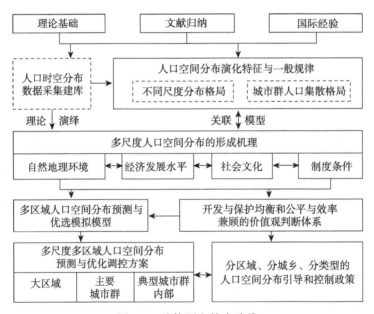

图 1.1　总体研究技术路线

五、研究创新性

（1）体现了人口问题研究的多学科交叉融合特点，集成运用传统与前沿技术方法，全面开展中国多尺度人口空间分布特征与趋势预测相关研究。

（2）体现了人口空间分布价值导向与前沿技术的有机结合，基于跨学科对话建立"开发与保护均衡、公平与效率兼顾"的价值导向原则,据此构建多区域人口空间分布预测模型,将其应用于不同尺度的人口空间分布预测与优化方案。

（3）体现了科学研究和政策制定的理论实践相结合,重点面向我国"十四五"时期的宏观战略及现实需求,探索将人口空间分布的理论规律、科学价值观和技术方法集成应用于解决人口空间分布现实问题,为相关政策制定提供依据。

参 考 文 献

[1] Sun M, Fan C C. China's permanent and temporary migrants: differentials and changes, 1990-2000[J]. The Professional Geographer, 2011, 63(1): 92-112.

[2] Liu Y, Stillwell J, Shen J, et al. Interprovincial migration, regional development and state policy in China, 1985-2010[J]. Applied Spatial Analysis and Policy, 2014, 7(1): 47-70.

[3] 中国科学院国情分析研究小组. 生存与发展[M]. 北京: 科学出版社, 1989.

[4] Ravenstein E G. The laws of migration[J]. Journal of the Royal Statistical Society, 1889, 52(2): 241-305.

[5] Sjaastad L A. The costs and returns of human migration[J]. Journal of Political Economy, 1962, 70(5): 80-93.

[6] Cai F, Wang D. Migration as marketization: what can we learn from China's 2000 census data?[J]. The China Review, 2003, 3(2): 73-93.

[7] Vendryes T. Migration constraints and development: *Hukou* and capital accumulation in China[J]. China Economic Review, 2011, 22(4): 669-692.

[8] Michaelides M. The effect of local ties, wages, and housing costs on migration decisions[J]. The Journal of Socio-Economics, 2011, 40(2): 132-140.

[9] 胡焕庸. 中国人口之分布——附统计表与密度图[J]. 地理学报, 1935, (2): 33-74.

[10] 丁金宏, 刘振宇, 程丹明, 等. 中国人口迁移的区域差异与流场特征[J]. 地理学报, 2005, (1): 106-114.

[11] 陈雯. 空间均衡的经济学分析[M]. 北京: 商务印书馆, 2008.

[12] 封志明, 唐焰, 杨艳昭, 等. 中国地形起伏度及其与人口分布的相关性[J]. 地理学报, 2007, (10): 1073-1082.

[13] 王桂新. 我国大城市病及大城市人口规模控制的治本之道——兼谈北京市的人口规模控制[J]. 探索与争鸣, 2011, (7): 50-53.

[14] 闫东升, 孙伟, 王玥, 等. 长江三角洲人口分布演变、偏移增长及影响因素[J]. 地理科学进展, 2020, 39(12): 2068-2082.

[15] 蒲英霞, 武振伟, 葛莹, 等. 不确定性视角下的中国省际人口迁移机制分析[J]. 地理学报, 2021, 76(12): 2964-2977.

[16] 陆铭. 如何理解和预测中国人口的空间分布[J]. 上海国资, 2021, (10): 16.

[17] 刘艳军, 汤爽爽, 吴康, 等. 经济地理学视角下中国人口研究热点与展望[J]. 经济地理, 2021, 41(10): 97-105, 142.

[18] 李兰冰, 高雪莲, 黄玖立. "十四五"时期中国新型城镇化发展重大问题展望[J]. 管理世界,

2020, 36(11): 7-22.

[19] 吴帆. 家庭代际关系网络: 一种新家庭形态的结构与运行机制[J]. 社会发展研究, 2022, 9(2): 1-16, 242.

[20] 刘乃全, 宇畅, 赵海涛. 流动人口城市公共服务获取与居留意愿——基于长三角地区的实证分析[J]. 经济与管理评论, 2017, 33(6): 112-121.

[21] 李亭亭, 颜俊. 基于地统计的安徽省乡镇尺度人口分布特征研究[J]. 商丘师范学院学报, 2021, 37(6): 45-48.

[22] 段巍, 吴福象, 王明. 政策偏向、省会首位度与城市规模分布[J]. 中国工业经济, 2020, (4): 42-60.

[23] 方创琳. 黄河流域城市群形成发育的空间组织格局与高质量发展[J]. 经济地理, 2020, 40(6): 1-8.

[24] 魏守华, 杨阳, 陈珑隆. 城市等级、人口增长差异与城镇体系演变[J]. 中国工业经济, 2020, (7): 5-23.

[25] 林李月, 朱宇, 柯文前. 城镇化中后期中国人口迁移流动形式的转变及政策应对[J]. 地理科学进展, 2020, 39(12): 2054-2067.

[26] 张国俊, 黄婉玲, 周春山, 等. 城市群视角下中国人口分布演变特征[J]. 地理学报, 2018, 73(8): 1513-1525.

[27] 肖周燕, 李慧慧. 中国主要城市群人口迁移倾向研究——基于百度指数的应用[J]. 人口与经济, 2021, (4): 22-36.

[28] Desmet K, Henderson J V. The geography of development within countries[J]. Handbook of Regional and Urban Economics, 2015, 5: 1457-1517.

[29] Malý J. Impact of polycentric urban systems on intra-regional disparities: a micro-regional approach[J]. European Planning Studies, 2016, 24(1): 1-23.

[30] 鲍超, 陈小杰. 中国城市体系的空间格局研究评述与展望[J]. 地理科学进展, 2014, 33(10): 1300-1311.

[31] Farrell K, Nijkamp P. The evolution of national urban systems in China, Nigeria and India[J]. Journal of Urban Management, 2019, 8 (3): 408-419.

[32] 孙斌栋, 郭睿, 陈玉. 中国城市群的空间结构与经济绩效——对城市群空间规划的政策启示[J]. 城市规划, 2019, 43(9): 37-42, 85.

[33] 陆铭. 大国大城: 当代中国的统一、发展与平衡[M]. 上海: 上海人民出版社, 2016.

[34] Meijers E J, Burger M J. Stretching the concept of "borrowed size" [J]. Urban Studies, 2017, 54(1): 269-291.

[35] 姚士谋, 张平宇, 余成, 等. 中国新型城镇化理论与实践问题[J]. 地理科学, 2014, 34(6): 641-647.

[36] 斯子文, 石忆邵. 三甲医院对人口分布及房价影响的研究——以复旦大学附属儿科医院为例[J]. 经济地理, 2013, 33(10): 74-81.

[37] 夏金梅, 孔祥利. 1921—2021 年: 我国农业劳动力城乡流动的嬗变、导向与双向互动[J]. 经济问题, 2021, (6): 9-15.

[38] 童昀, 马勇, 刘海猛. COVID-19 疫情对中国城市人口迁徙的短期影响及城市恢复力评价[J]. 地理学报, 2020, 75(11): 2505-2520.

第《二》章

文献回顾与评述

第一节　相关概念梳理

一、人口增长、人口分布与人口结构

人口增长通常是指人口总量的变动，如人口规模的扩大或缩小。人口增长主要有两种方式，即自然增长和机械增长。自然增长是指一个地区内由生育率、出生率的提高，死亡率的下降导致的人口自然的增长；机械增长是指一个地区由人口迁移导致的人口增长。因此，人口增长总量通常是指人口自然增长数量与机械增长数量的总和。

人口分布是指不同类型的区域人口增长和人口结构变动的综合反映。随着世界范围内人口自然增长率持续下降、经济要素流动性日益提高，人口迁移对人口分布的影响日益提高，成为影响人口增长和人口结构变动的重要因素。

人口结构也称人口构成，是人口学的一个基本范畴，也是人口理论研究的重要课题之一，是指人口中各种组成所形成的结构，如人口年龄结构、性别结构、就业结构、文化结构等。

二、人口迁移与人口流动

人口迁移与人口流动都属于人口移动，是指人口地理或者空间位置的变动。二者本质上没有差别，但在中国特有的户籍制度下，二者的统计口径存在区别。我国公安户籍统计的人口迁移，指跨市县、有户籍变动的人口迁移。20 世纪 80 年代中期以来，"人户"分离的人口迁移流动，在总迁移人口中所占比重迅速提高，公安统计的迁移人口已无法反映我国人口迁移的真实情况。1990 年以来的全国人口普查，均有调查时点前五年内迁移人口的调查项目，包括户籍人口和暂住人口迁移，但对暂住人口的定义不同，如第四次全国人口普查指的是常住地发生跨市、县变动一年以上的人口，第五次全国人口普查沿用 1995 年抽样调查的时间定义，区域范围缩小为街、乡，但以市、县为统计单元时，则调整为跨市、县迁移的人口。通常所说的迁移人口，既包括户籍迁移人口，也包括户籍未发生变动的暂住

人口；在没有特指的情况下，流动人口往往既包括无居住目的、短期移动的人口，也包括有居住目的、移动时间较长的暂住人口。

本书中户籍迁移人口、暂住人口分别采用上述公安统计定义和人口普查的定义，迁移人口包括户籍迁移人口和暂住人口，流动人口包括户籍迁移人口、暂住人口、未达到人口普查暂住人口暂住时间期限的外出人口。

三、人口迁移模式

人口迁移模式，指人口迁移过程表现的特定规律。迁移模式是多种多样的，可以从不同的视角对其进行分类。例如，根据迁移的动机可分为生计型迁移和改善型迁移；根据迁往居住区定居的时间长短，可分为临时性迁移、周期性迁移和永久性迁移；根据迁移人口所跨边界的行政性质和等级的差异以及城乡类型和规模的差异，将人口迁移分为国际迁移和国内迁移，国内迁移又分为省（州）际迁移和省（州）内迁移，县、市际迁移和县、市内迁移，城乡间迁移、城市间迁移、乡村间迁移以及不同规模城乡居民点间的迁移等。

本书主要从迁移的流向角度出发，研究人口迁移的空间模式。

四、户籍人口与常住人口

户籍人口是指公民依照《中华人民共和国户口登记条例》已在其经常居住地的公安户籍管理机关登记了常住户口的人，这类人口不管其是否外出，也不管外出时间长短，只要在某地注册有常住户口，则为该地区的户籍人口。

常住人口指实际经常居住在某地区一定时间（半年以上）的人口。按人口普查和抽样调查的规定，主要包括以下几个方面。

（1）除离开本地半年以上（不包括在国外工作或学习的人）的全部常住本地的户籍人口。

（2）户口在外地，但在本地居住半年以上的人口，或离开户口地半年以上而调查时在本地居住的人口。

（3）调查时居住在本地，但在任何地方都没有登记常住户口，如手持户口迁移证、出生证、退伍证、劳改劳教释放证等尚未办理常住户口的人，即"口袋户口"的人。

第二节　相关理论基础

一、人口增长与迁移空间格局的内涵

一个区域的人口增长，主要源于自然增长和机械增长（图 2.1）。前者可由净自然增长率表征；后者可细分为外部迁入、区内流动（不同城市间）和区间迁移。

20 世纪 50 年代以来，随着人口净自然增长趋缓，以至出现零增长甚至负增长，人口迁移已成为区域人口增长的主要源泉。

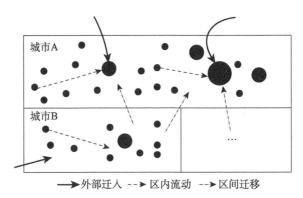

图 2.1 人口迁移与城镇密集区人口空间分布变动

区域人口增长与迁移的空间格局反映了一定区域范围内人口迁移对区域人口增长及人口再分布的影响。假设区域内部存在 A、B、…、N 城市地区，A 城市地区面积较大，经济发展水平较高，对于人口的吸纳能力也较强，人口规模最大；而 B 城市地区面积较小，较 A 城市地区而言经济发展落后，人口规模较小。在整个区域层面上，人口从其他区域迁移到该区域，促进了该区域人口的增加。A 城市地区由于较好的自然条件、区位条件、社会经济发展水平等因素，外部人口迁入数量大于 B、…、N 城市地区；与此同时，A、B、…、N 城市地区之间也进行着人口的迁移，这就使得 A、B、…、N 城市地区的人口变动除了受区域外部人口迁入的影响外，还受相互间的人口迁移的影响；此外，在各个城市内部，同样存在着人口迁移，如城市化的发展促使农村人口向城市集聚，郊区化则加快了中心城市人口的郊迁等。

因此，研究人口增长与迁移的空间格局的前提是人口迁移存在明显的多空间尺度性，如大尺度的区际人口迁移、中尺度的市际人口迁移和小尺度的市内人口迁移，在不同的尺度上，人口增长与迁移的过程、模式表现出不同的规律特征。

二、人口增长与迁移空间格局形成的动力机制

人口作为区域社会发展的基本构成要素，其空间变动也必然遵循区域空间结构演化的一般规律。从区域经济学视角看，追求集聚经济是城市区域形成与演化的内在动力，集聚经济是指一种通过获得规模经济和范围经济来提高效率和降低成本的系统力量，城市对于集聚经济的追求使得经济活动、生产要素、人口不断向城市集聚，最终导致城市规模的扩大和城市空间的拓展。当城市规模达到一定程度的时候，城市内部高密度集聚活动和空间有限性带来了集聚不经济效应，这

将促使城市将一部分经济活动、生产要素、人口向外围扩散，这种扩散保证了城市功能的提升和产业结构的优化。中心城市的扩散效应带动了周边地区的发展，促进了区域城市化的发展，并加强了与周围城市的相互联系，形成更大尺度的集聚，从而促使了区域空间结构的不断优化。总而言之，集聚与扩散两种力量的互动，在推动区域空间结构不断演化的同时，实现了包括人口在内的各种资源的空间优化。

区域人口增长与迁移空间格局的影响机制非常复杂，主要包括宏观背景、外部动力和内部动力（图 2.2）。宏观背景是指伴随区域社会经济发展而表现出的阶段性特征，这一阶段性特征形成了人口增长与迁移的宏观环境，如区域一体化、人口城市化、科技进步等；外部动力是指引起人口增长与迁移的外部条件，归根到底是区域社会、经济、政治、文化发展产生的空间差异，这一空间差异促使人口集聚区与扩散区、人口迁出地与迁入地之间产生迁移势能差，这一势能差的强度决定了人口增长量与迁移量；内部动力从迁移者个人或者家庭的角度对迁移动机进行分析，迁移活动是迁移者的个体行为，是经过个体迁移决策过程而形成的，而这种决策过程主要与迁移者的个体差异有关，如年龄、性别、职业、受教育程度、家庭生命周期等。宏观背景产生宏观动力作用于外部动力和内部动力，外部动力和内部动力通过行为主体将宏观背景动力传递出去，政府与市场构成了外部动力的行为主体，个人则是内部动力的行为主体。同时，行为主体也从自身利益考虑随着宏观动力的变化而变化，本身形成一种推动力。因此，人口变动的空间格局演化是宏观动力和行为主体推动力共同作用的结果。同时，内部动力与外部动力并不是一致的，这就使得人口郊区化、人口迁移在不同力的作用下表现出不同的空间特征。

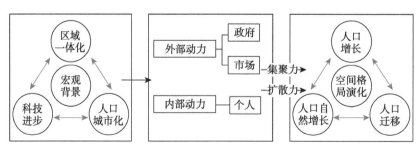

图 2.2   区域人口增长与迁移的动力机制分析

三、人口迁移的"推拉理论"

早在 19 世纪 80 年代，德英移民学者恩斯特·拉文斯坦（Ernest Ravenstein）根据 1881 年英国人口普查资料发表了两篇重要论文，提出了十条迁移法则（the law of migration），总结了移民的特征以及迁移的规律与动因，成为中外学术界公认的人口迁移理论创始性成果[1-2]。在此之后，Bright 和 Thomas 进一步提出了人口迁移的经典理论"推拉理论"，提出人口流动是促进人口迁移的力量与阻碍人口迁移的力量相互作用的结果，无论是迁入地还是迁出地都存在"拉力"与"推力"[3]。对于迁入地来说，拉力因素往往是能够改善移民者原有生活条件的因素，如更多的就业机会、更高的工资收入与生活水平、更好的教育机会、更完善的基础设施等，但适应陌生的生活环境、家庭分离等因素则会成为推力因素，Lee[4]认为迁出地与目的地都存在各种吸引或阻碍人口迁移的因素，并且两地之间存在着各种中间障碍（如距离），这种障碍可能是微不足道的，也可能是无法克服的，同时个人因素也会影响迁移行为。

国内学者在此基础上不断完善推拉理论的内涵，肖周燕[5]从人口迁移势能转化假说重新诠释了推拉理论中的推拉力，认为推拉力实际是潜在推拉力，潜在外力主要包含自然环境潜力与社会经济环境潜力，经济社会因素主要表现在经济发展水平、区域医疗卫生条件、教育条件、就业机会、对外开放程度方面的差异，潜在内力则包括个体的年龄、性别、文化程度、家庭及生命周期、个性方面的差异，在潜在推拉力与个人因素的影响下，经过中间渠道的作用，迁移行为才会发生。在实证研究方面，学者更多的是将推拉理论应用于我国城乡人口流动的研究中，特别是关注我国农村剩余劳动力转移、迁移意愿与机制等相关问题[6-7]。农业生产率的不断提高与人均耕地面积的不断减少，一方面，促进了农村剩余劳动力的解放；另一方面，也形成了农村人口向城市迁移的初步推力。学者结合推拉理论通过对农民工群体问卷调查研究认为，经济驱动力是促使农民工大规模外出的主要动力，或者说农村劳动力外出就业是生存压力的必然结果[8-9]；农村地区又缺乏完善的教育、医疗等公共资源，城市对于这部分群体存在极强的吸引力。与国外人口自由流动的环境有所不同，传统的推拉理论需要结合我国具体国情进行更深的拓展与诠释。我国的户籍制度作为城乡人口流动最突出的制度障碍，使得流动人口不再遵循一般的推拉规律，主要原因在于农民工群体在面对户籍障碍以及城市中的一系列不公平现象时，会展现出更高的忍耐度[10]，而随着国家政策对农业的扶持以及农村收入开始上升，城乡之间的相反变化形成了农民工回流的新局面[11]，推拉理论对农民工迁移动机的解释也在不断发生着变化。此外，城市中的高素质人才，如大学毕业生、青年创业者、留学生等也成为推拉理论需要关注的重要群体，这些人才往往追求大城市更好的就业环境、公共服务设施等，对生活品质具有更高的要求，在受到产业集聚带来的更多就业机会、更高薪酬等拉力吸引的同时，又会被高竞争压力与生活成本等推力因素影响[12]。推拉理论衍生出针对不同群体行为意愿的驱动机制，如新生代农民工定居意愿、流动人口基本公共服务均等化、农民市民化等方面的研究[13-14]，研究主题更加复杂、深入。

总的来说，学者将推拉理论与推拉模型引入特大城市人口调控问题的研究中，发现城市拉力和推力之间的"推拉差"是影响城市人口流动的关键因素,若推拉差为正,则人口会向特大城市持续流动,因此政府有必要通过非行政手段对人口进行调控[10]。推拉理论在解释人口迁移方面形成了诸多研究成果,并被广泛应用于就业、创业等个体行为以及旅游业发展与旅游动机等方面的研究中,极大地丰富了推拉理论的内涵。

四、人口增长与迁移空间格局的演化规律

人口空间格局是人口发展过程在一定地域空间的表现形式,区域空间格局则是各种要素在地域空间的分布形式[15]。作为社会经济现象,人口增长与迁移的空间变动除了遵循人口发展的基本规律之外,必然与区域空间格局的演化相一致。为了系统地揭示区域一体化背景下人口增长与迁移空间格局在不同尺度上发展演化的一般规律,本书假定存在均质的 A、B 两个城市地区,且两个地区在空间上是连接的,同时,自然增长对区域人口增长的贡献率十分微小(几乎为零),人口迁移是引起区域人口增长的唯一方式。基于此,区域人口增长与迁移空间格局演化可划分为四大阶段,即单向弱迁移与分散化格局阶段、单向强迁移与中心极化阶段、多向强迁移与多核心阶段、均衡迁移与区域一体化阶段。在不同的阶段,人口增长方式、迁移模式及人口结构随着社会经济的发展以及区域空间结构的演化而表现出相应的特征(图 2.3)。

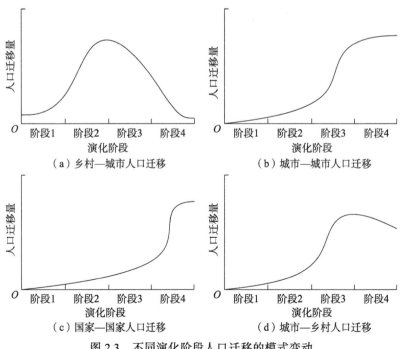

图 2.3　不同演化阶段人口迁移的模式变动

（一）单向弱迁移与分散化格局阶段

在城市化初期，生产活动以农业生产为主，人类早期的活动被限制在一个个狭小的地域范围内，小农经济需要在相对固定的土地上发展，自给自足的小农经济使得乡村与外界隔绝开来。为生产和生活提供服务的小手工生产作坊多集中于城市中心，以农业为主的生产活动分布在中心城市的外围，城市经济发育程度不高，生产力水平低下，城市与周边乡村形成了一个独立、封闭、完整的社会经济系统，此时的城乡人流与物流交换较弱，即使能够对周边产生一定的集聚和扩散效应，也由于城市规模小、经济势能低，对外界的吸引和辐射作用相对有限。由于交通、通信设施落后，各个城市处于孤立发展阶段，区域间联系较少，基本处于相互隔离的封闭状态（图 2.4）。

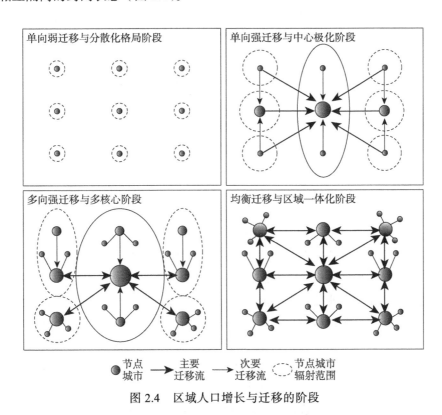

图 2.4　区域人口增长与迁移的阶段

在区域内部，各个城市间基本上只在自身有限的范围内对周边地区产生影响，城镇间人口流动相对较弱，彼此间孤立分散。对于各个城市而言，人口主要由乡村向城市进行短距离的少量迁移，中心城区为人口净迁入区，郊区是人口的净迁出区，人口分布呈现距离衰减特征，即随着与城市的距离增加，人口密度逐渐下降。

（二）单向强迁移与中心极化阶段

随着工业化的产生与发展，城镇的功能也相应地发生了变化，大工业、泛市场、新技术的不断兴起导致了商品生产方式的本质变化和城镇地域空间的快速拓展。交通、通信技术的发展促使人口、产业、资金、技术等生产要素不断向某些具有区位优势或者资源优势的地区集中，区域进入了极核发展时期。随着城市经济的快速发展，城乡关系发生了显著的变化，城市在城乡关系中不再处于一种被动状态，仅作为农村的市场和商品集散地，而是作为整个社会经济一体化的扭结，城市开始"统治"农村，地域内的各种活动都围绕城市进行运转，形成了以城市为中心的经济体，城市同时存在极化效应和回流效应，且这一阶段的极化效应要远大于回流效应。

在这一阶段，人口城乡流动表现出极强的活跃性。从区域间来看，发达地区较高的工资水平和较多的就业机会产生较大的吸引力，促使人口在该区域集中。从区域内部来看，核心城市与其他城市存在较大的区域差异，具有显著的经济集聚效益，加快了人口向核心城市集聚。从城市内部来看，随着城市化的发展，郊区以及郊区以外地区的人口大量迁往中心城市，由于城市规模的扩大和职能的转化，人口迁入的峰值地段已经偏离城市中心区并向外围移动，靠近中心城区的近郊地段人口净迁出转变为人口净迁入。因此，在工业化快速发展的背景下，区域经济的集聚效应、人口城市化集聚作用促进了区域人口空间极化格局的形成。

（三）多向强迁移与多核心阶段

随着工业化的发展和城市集聚规模的扩大，城市的要素投入成本将逐渐上升，城市逐渐将较低层次的生产活动转移到郊区，而城市中心则发展知识密集型产业、现代服务业等高附加值产业。在这一阶段中，中心城市的回流效应加速。从区域的角度来看，随着专业化分工的加强和交通运输、通信网络的完善，各个城市之间空间作用增强，城镇用地空间表现出显著的连片分布态势，并沿区域交通轴线呈现出多中心、网络化的发展模式；从要素分配来看，外商投资、技术转移、劳动力流动等进一步呈现扩散化趋势，区域核心城市的"极化"作用在减弱，区域表现出显著的多中心演化的格局特征。

在这一阶段，人口迁移模式逐渐多样化。首先，区域逐渐成为参与全球竞争与国际分工的主要单元，其人口迁入区的地位将进一步巩固，城市—城市、国际人口迁移的比例不断升高。其次，在区域内部，随着区域交通走廊的完善，人口迁移更加活跃，模式日趋多样化，农村—城市、城市—城市等迁移流量增大；在城市内部，城市发展逐渐步入人口郊区化的阶段，郊迁人口的数量将进一步增强，市中心区人口增长率逐渐降低并出现负增长，远郊区以及都市区间结合部逐渐成为人口的迁入区，人口在空间分布上趋于均衡，表现出城乡一体化的格局特征，人口郊区化成为调节区域人口重新布局的重要驱动力。总体而言，区域一体化、人口迁移模式多样化、人口郊区化促使了区域人口多中心结构的形成与发展。

（四）均衡迁移与区域一体化阶段

从宏观层面来看，区域已成为国家经济的核心地区，具有强大的经济吸引力和辐射力，牵引整个国家，甚至全球的资本、劳动力等要素向这一地区集聚，成为世界经济增长中心。区域已经发展成为一个多中心、有机联系的城市地域系统，中心城市与周边城镇按照各自的职能互为补充，使得整个区域内部社会经济融为一体，城乡差距基本消失。各个城市之间通过彼此的吸引与辐射，以及人流、信息流和物流的相互作用，实现区域内部的资源的整合与协调，在功能上互为补充，在地域空间相互交叉与渗透，彼此形成良性互动的群体空间，推动区域一体化格局形成。

从人口迁移来看，由于农村剩余劳动力已经转移完毕，城市与城市之间的迁移、城市内部迁移、国际迁移将取代农村到城市的迁移，结构性迁移已经消失。在城市内部，由于区域交通和通信业的高度发达，工作地点和居住地点距离更近，出现了显著的逆城市化现象，人口迁入的峰值也相应地向外围移动，市中心区人口主要迁往远郊，郊区已经成为主要的净迁入区。总体来说，区域一体化、城乡一体化已经实现，人口迁移与空间分布趋于均衡。

五、就业人口演变及就业人口与产业互动的一般规律

已有研究发现，就业机会是影响人口迁移、空间格局演变的重要驱动因素。在此过程中，就业人口变动及空间演化，也成为人口地理学等研究的热点之一。与此同时，在不同经济社会发展阶段，就业人口变化规律及其影响因素有所不同，其中产业发展的作用尤为关键。因此，进一步探讨就业人口演变及就业人口与产业互动的一般规律，对于制定科学政策以引导人口布局优化，具有重要的现实意义。

（一）就业人口演变的一般规律

在不同工业化和城市化发展阶段，就业人口增长变化特征及迁移流动区位指向具有较为明显的差异性。

1. 工业化起步阶段——多点分散与多点弱集聚阶段

农业社会时期，受自然地理条件和资源要素禀赋的影响，加之交通不便及"守家在地"传统思想的束缚，人口流动性较弱。生产活动和方式比较简单，本家庭和本村的劳动力基本可以满足日常生产需求，只有在农忙时才需要较多人手，才会出现季节性的就业人口迁移，大多以邻村或附近的村民为主，因而这种流动表

现出明显的规模小、距离近的特征。

进入工业社会后，随着社会经济重心由农业转向工业，区域生产方式和空间组织方式发生了诸多变化。原有的自给自足、与世隔绝的小农经济被打破，区域交流日益频繁，城市逐渐形成，成为经济发展的中心，但范围仅局限于周边，区域人口水平也较弱。由于工业刚刚起步，主要以家庭作坊生产为主，集中于城市内部；农业生产相对成熟，分散布局在城市外围的农村地区。此时，经过长期的积累，农业发展状况较好，农村的发展相对较快，区域格局表现为大分散、小集聚的特点。而城市的产业处于起步阶段，功能还不够完备，与边缘地区的互动作用基本处于平衡状态，甚至处于劣势，还没有形成较强的生产功能和服务功能。

此阶段，就业人口开始迁移，并表现出弱集聚的态势。在原有小农经济思想的影响下，就业人口的迁移意愿不强，但随着工业化进程的逐步深入，就业人口的迁移开始显现。一方面，城市刚刚起步，各方面都在摸索、筹建和尝试中，城市工业的发展不够成熟，所需的就业人口有限，集聚能力不足，但随着产业发展逐渐步入正轨，城市产业的就业吸纳力表现为逐渐增强的趋势。另一方面，随着社会的发展，农业发展遇到瓶颈，为了摆脱农村发展的桎梏，有效推动农村经济快速发展，乡镇工业应运而生，对就业人口也具有一定的吸引力，但由于乡镇企业的布局缺乏集中分布的特点，因此就业人口的分布也比较零散。总体而言，城市地区和其周边的乡镇地区对就业人口均有一定吸引力，使原始的多点分散格局转变为多点弱集聚格局。

2. 工业化中期——单核心集聚阶段

随着城市化和工业化进程的加速，城市产业的发展速度明显超过乡镇产业。一方面，大工业的发展和市场的拓展，改变了原有的商品生产方式和区域空间格局。交通的便捷、通信技术的完备促使劳动力、资金、技术等要素不断向发展条件更好的城市集中，加快了城市工业的发展速度。此外，各级政府为了获得更大的收益，制定土地和税收等相关优惠政策，加大对城市产业发展的前期投入，使城市工业的极核发展速度更快。另一方面，乡镇企业开始遇到了融资渠道、管理水平、企业发展战略等瓶颈，产业发展举步维艰。此时，相较于乡镇产业而言，城市产业成为区域经济发展的最重要驱动力。这一阶段，区域内外各要素相互作用力也发生一定变化。首先，由于区域内发展状况良好，区域内外的差距被拉大，区域内各地区，尤其是城市产业地区对区域外的影响作用增强，吸引力加大。其次，城市与周边乡镇的平衡格局被打破，城市的极化作用明显增强。此外，受到交通和通信技术发展的推动，城市产业核心的影响力更加广泛。

此阶段，就业人口迁移流动活跃性明显增强，发达地区和城市成为就业人口最主要的迁入地。从区域间来看，相对发达地区的经济和产业的发展水平较高，工资水平也较高，就业机会较多，对欠发达地区的就业人口具有极大的吸引力。从区域内部来看，城乡差异较大，城市产业处于绝对的主导和统治地位，具有典型的集聚经济效应特点，就业人口为寻找就业机会向城市集聚。从城市内部来看，此时的郊区由于交通基础设施等条件较差，对产业的发展不具有吸引力，产业集中分布在城市中心，为就业人口提供了大量工作岗位，吸引郊区人口向城市中心集聚；同时，城市中心良好的医疗、卫生、教育环境也对就业人口产生一定的向心引力。总体上，就业人口的迁移规模更大，迁移范围更广，并且以区域外就业人口的迁入为主。

3. 工业化后期——多中心格局阶段

工业化后期阶段，区域形成多中心城市、网络化发展和城市有机联系的地域综合体。城市功能不断完善，辐射能力不断增强，涓滴作用逐渐超过极化作用。随着经济发展的市场化水平不断提高，市场机制对产业发展的影响力增强，受土地等生产要素价格的影响，竞争能力较差、产品附加值低，且对环境污染严重的劳动密集型生产活动由城市中心向郊区迁移，并集中布局在开发区等产业园区内，逐渐形成城市产业发展的副中心。竞争能力强、产品附加值高、科技含量高、环境污染少的知识密集型产业、现代服务业，在城市核心的集聚程度明显提高，核心成为城市产业的绝对中心。布局在城市周边的乡镇企业，通过转变发展模式、实施科学管理、增加科技含量等方式扭转了发展的不利局面，成为城市产业不可或缺的重要组成部分。此外，由于交通运输和通信网络设施的完善，以及产业专业化程度的加深，不同地区之间的联系更加方便和快捷，城市空间相对缩小，资金、技术、劳动力等要素的分布范围更加广泛，呈现出扩散趋势，使城市多中心格局更为典型。总体而言，城市核心区、城市边缘区、乡镇等各司其职，在职能上互为补充，城乡差距基本消失，城乡一体化格局基本形成。本区域与外区域通过人流、资金流、信息流和物流等方式相互作用，使区域内外互通有无，使资源得到合理的优化配置，共同推动区域一体化的形成。

此阶段前期，就业人口的迁移特点是量大、频率高。首先，在区域内外角度，市场逐渐放开，分工不断加深，竞争更加激烈，导致就业人口的流动性增强。此时，区域内外就业人口的流动性表现为双向性，但以净流入为主。其次，在区域内部角度，随着产业转型升级和空间调整，就业人口格局也发生相应变化，就业人口的流动性更加活跃，就业人口的迁移模式也发生明显改变：在结构上，就业人口由第一产业和第二产业向第三产业转变；在空间上，就业人口由城市中心向周边转移。最后，在城市内部角度，城市化发展进入郊区化阶段，郊区良好的生态环境、日益完善的交通基础设施和公共服务，对人口的吸引力超过城市中心，郊区就业人口的增长速度开始快于城市中心，就业人口的郊迁特征显著。后期，无论是区域还是城市内外，不同地区之间就业迁移的强度基本保持一致。区域内农村剩余劳动力的转移已经基本完成，就业人口的迁移模式主要以城市—城市、区域—区域为主。在区域内部，交通和通信越来越发达，交通工具越来越便利，从而增加了人口的就业半径，拓展了职住范围，缩短了时空距离，就业人口的变动更加自由和随意，就业人口格局遵循城市等级体系的分布规律。

综上所述，随着城市化和工业化的发展，区域要素流动的特征也发生变化。首先，区域的封闭程度减弱，逐渐发展成为完全开放的系统，以人流为代表的要素流动的频率更高，强度更大。其次，人流、资金流、信息流的迁移方向由向区域内单向流动转变为区域内外的双向流动，其迁移量由净迁入变为迁入与迁出平衡。最后，就业人口的分布格局经历了"多点分散—多点弱集聚—单核心集聚—多中心"等过程（图 2.5），其规律可以总结为由集聚到分散、由绝对到相对、最终表现为大分散小集聚的格局。总体上，随着经济的发展和对外开放程度的加深，就业人口的分布格局由中心转移到外围，由核心城区转移到郊区，由单中心转变为多中心，由绝对集中变为相对集中。在此过程中，产业演变因素起到了决定性作用。

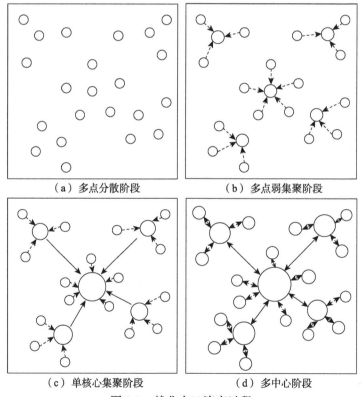

（a）多点分散阶段	（b）多点弱集聚阶段
（c）单核心集聚阶段	（d）多中心阶段

图 2.5　就业人口演变过程

（二）就业与产业耦合互动的一般规律

一般而言，就业与产业在规模增长、结构演化和空间分布上的总体变动趋势是同向的，但由于所处的发展阶段不同，两者之间的耦合互动关系会不断发生变化，甚至会出现不相适应的情形，即存在就业与产业失衡的状态。就业人口与产业发展的互动过程，实际上就是二者相互适应中所表现出的均衡—失衡—均衡的循环波动变化过程。

应用新经济地理学的分析框架可以解释就业与产业耦合互动的一般过程。在初始条件中假设有 A 和 B 两个地区，农业和制造业两个部门（此时处于产业发展初期，服务业规模小、影响力弱，为简化过程，忽略服务业的作用），农业生产的规模报酬不变，制造业从事规模生产，且产品具有差异化特点。起初两个地区的发展状况基本一致，产业发展相对稳定，就业人口也相对充足，两者在就业人口的数量、结构和空间的匹配程度均较好，处于相对均衡的发展时期，但由于偶发原因，A 地区的制造业企业数量增长，在经济内生力的推动下，A 地区发展成为中心，B 地区变为边缘。此时的 A 地区，在生产环节，企业量增长使配套设施更加完善，运费降低，中间品投入的花费减少，利润增加，在利益的驱使下，更多企业进入；在消费环节，企业集聚代表市场上商品的种类和数量更多，假定支出不变，社会消费品种类增加，代表就业人口的实际工资水平提高，对就业人口具有较大的吸引力，使就业人口不断流入。就业人口集聚，降低了企业招工和培训成本，又进一步吸引新企业进入。此后，制造业企业继续向 A 地区集中，使产业的规模和比重提高，拉动 A 地区的经济持续增长，制造业的产出增长率高于就业人口的增长率，使两者在规模和结构上不匹配。在空间上，企业高度集聚于 A 地区，形成产业集群和产业链，此时，就业人口受到 A 地区就业岗位吸纳力等作用的影响，不断从 B 地区向 A 地区迁移，导致 A、B 两地区均表现出就业与产业空间失衡的现象。随着经济继续发展，中心地区 A 的产业会向边缘地区 B 扩散，同时，向 A 地区迁移的就业人口会因为地区间收入差异减小和就业容量饱和而停止流动，并在产业辐射力的影响下向边缘地区 B 迁移，使产业与就业的匹配度增强，回到了新的均衡发展的起点。

以上分析过程可以通过图 2.6 简单反映。图中上半部分表示就业份额（S_P）与产业份额（S_N）的演变过程，纵轴代表就业与产业的份额，横轴代表经济发展状况，曲线表示 A 地区就业与产业随经济发展的变动状况；下半部分曲线表示产业份额和就业份额的协调发展程度。在进入第 I 段以前，产业总量与就业总量、产业增长速度与就业增长速度基本相当，两者耦合性较好，处于相对均衡发展阶段。进入产业发展的第 I 段，产业的发展明显快于就业，两者的匹配性降低，图中 AB 段表示了这一过程。随着经济的进一步发展，就业人口的需求结构发生变化，服务业的影响力增强，逐渐影响经济发展过程。假定服务业产品需求弹性高于制造业，则更多支出用来购买服务性产品，使服务业产出占总产出的比重提高。假设服务业的规模报酬是递减的（现代服务业体现为报酬递增的特点，但规模小，传统服务业表现为报酬递减，但规模大，两者综合作用的结果是，与制造业相比，服务业可视为规模报酬递减部门），表明服务业就业人口的增长快于服务业本身的增长。此时，服务业的报酬递减与制造业的报酬递增相互抵消，总就业人口的增长与总产出的增长趋向一致。这一过程在图 2.6 中表现为：S_N 斜率减小，S_P 斜率增大，在 D 点两者斜率相等，失衡程度进一步扩大。进入第 II 段，就业的增长速度超过产业的增长速度，两者失衡度逐渐减小，到达 E 点时，两者的匹配度基本达到均衡的状态。进入第 III 段，就业与产业的增长速度基本一致，两者的匹配度较高，进入均衡发展阶段，成为新一轮循环发展的起点。

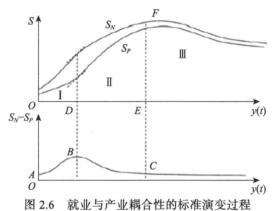

图 2.6　就业与产业耦合性的标准演变过程

在分析了就业与产业耦合的标准演变过程的基础上，为了使研究更加接近现实，将外界因素的影响考虑在内，得到两种基于标准模式的变形模式（图 2.7）。

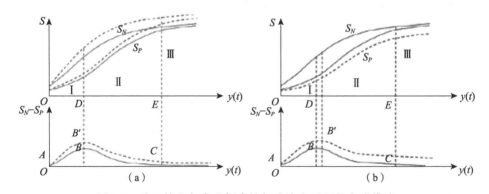

图 2.7　基于就业与产业耦合性标准演变过程的变形模式

情形一：某外部作用使地区投资增加，企业投资成本降低，企业的集聚程度加深，产业的规模报酬递增力更强。图 2.7（a）展示了这一过程，即在经济发展的各阶段中，企业和产业的集聚程度均高于标准状况。第 I 段整体失衡程度增大，且最大偏离度明显高于标准状况。第 II 段失衡度缩小的速度减慢。进入第 III 段，两者的耦合度将在更高水平上保持稳定。

情形二：在就业人口迁移受到阻碍的时候，迁移成本提高，就业迁移曲线下降。图 2.7（b）展示了这一过程，即在经济发展的各阶段中，就业人口的集聚程度均低于标准状况，失衡程度整体提高，最大失衡度也随之提高。第Ⅰ段失衡度上升得更快，第Ⅱ段失衡度下降得更慢，第Ⅲ段耦合性维持在更高水平上。

虽然与前文的标准过程相比，情形一和情形二的就业和产业的不匹配程度均在增大，但仍经历均衡—不均衡—均衡的循环发展过程，这也符合就业与产业耦合互动的一般规律。

（三）结构演化的互动模式探讨

均衡状态下，产业结构升级促使农业有机构成提高、劳动生产率提升，工业、服务业高速发展，工资水平明显高于农业。其结果是，一方面，农业就业人口被大量挤出；另一方面，工业和服务业创造了大量就业岗位。在需求因素和效率因素的作用下，就业的产业结构升级。随后，在需求结构和劳动生产率的影响下，推动了产业和经济的发展，最终促进产业结构升级。此外，产业结构升级使产业专业化程度加深、工艺更加复杂，使就业人口的年龄结构更加成熟化、素质更高。高素质催化了新兴产业、知识密集型产业和人力资本密集型产业的发展，进而推动了产业结构升级。至此，完成了就业结构与产业结构相互作用的一个循环过程（图 2.8）。

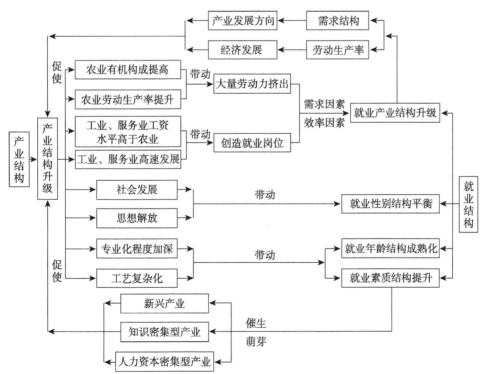

图 2.8　均衡状态下就业与产业的结构互动模式

失衡状态下，循环开始之时，产业结构升级也会产生农业就业人口剩余、工业和服务业就业岗位增加的状况。障碍因素限制了就业结构升级，从而遇到了经济发展瓶颈、产业发展方向不明确等问题，最终阻碍了产业结构的进一步升级。产业结构升级受限抑制了产业的专业化程度和工艺的深度，进而阻碍了就业年龄结构向成熟化发展，阻碍了素质的提升，制约了新兴产业、知识密集型产业和人力资本密集型产业的萌芽与发展，再次阻碍产业结构升级。此时，形成了就业结构与产业结构之间的恶性循环（图2.9）。

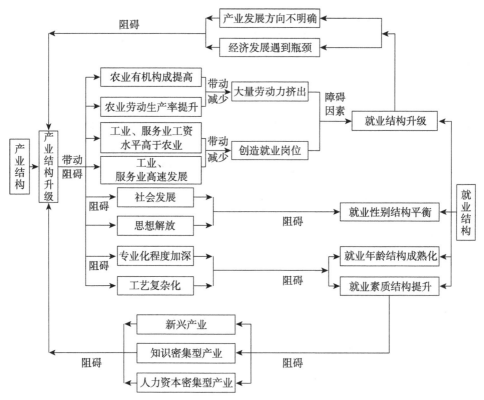

图 2.9　失衡状态下就业与产业的结构互动模式

（四）空间分布的互动模式探讨

均衡状态下，随着产业的发展，工业化程度加深，农业边际效益减少，工业和服务业的边际成本增加，导致区域收入差距拉大。在利益的驱使下，就业人口开始由农村迁移到城市、由欠发达地区迁移到发达地区。迁移人口大体可以分为一般劳动力和高素质劳动力两类。一般劳动力的迁移可以增加迁入地劳动力的丰富程度，在路径依赖因素的影响下，产业空间也随之变化；高素质劳动力的迁移增加了迁入地的人才丰富度，从而带动产业在城乡间、地区间变动。两类劳动力的综合作用使产业空间格局和集散格局发生变化（图2.10）。

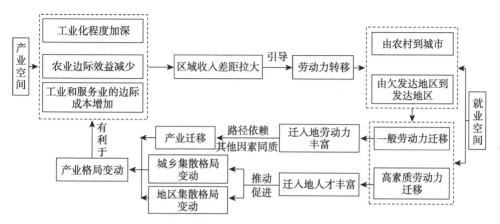

图2.10　均衡状态下就业与产业的空间互动模式

失衡状态下，随着产业发展步伐的加快，地区间收入差距变大，导致劳动力转移，但无论是一般劳动力的迁移还是高素质劳动力的迁移均受到限制，一方面，农村、欠发达地区剩余劳动力大量增加；另一方面，城市、发达地区劳动力严重缺乏，最终导致各地区就业与产业均不匹配，产业格局僵化（图2.11）。

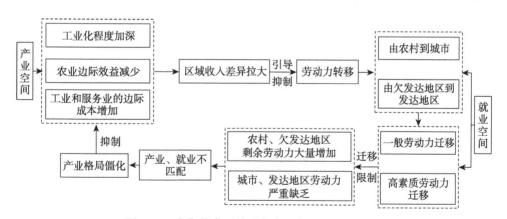

图2.11　失衡状态下就业与产业的空间互动模式

第三节　实证研究主要进展

人是一切经济活动的载体，其分布格局是科学开展城市规划与实施国家重大战略的基础；随着经济社会发展、城镇化进程加快及人口政策演变等，中国人口流动、差异化增长快速改变着人口集散格局，并对中国经济社会发展产生深远影响[16]。在中国经济由高速增长向高质量发展转变的背景下，研究区域人口集散格局、揭示人口时空格局演变趋势等，对于全面、深入地把握人地关系，制定科学政策以引导人口合理分布，推进国家战略稳步实施和实现高质量发展等，具有重要现实意义。已有的人口空间分布规律、影响因素、预测及政策方面的研究，是本书的重要基础。

一、人口空间分布及其演化规律

人口增长研究最早可以追溯到古希腊时期，柏拉图、亚里士多德等学者从人口增长的社会经济后果出发，认为人口增长不利于维护社会稳定，应该依靠国家力量限制人口规模的增加。近代，威廉·配第、亚当·斯密、大卫·李嘉图等学者认为人口增长是创造劳动的源泉[16]。对人口增长进行系统研究的是马尔萨斯，他构建了人口变动与社会经济发展的"总人口理论"的理论分析框架，成为 20 世纪 50 年代前人口理论发展的主流。20 世纪 50 年代以来，随着发展中国家人口剧增，西方学者逐渐认识到生育率变动对于人口自然增长的决定作用，生育率的研究成为西方人口研究的核心。从历史上看，人口增长理论主要存在两种脉络，一种是"总人口理论"，从人口自然增长与经济增长的互动关系来研究人口增长极限，即社会经济发展的结果对于人口增长的影响；另一种是"人口变动因素理论"，从人口内在变动因素探讨人口自然变动[17]。例如，Easterlin 提出了人口增长与经济增长的长波理论，指出经济增长对人口增长起到长期的影响，研究发现相对于经济发展的波动来看，迁移率、失业率、居民户数等人口指标波动具有明显的滞后现象，人口自然增长率与经济增长表现显著的正相关[18]。

人口分布是人口地理学研究的经典内容，学者分别从不同视角、不同尺度分析了人口空间分布的格局特征及影响因素。近代地理学的创始人洪堡与李特尔早在 17 世纪就分别详细论述了人口分布与地形、气候等自然环境之间的关系。对于城市人口分布变动最直接也是最有成就的研究始于 Clark。Clark 通过对美国 20 多个都市区的统计分析，提出了著名的人口密度距离衰减规律：随着从城市商业中心到外围距离的增加，城市人口密度趋向于指数衰减，即人口密度与距离之间存在负幂指数关系，即

$$d_x = d_0 e^{-bx}$$

其中，d_x 为距离中心商务区 x 处的人口密度；d_0 为中心商务区的人口密度；x 为距中心商务区的距离；b 为倾斜度，b 越大表明随着与中心商务区距离的增加，人口密度下降得越快[19]。

在 Clark 提出人口密度负指数模型后的 20 世纪 60 年代，支持 Clark 模型的实证研究进入一个繁盛阶段，衍生出包括指数函数、二项式函数、二次函数等十种描述人口密度的模型。典型研究如 Griffith 采用负幂指数对加拿大多伦多市人口分

布的研究[20]，Gordon 等采用洛伦兹曲线和人口集中指数对洛杉矶的人口与就业的空间分布特点的研究[21]。对于城市人口空间分布研究影响最大的是 Peter，他提出了城市人口迁移六阶段理论，依次是流失中的集中、绝对集中、相对集中、相对分散、决定分散、流失中的分散，成为分析人口郊区化的经典理论[22]。

中国人口分布的系统性研究起步稍晚，但也有着悠久的传统，1935 年胡焕庸先生提出的揭示中国人口分布宏观格局的"胡焕庸线"是相关研究里程碑式的成果，不仅拉开了中国人口分布研究序幕，也对国民经济社会发展产生了深远的影响。此后，随着数据来源多元化和技术方法的进步等，人口分布的相关研究逐渐加深，相关成果如雨后春笋般出现。自 20 世纪 80 年代人口地理学复兴以来，对我国人口分布的研究，特别是从相关方法进展来看，大致可以分为 1980~1990 年的初步恢复、1991~2005 年的稳步发展及 2006 年至今的走向繁荣三个阶段[23]。①1980~1990 年的初步恢复时期，主要是对我国人口分区定性的研究，如胡焕庸在"胡焕庸线"的基础上，将人口分布研究进一步扩展至省级单元，探讨人口密度特征、动态演变及其与经济发展和生态环境之间的关系[24]；与此同时，《中国人口地图集》是中国第一次以地图形式全面展示中国人口及其构成的空间分布信息[25]。②1991~2005 年，定量研究、多学科分析以及时空统计建模方法在人口分布的研究上得到了广泛应用并取得了重要进展，不仅包括基于人口集中指数、不均衡指数、人口密度、人口重心和聚类分析等的中国人口分布演变格局的研究，也衍生出了人口密度模型函数，如负指数函数、二项式函数和正态分布函数等十余种函数，对人口分布和人口密度的区域分异及其决定因素进行了更为精准细致的刻画[26-28]。③2006 年以来，GIS 与遥感技术的快速发展、地理计算的兴起以及多种新兴数据源的拓展，进一步推动了人口分布研究的多元化、定量化和尺度细化，以克里格插值为代表的内插法空间分布模型[29]和遥感估算法、夜间灯光强度估算法、土地利用密度法、移动通信基站多智能体分布模型等地理因子相关性模型[30-31]，由于考虑了人口分布的影响因素等，更好地模拟了人口分布格局。其中，夜间灯光强度估算法具有在较少数据源情况下快速反演大区域人口密度的优点，被广泛运用于人口空间分布模拟之中，但夜灯数据由于传感器自身原因存在一些缺陷，特别是夜灯数据应用受到像元过饱和、像元溢出等的影响，在实际应用中需要对其进行适当处理和修正，且研究精度仍然存在提升空间[32-35]。总体而言，得益于多元和新兴数据源的可获得性日益提高，以及数理统计和计量建模、GIS 空间分析、遥感技术和地理计算等相关分析技术的日益成熟，自 1980 年以来，中国人口分布研究由最初相对简单的人口分布描述，逐渐走向时空模式的探测及决定因素和形成机制的分析[23]。从空间格局来看，相关研究覆盖全国尺度、城市群尺度和城市尺度等各个层面。

（1）全国尺度研究。从国家层面看，学者重点关注人口分布格局与集散规律，揭示影响人口空间分布差异的动力机制。学者基于人口普查数据，采用多种统计指标分析中国人口集散特征，不仅揭示了中国人口分布具有显著空间自相关的特点，而且以更为缜密的方式证实了中国人口分布东南稠密、西北稀疏格局基本稳定的事实[36-38]。相关研究如胡璐璐等基于洛伦兹曲线，对中国人口空间分布不均匀性进行研究[39]；葛美玲和封志明基于重心、人口密度等相关方法，研究中国人口分布演变格局[36]；潘倩等采用空间自相关等方法，研究中国人口分布演变规律[37]；戚伟等基于集中化指数、变异系数等，对中国人口密度演变格局进行研究[38]。随着 GIS 技术等的应用，人口密度地区差异的三维可视化成为可能，如刘德钦和马维军基于人口地理信息系统，以三维展示方法对中国分县人口密度进行研究[40]；于婷婷等对东北人口格局进行刻画[41]；柏中强等以乡镇（街道）尺度为基本单元，精细地刻画与揭示了全国和省域层面的人口时空分异特征及空间演化机理[42]。

随着新兴数据获取手段和相关分析技术的革新，采用 DMSP/OLS（defense meteorological satellite program/operational linescan system，美国国防气象卫星计划/运行线路扫描系统）遥感影像对人口昼夜分布进行估算成为可能[43]，如 Lo 使用夜灯数据估算了中国省市县 3 级行政单元上的平均人口密度[44]；Yue 等基于土地利用和 DMSP/OLS 灯光遥感等新数据对中国人口密度进行模拟[45]；卓莉等利用夜灯数据进行了网格单元上中国人口密度的模拟估算[32]；吴静和王铮基于智能体模拟技术对过去 2000 年人口分布演变及其决定因素的分析中发现，以"胡焕庸线"为标志的中国人口东西部分布格局形成于 1235～1255 年，引起这一变动的主要驱动力源于一次突然的气候变化，且气候变化在 2000 年来的中国历史人口分布演化过程中起了主导作用[46]。

总体上，受社会历史、自然环境和经济条件的影响，中国人口分布的时空演变特征差异相对明显，东南半壁人口持续微减而西北半壁人口有所微增，使中国人口分布极端不均衡状况得到缓解，但"胡焕庸线"至今仍能很好地概括中国人口东南密中有疏、西北疏中有密的空间格局；尽管人口分布均衡性发展态势不断增强，但总体空间格局并未发生明显改变，即"胡焕庸线"两侧人口数量 94∶6 的大数相对稳定；"胡焕庸线"不可破，是由气候等综合自然地理条件决定的[36-39,42]。

（2）城市群尺度研究。从区域层面来看，随着城市群成长为具备核心竞争力的区域板块，城市群成为区域主要人口承载区。一方面，部分学者采用重心分析、密度分析、不均衡指数法、洛伦兹曲线、空间自相关、人口密度相对变化率或偏移–分享分析等方法，对城市群尺度的人口分布进行研究。例如，段学军等采用密度分析、不均衡指数法、重心分析以及偏移–分享分析等方法，发现改革开放以来长江三角洲地区人口分布演化呈现明显的阶段性，人口分布重心总体南移，向省（自治区、直辖市）首府集中的趋势明显，人口偏移增长在不同区域层面具有明显的差异[47]；刘子鑫等运用空间自相关和重心等统计工具，研究发现关天经济区人口格局整体呈现空间集聚趋势，并在各尺度间表现出明显差异[48]；于婷婷等运用洛伦兹曲线、人口密度相对变化率和空间自相关分析方法，研究发现东北地区以省会城市为主的多中心"T"形人口空间分布格局越来越明显，人口空间分布呈现显著的正的空间自相关特征[41]。

另一方面，随着 GIS 等技术的发展，以地统计学方法为代表的研究、在模拟城市群尺度人口分布上的研究也逐渐兴起，人口分布的影响因素也成为相关研究重点。例如，周自翔等利用 ArcGIS 软件空间分析模块中的邻域分析，发现关中–天水经济区近 90%的人口居住在地形起伏度小于 1.5 的地区，人口密度与地形起伏度的曲线拟合度非常高[49]；刘永伟等基于 ArcGIS 地统计模块，对江苏省人口密度进行空间插值拟合研究，发现江苏省各地区的整体密度不断增大、空间分布"两极分化"、人口分布重心逐渐南移等特征[50]；汪思言等借助 GIS 软件及其数据处理分析方法，发现珠江流域人口密度与多年平均降雨量呈现一定的正相关，人口多分布在年平均降雨量大于 1500 毫米的地区，地形条件和交通条件是流域人口分布的主要控制因素[51]；刘艳姣等利用 NPP/VIIRS(national polar-orbiting partnership/visible infrared imaging radiometer suite，国家极地轨道合作伙伴/可见红外成像辐射装置）夜间灯光数据、土地利用数据和人口统计资料，发现黄淮海地区城乡常住人口在空间上呈现总体差异显著、局地内部均衡的特征，区域尺度上城市地区集聚显著，局地尺度上县域和乡镇内部人口分布相对均衡[35]。

（3）城市尺度研究。人口密度模型函数不仅可以从宏观层面上反映人口空间分布趋势，还可以反映影响城市人口密度分布的主要因素。由于模型设定的限制，这一方法主要用于城市尺度研究，但由于在人口密度平均值基础上建立统计模型，研究结果与实际情况存在一定差异，难以准确模拟人口空间分布细节[29]。相关研究如冯健对杭州市人口分布变化进行模拟，研究发现杭州市的人口分布服从 Clark 模型的修正形式——加幂指数模型[52]；高向东和吴文钰对上海市人口分布进行模拟，发现上海人口分布虽然符合负指数函数模型，但上海市人口密度分布的最优模型是 Cubic 函数[53]。

更多学者采用人口地理集中度、分布偏离度、空间自相关、空间基尼系数等方法，对城市尺度人口分布进行研究。例如，刘乃全和耿文才采用人口地理集中度、人口相对迁移指数以及人口空间均衡分布偏离度等指标，发现上海市人口出现明显的郊区化趋势，且其人口分布的演变存在明显的空间排斥效应[54]；杨卡运用空间自相关、空间基尼系数、人口–空间基尼系数对大北京都市圈的人口空间格局进行分析，研究结果表明人口分布呈显著的空间自相关，北京市常住人口呈显著的单中心聚集形态[55]。此外，部分学者也采用 GIS 等人口空间统计方法和大数据技术等，对城市尺度人口分布进行研究。例如，李翔等以上海市为研究区，以 NPP/VIIRS 夜间灯光数据、乡镇级常住人口统计数据为基础，研究发现空间回归模型对常住人口分布模拟可以取得较高精度，且格网化结果能够弥补传统统计数据空间分辨率低的缺点，更加详细地刻画常住人口的圈层特征与真实分布情况[56]；李晓玲等运用核密度估计法、人口景观密度等方法，对大连市多尺度的人口分布演变格局进行研究，结果表明大连市人口密度显示出大集中、小分散的单中心为主的空间分布模式，不同尺度下人口密度空间分布均表现出集聚特征，且尺度越小，空间集聚越显著[57]；张晓瑞等把传统的空间句法模型与现代 LBS（location based services，基于位置的服务）大数据技术有机结合起来，从理论和实际两个方面探讨了合肥市人口时空分布的特点和规律，空间句法模型与 LBS 大数据分析所得到的人口集聚区域在空间上并不完全一致[58]。

二、人口分布驱动影响研究

人口分布作为人口演变过程在空间上的表现形式[24]，对中国经济格局有重大影响。改革开放以来，随着经济发展、城市化加速以及国家、区域发展规划与人口政策的影响，中国区域间人口流动规模迅速增大，人口分布格局也随之发生改变。研究人口分布集疏格局，揭示人口分布的自然和社会经济影响因素，挖掘导致地域人口变化的驱动力，对于全面深入把握人口分布规律以及人地关系，制定流动人口、区域协作等相关空间政策具有重要指导意义[41,59]。

人口分布时空变化的影响因素一直是人口研究的热点问题[59]。对人口及其分布格局的研究可以追溯到人文地理学大师拉采尔的《人类地理学》和白兰士的《世界人口的分布》《人文地理学原理》，此后随着人口制图和人口特征空间分析定量方法的发展，国外学者将空间分析和人口统计学结合起来，逐渐从静态型分析转向更加动态的人口空间过程研究，致力于对不断变化的人口时空模式和过程进行分析、预测和解释，研究内容逐步深入，涵盖历史人口研究、人口空间分布差异、人口自然和社会经济属性空间特征及人口迁移空间格局、影响因素和政策等不同维度[60-63]。1935 年中国人口地理学家胡焕庸先生提出将瑷珲（即爱珲，今黑河）—腾冲一线作为中国人口分界线，揭示了中国人口分布的宏观地理格局，从此拉开中国学者对人口分布研究的序幕[38,64]。此后相关研究逐步深入到人口空间演变趋势和影响因素，如基于经济、资源、环境、人口结构及就业等角度的人口容量预测[65]，基于人口密度的人口分布格局[66-67]，基于 GIS 等技术方法的流动人口分布特征与迁移规律[68-70]，以及人口分布和演变的影响因素等方面[71-72]。研究发现，在我国自然地理条件区域差异的基础上，半个多世纪以来，中国人口分布极不均衡且地理格局未发生重大变化，超过 75% 的人口集中在不到 20% 的国土上，"胡焕庸线"依然存在[36,73]；在区域分布差异显著的基础上，人口流动呈现省内迁移为主、省际迁移为辅，向平原、三角洲、盆地等地势平坦地区流动，向沿河、沿海地区集聚的态势[74]。人口分布及其演变受社会历史、自然地理条件、经济发展、城镇化水平及交通设施等多重因素的影响[36,72-75]。

关于中国人口分布的影响机制，学者从地理环境、自然资源、气候、经济发展等多个角度进行了分析，原华荣认为人口分布状况是环境决定、社会调节的结果[76]。关于人口分布格局的成因，各要素在不同空间尺度的影响方式和作用程度是不同的[77-78]。在大区尺度，自然条件决定人口分布格局，所谓"天不变，道亦不变"[79-80]。省级人口密度与海拔指标线性相关[81]，然后是经济因素、年龄特征。在中小尺度，社会经济因素影响较大[82]；在城市尺度，人口分布格局取决于生活品质、环境质量及经济水平[83]。不同于大尺度人口与就业的紧密关联，城市分区地块的人口空间分布与生产空间是分离的[84]。

（1）自然地理环境。胡焕庸[64]、孟向京和贾绍凤[81]、封志明等[79]、刘睿文等[75]认为中国人口分布与中国地形条件、植被条件有着高度的一致性，与气候条件也有很高的相关性，其中，地形条件对中国人口分布的影响尤为突出。中国人口集聚区的分布与中国主要的平原、盆地地区的分布完全一致，且中国的人口稀疏区乃至无人区也基本上都分布在地形起伏度较大的地区。

（2）城市化。刘睿文等对中国人口集疏格局与形成机制进行了研究，指出城市化是推动人口集聚的重要动力[75]。景才瑞和饶扬誉探讨了城市化与人口集散流动的关系，随着和谐社会的建设和发展，人类社会将向更高级的阶段发展，城市乡村化，乡村城市化，城乡差别逐步消灭，城市化将完成它的历史使命[85]。张军岩等[86]、金良等[87]分别研究市域范围内城市化与人口发展的相互关系，总体而言，城市化将促使人口空间分布趋于合理，城乡差距日益缩小。

（3）社会经济条件。张善余分析了三年经济困难时期中国人口分布的变动特点及其社会经济意义，揭示了人口分布变化与经济条件制约之间的紧密关系[88]。宋旭光和王远林运用截面回归方法分析了人口空间分布与经济初始发展水平的关系[89]。韩惠等利用第四次全国人口普查资料分析了中国人口分布的空间格局的成因，认为人口分布的差异格局是在多种因素的作用下形成的，其中社会经济的发展是造成人口聚集的关键因素[90]。樊杰等计算1952～2005年中国经济重心和人口重心的地理坐标以及重心间的空间重叠性与变动一致性，刻画了53年间我国经济和人口空间分布的耦合态势，证明了人口分布与区域差距的大小高度相关[91]。吴瑞君和姚引妹研究了上海大都市圈经济发展与人口分布的耦合性[92]。王磊等[93]、闫东升等[94]探讨了经济因素、城市地位与功能等对长三角大都市区人口分布的影响。

（4）交通条件。交通与人口的关系一直是交通地理学和人口地理学研究的重要内容。王振波等定量分析了中国县域可达性与人口分布的关系，指出国家区域范围内县域可达性与人口密度具有明显的相关性，2.5小时交通圈是目前中国可达性与人口集聚产生作用的最远距离；中国县域可达性越高的区域，可达性对人口集聚产生的作用圈就越大[95]。众多学者也认为区域交通轴线是大都市圈人口集聚的重要牵引轴，如孙铁山等认为交通条件对京津冀都市圈人口集聚和扩散效应有显著影响，交通条件越优越，对于人口的吸引作用越显著[96]；王书国等则认为交通轴线以及交通枢纽本身对人口集聚具有巨大的吸引力，随交通轴线兴起或者强化的许多交通枢纽城市，如沪宁杭高速公路的节点城市上海、南京、苏州、杭州等，都是人口迅速集聚的地区，沿线的一连串车站也多逐渐形成较大的居民点[97]。

三、人口迁移及其动力机制研究

一般认为对人口迁移进行开创性研究的是雷文斯坦，其后一直到 20 世纪 50 年代，人口迁移的理论一直处于停滞的状态。从 1950 年起，西方人口迁移的研究进入了活跃期，人口迁移逐渐成为众多学科关注的热点。对人口迁移的研究按照对象的不同大致分为几类：人口迁移的规模、人口迁移的模式、人口迁移的影响因素与动力机制。这些研究运用不同的方法，在不同的理论体系下，从宏观和微观角度对人口移民特征、决定因素、迁移原因等方面做了大量工作，本部分分别从以上几个层面对人口迁移进行回顾。

（一）人口迁移的规模

英国学者 Ravenstein 通过对英国及其他 20 个国家国内迁移的细致研究，总结了人口迁移的空间特征、结构和规律，揭开了学者对人口迁移规律的探讨[98]。Lee 在雷文斯坦研究的基础上阐述了不同条件下迁移量、迁移流和逆迁移流等规律，他指出迁移量的六条规律[4]：①在给定的区域内，迁移量与区域差异存在正相关性；②迁移量因国民的差异程度不同而不同；③迁移量与迁移过程所要克服的障碍难度有关；④迁移量因经济波动而变化；⑤迁移量会随着时间的推移而增长；⑥迁移量与地区发展阶段有关。对于 Lee 的迁移量规律，众多学者进行了验证。Zipf 提出迁移量与距离成反比，将万有引力模型引入人口迁移的距离和数量上来，进一步证明了迁移量与迁移距离的关系[99]。Lowry 受 Zipf 模型的启发，将万有引力模型进行了修订，但是他认为迁移规模受就业机会的影响[100]。与国外的研究不同，我国学者借助人口普查数据，从更为直观的角度分析了人口迁移的规模。张善余[101]、王桂新和刘建波[102]总结了我国在不同时期东中西部人口迁入、迁出的规模，指出从改革开放以来东部迁出人口占总迁出人口的比重在下降，中部地区快速上升，西部保持稳定，在 1982～1987 年、1985～1990 年、1990～1995 年三个阶段东部地区人口净迁入的规模分别达到了 114.92 万人、193.31 万人和 369.41 万人，且这一增长趋势将进一步增强。

改革开放以来，随着中国经济的高速增长，在东部沿海地区初步形成了长江三角洲、珠江三角洲和京津冀都市圈。三大都市圈在带动中国经济发展和应对全球化国际竞争中发挥着愈益重要的作用，成为中国经济发展的重要增长极。根据人口普查资料，1995～2000 年，三大都市圈迁入的人口为 2100 多万人，成为中国人口流动最为活跃的区域。对三大都市圈人口迁移的研究对于整个中国的人口迁移研究来说很具有代表性，成为学者研究人口迁移与流动的沃土，引起了学者的广泛兴趣。王桂新等研究了三大都市圈人口迁移的规模与强度，从人口迁入看，三大都市圈的迁入规模 1995～2000 年较 1985～1990 年呈明显的扩大趋势，由 449 万人增加至 2156 万人；迁入率也显著上升，由 16.9‰上升至 68.3‰，即三大都市圈整体迁入率的提高幅度达 51.4 个千分点，超过东部地区平均水平（36.5‰），更远超全国平均水平（16.5‰）[103]。

（二）人口迁移的模式

对人口迁移模式做出基础性工作的是 Zelinsky，他提出迁移率转变假说，认为人口迁移与社会变迁之间存在长期相关性，人口迁移流在空间上存在着确定的、模式化的规律，这种流动是人口活动连续向外围扩散的一种形式，农村—城市的人口迁移量将经历倒"U"形的过程，城市—城市的人口迁移量将逐渐上升[104]。尽管迁移率转变假说被众多学者批评，认为其忽略了个人的动机，但是其提供的时间长波上的不同流动模式为后人提供了有益的参考价值。西方另一种比较具有代表意义的迁移模式为 Mabogunje 的系统模式，他认为迁移是一个系统，是一个循环的、相互依存的能够自我修复的系统，后期的迁移者受到前期迁移者的影响，能够将迁移决策传递给迁出地，进而促使迁移活动的循环进行[105]。

我国学者对于迁移模式的研究一般都基于国家层面东中西三大地域间、省域间的人口流量与流向进行分析。王桂新总结了不同时期我国东中西三大地区省际人口迁移流量与流向，指出改革开放以来我国东部地区为人口净迁入区，中部地区和西部地区为人口的净迁出区[106]。在改革开放前，中国人口迁移的主导方向是从沿海到内地、到边疆，而改革开放以后，迁移的方向发生了大的逆转，与原来的方向完全相反。在迁移模式方面，王桂新和刘建波根据人口迁移选择指数，系统考察了经济体制改革以来省际人口迁移的区域模式及其变化趋势，研究表明，自经济体制改革以来，中国省际人口迁移的"单向梯度东移模式"，已经开始出现东强西弱非对称性的"双向"迁移的变化，人口迁移流向主要继续向东部地带集中的同时，迁移吸引中心也在发生着量的不断扩大的多极化和质的提高的强势化，并分析指出存在北京和上海两大国家级的吸引中心和广州、新疆两大省（自治区）际强势吸引中心[107]。丁金宏根据不同迁移原因对省际人口迁移的流场特征进行了探讨，指出了以四川、浙江为源地的辐射流场，以广东为吸引中心，以上海、北京和天津为次中心的辐合流场和山东与东北的对流流场的主要特点[108]。

三大都市圈人口迁移模式受到学者的关注。俞路和张善余运用空间统计中有关方向和距离的研究方法来研究人口迁移的流向与流量，结果表明京津唐都市圈迁移人口来自河北、河南、山东和安徽[109]；乔观民和刘振宇研究了长江三角洲都市连绵区内部人口空间流动态势，指出都市圈内部人口空间流动以集聚为主[110]。与此同时，人口迁移的空间模式是学者研究的热点。朱杰运用修正后的重力模型和城市之间最短通行时间的 O-D 矩阵，模拟长江三角洲地区人口迁移节点联系状态，判断吸引中心的从属结构，划分人口迁移引力体系的等级结构，长江三角洲地区共形成上海、南京、杭州、宁波、温州五个一级人口吸引中心，无锡、徐州两个二级吸引中心，连云港、淮安、扬州等九个三级吸引中心[111]；朱秀杰和陈绍军从来源地、迁移流向等方面考察了江苏省内、省外人口迁移的空间模式，省内、省外人口迁入都表现出显著的苏南、苏中与苏北三大区域间的差异性[112]。

（三）人口迁移的影响因素与动力机制

20 世纪 50 年代到 20 世纪 70 年代，迁移宏观理论占据统治地位，学者力求在已建的理论基础与分析框架的基础上研究问题。20 世纪 70 年代以来，西方学者对于迁移问题的研究转入实证研究，重视导致人口迁移的个人或家庭动机、决策以及后果。总体来说，人口迁移动力机制的研究主要分为两大部分，即宏观动力机制和微观动力机制。宏观动力机制是以人口迁移现象宏观统计为基础研究人口总体的迁移行为，微观动力机制是从迁移者个人或者家庭的角度对迁移动机、迁移决策进行微观分析。

国外对于宏观迁移的动力机制的研究，集中在对人口迁移进行解释的理论模型上。Ravenstein 通过对英国和其他 20 多个国家的国内迁移的研究，总结了人口迁移的机制、结构、空间特征，开创了西方学者探讨人口迁移规律的先河[1,98]。随后 Heberle 提出了推力–拉力理论模式，他认为人口迁移是由一系列"力"引起的，一部分为推力，另一部分为拉力。该理论认为，人口迁移是由迁出地的推力或排斥力和迁入地的拉力或吸引力共同作用的结果，这样构成了解释宏观层面人口迁移的基本理论框架，以后几乎所有的对于迁移原因的解释都是在此框架下进行的[113]。Bright 和 Thomas 则对推力和拉力进行了详细的概括，他们将推力概括为 12 大类因素，将拉力概括为六大类因素[3]。Lee 在其《迁移理论》一文中系统总结了"推拉理论"。他将影响迁移行为的因素概括为四个方面[4]：①与迁入地有关的因素；②与迁出地有关的因素；③各种中间障碍；④个人因素。尽管推拉理论能够说明迁移的原因，但是只能对迁入地和迁出地要素进行定性的描述，很难挖掘迁移机理，在此背景下，宏观迁移的经济理论模型受到学者的青睐。Kuznets 运用经济增长理论模型解释了人口迁移，反映了人口迁移量与经济周期性变动密切的相关性[114]。其他如人口压力的理论模型、比较静态理论模型等都从不同的角度解释了人口迁移的机理。其中，影响较大的是二元经济结构、两部门理论模型和新古典经济学理论。

国内宏观人口迁移原因与机制一直是关注的热点。李强指出农村劳动生产率的提高、农村的发展及大批剩余劳动力的存在是农村人口向城市迁移的主要推动因素[9]，王桂新认为区域收入差距是我国区际人口迁移的主要影响因素[115]，蔡昉认为二元经济结构与城乡收入差距是乡村至城市人口迁移的重要拉动因素[116]。李立宏总结了影响人口迁移的 10 类因素[117]：①迁出地和迁入地之间的距离；②迁出地和迁入地的经济发展水平；③融资状况；④产业结构状况；⑤失业率；⑥经济体制与国家宏观经济政策；⑦迁出地和迁入地的总人口；⑧人口迁移量；⑨人地比；⑩资源、气候、环境和社会科技文化发展水平。同时指出，在上述因素中，距离、经济因素和人口变量起主导作用。朱农利用 Logit 回归模型，结合 1990 年和 1995 年中国省际人口迁移数据讨论了城市正规部门、城市非正式部门、农村非农业部门对中国劳动力迁移的作用[118]。李树茁对 20 世纪 80 年代人口迁移进行了计量分析，指出经济发展水平与经济结构的差异越大，纯迁移率也越大，距离与纯迁移率之间有较强的负面影响[119]。王桂新认为改革开放以来中国的人口迁移与流动明显受改革开放进程特别是户籍制度及城市居民社会保障制度等体制性因素的制约，但随着改革开放的不断深入，人口迁移流动原因及机制仍然发生了重大转变，这一转变主要表现为影响原因逐步由以社会原因为主转变为以经济原因为主、发生机制逐步由以计划组织为主转变为市场调节占主导地位[120]。

　　西方学者对于微观迁移理论的研究主要集中于迁移动机和迁移决策两个方面。迁移动机是指迁移决策的主观意愿、主观因素，即什么因素诱使了人口的迁移。西方学者根据经济学的观点对迁移的微观层次进行了研究，他们将个人追求与迁移者的迁移动机相互联系，发现经济动机是最主要的原因，与宏观迁移理论最大的不同是其分析框架由"推力–拉力"变为"成本–收益"。在这一框架下，学者的研究展现出多元化的趋势。Shaw 认为可采用性、价值、预期、诱因是迁移决策的四个要素，且四个要素呈现出链式的梯度关系，可采用性是人口地域流动的可能性，价值是迁移人口看重的事物，预期是估计的目标，诱因则是与目的地、原住地以及个人目标相关的因素[121]，如经济动机、满意动机、生活偏好、社会关系等[122-123]，除此之外，生命周期理论、经济收益最大化理论分别从个人的职业周期与生命特征、个人预期的净收益分析了人口迁移的原因。Lansing 和 Mueller 在研究中指出经济动机在迁移中尤其在劳动力的迁移中占统治地位[124]；Lantz 和 Rossi 认为追求更好的居住环境是人口迁居的主要原因[125]。一些学者则认为，个人生活方式偏好是迁移的主要动机，如 Zelinsky 认为个人的价值、娱乐、社会和生理的特征对于人口分布的空间模式的影响越来越大[104]。总体而言，经济动机、居住动机、社会地位动机、生活方式偏好的动机是诱使个人迁移的主要因素。

　　迁移决策理论的最具代表性的理论为生命周期理论和经济收益最大化理论。生命周期理论是用生命周期来解释迁移决策。Rossi 在对费城居住流动性进行研究后，认为生命周期的变化带动了家庭结构的变化，由此带来对住宅的新要求，为了适应这种要求迁移便产生了[125]。随后，Simmons 的研究中得到了类似的结论，个人迁移随着生命周期位置的变化而变化，影响迁移概率的事件与一个人所处的生命周期密切相关，这些概率事件包括婚姻、怀孕、生育、退休等[126]。经济收益最大化理论在迁移决策中的运用是由成本–收益模型完成的，成本–收益模型从个人对成本效益的判断出发来考察迁移行为。在这个模型中，迁移被看作迁移者的一种个人投资行为，既有成本也有收益，迁移所引起的成本可分为资金成本和社会成本，迁移产生的收益可分为资金收益和社会收益。此模型最具代表性的应用是托达罗对于城乡迁移动机的判定，托达罗认为迁移决策是根据城乡预期收入差距决定的，而不是实际收入差距，潜在迁移者以其理智的经济估算开始其迁移决策。我国学者也证明迁移者的个人特征有鲜明的选择性，如张善余根据 1990 年第四次全国人口普查资料所做的一项描述性分析发现，男性比女性更容易发生省际人口迁移，年轻人比孩子和老年人更容易发生省际人口迁移，接受过较好文化教育的未婚男性人口最容易发生省际人口迁移[101]。段成荣用 Logistic 回归证明了年龄、性别、受教育程度、婚姻状况与人口迁移存在显著的一致性[127]。Liang 和 White 利用 1988 年全国生育节育抽样调查资料对 1983～1988 年我国省际人口迁移的个人影响因素进行了分析[128]，结果表明，年龄对省际人口迁移有显著的影响作用，20～29 岁人口最易于发生省际人口迁移，受教育水平对发生省际人口迁移的可能性有显著的影响作用，大专院校毕业生发生省际人口迁移的概率最大。

四、人口空间分布的预测研究

采用科学适宜的方法，对人口数量、结构、分布等相关变动趋势进行模拟预测，可为人口调控政策制定等提供重要参考[129]。一般而言，一个区域人口规模受到三个因素的影响：生育因素、迁移因素和死亡因素。其他任何非人口要素均通过作用于这三个因素改变人口规模，如人口政策、区域发展战略、自然灾害、医疗卫生水平及经济社会发展水平等[130]。改革开放以来，多样化的定性、定量分析方法被广泛地应用于城市人口规模的预测。在我国奉行严格控制城市人口规模政策的时期，城市人口规模预测方法大多以趋势外推法和城镇化水平法为主；20 世纪 90 年代开始，随着城镇化进程的加速和人口的机械增长取代自然增长，定量化的数据建模开始应用于对人口规模的预测，越来越多的预测研究将人口增长与经济增速挂钩，导向也从控制人口转为人口的扩张；21 世纪以来，随着可持续发展浪潮成为社会主流，加之国家对特大城市人口规模的控制和受到西方城市增长边界等思潮的影响，部分学者引入环境容量分析、生态足迹分析等方法，通过环境阈值等来预测人口规模，也更加重视多情景下人口规模的预测研究[129,131]。

（一）定量化模型的人口规模预测

人口规模的预测中，定量化方法主要可分为三类：趋势外推法、队列因素法和人口经济模型等方法[132-133]。其中，趋势外推法依据历史数据构建线性增长模型，方法简单，但历史增长痕迹重，不适合转型和调控期的人口预测[134]；队列因素法考虑人口年龄、性别和自然增长率，该方法相对准确，但数据获取难，对人口机械增长预测效果不理想[135]；人口经济模型挂钩经济增速，以及带眷系数法、剩余劳动力转化法、劳动平衡法等量化方法[136]，但在经济增长不确定情况下难以适用。此外，较常用的方法还有马尔萨斯模型、Logistic 模型、GM(1,1)灰色系统模型、BP（back propagation，反向传播）神经网络模型、CA-Markov（cellular automata-Markov，元胞自动机–马尔可夫）法等[59]。线性回归模型公式简单，对长期人口预测结果的精度较低；队列因素法可结合多项影响人口增长的因素，提高预测精度，数据获取渠道少且连续性较差；BP 神经网络模型对短期（5 年内）人口预测的结果比较准确，但在长期预测中误差较大；Logistic 模型考虑了限制人口增长的环境因子的约束作用，计算公式较为简单，所需拟合数据量小，是中长期人口预测较理想的模型[59,137]。但是，这些方法多适用于单区域研究。多区域人口预测中，Willekens 的多区域人口预测模型堪称经典，具有自上而下的一致性和自底向上的分区刻画优点，综合考虑出生、死亡和迁移的区域差异，通过分年龄、分区域的迁移概率转移矩阵描述个体在区域间的迁移行为，刻画区域间迁移及其与人口总数的一致性，实现同步预测所有区域的人口变化，但模型算法过于复杂，国内实证应用尚不多见[138]。

从具体研究看，学界对中国不同区域的人口预测进行了诸多研究：陈楠等采用灰色理论，应用全局自相关和人口集中指数对中国各省市人口空间分布模式进行了预测[137]；Lutz 等拟合带有随机项的平稳时间序列，对中国人口进行了随机预测，描绘出了未来中国人口老龄化变动趋势[139]；Li 等结合历史数据及专家经验，并充分考虑生育水平、死亡率和人口迁移的影响等，对中国人口进行了随机预测[140]；张锦宗等运用 BP 网络对山东省 17 个地市未来的人口总量进行预测，在预测数据的基础上运用空间自相关方法对未来人口的空间分布模式进行分析[141]；任强和侯大道基于 Leslie 矩阵和 ARMA（auto regressive moving average，自回归移动平均）时间序列对参数进行了识别和推算，进而对中国人口进行预测[142]；邓羽等构建一种全新的自上而下的人口预测方法，考虑人口自然增长和空间迁移两种影响因素，对全国和省级单元 2010～2050 年的人口总量进行预测[143]；梁昊光和刘彦随借助 CA-MAS（cellular automata-multi-agent system，元胞自动机–多智能体系统）模型对北京市未来城市人口格局进行情景模拟[129]；童玉芬等采用多区域人口预测模式对我国城乡人口老龄化变动趋势进行了多方案预测[144]；王露等运用 Logistic 模型，系统预测了 2020 年和 2030 年中国分县人口规模，定量分析了未来中国人口分布的基本布局、各地区人口增减变化以及城市群人口集聚度变化[59]；陶卓霖和程杨采用年龄移算法，对 2020 年北京市乡镇（街道）尺度的老年人口空间分布进行了预测[145]；翟振武等运用队列要素法，借助 PADIS-INT 人口预测软件，对我国一直到 21 世纪末的人口与老龄化变动趋势进行模拟预测[146]；曾永明通过中国第五次人口普查和第六次人口普查的分县尺度数据，模拟出中国分县尺度人口密度的概率分布函数，并进行概率分布预测，分析未来中国人口分布统计特征[147]；胡曾曾等运用 CA-Markov 模型，以北京市 2005 年、2010 年公里网格人口分布数据为基础，对北京市 2015 年、2020 年、2025 年和 2030 年四期公里网格人口分布数据进行了预测[148]。

（二）资源约束的人口规模预测

合理的人口分布格局不仅受到人口自身数量变化规律的影响，还受到区域资源环境及经济发展水平等的限制[149]。随着人口容量概念的提出[150]，环境容量分析、生态足迹分析等多情景方法被引入人口规模预测，强化了资源环境影响[131,151]。从实践看，皇甫玥和张京祥提出了基于就业岗位的城市外来常住人口的预测方法，并对南京未来城市外来常住人口变化进行了预测[152]；刘正广等在使用生命表分析方法预测县级行政区人口数量的基础上，根据城市经济发展水平、建设用地面积、城市供水量和农村经济发展水平、粮食产量和农村供水量等指标分别计算各县域内城市地区和农村地区的最优人口容量，将人口预测与人口容量进行综合分析，研究宁夏未来人口分布格局[149]；吴晓勤等通过分析不同区域的资源环境约束条件，利用趋势外推法对安徽省域总人口进行预测[151]；娄峰和侯慧丽以国家主体功能区发展规划为框架，综合考虑城市化率、总和生育率、死亡率、人口迁入率及迁出率等影响因素，然后设定不同情景下的各种可能组合，预测出我国 2020 年、2030 年、2040 年、2050 年优先开发区和重点开发区的人口空间分布[153]；米瑞华和石英基于人口普查数据，使用人口格网化、GM(1,1)人口分布预测等方法对大西安及其辖区县、乡镇的人口数量进行预测，并基于大西安主城区空间扩展和建设用地调整情况，对 2020 年人口空间分布格局及快速城镇化区域进行预测[154]；石崧综合考虑国家层面政策要求、区域均衡战略对人口流动的影响，以及上海自身土地资源等的硬约束，提出上海三种发展情景的人口规模[131]。

总体上，对中国人口规模预测的研究表明，我国总人口规模经历先增长后减少的变动趋势，中国总人口规模将于 2029 年左右迎来 14.35 亿人的峰值，此后将步入负增长时期，整个人口的年龄结构将不断老化，但未来我国人口密度空间分布基本上保持稳定，中国人口分布东部高、中部次之、东北再次、西部最低的不均衡态势仍将延续，且人口分布极化特征将明显增强，特别是超高密集区和无人区的人口都将出现明显增加[59,130,143,147]。

五、人口空间分布合理性研究

近年来，在综合集成人口与经济、资源、环境等自然和人文因素的基础上，对中国人口分布适宜度展开系统性分析与评价，为政府相关部门对不同地区的人口、资源与环境间的关系进行综合协调提供依据，进而实现最优人口分布和可持续发展目标，这成为相关研究的热点[155-156]。通过人口流动或迁移，形成分布均衡格局，是学术界对合理人口空间分布的解释，也成为越来越重要的价值追求[157]。人口均衡是与资源节约、环境友好相并列的基本国策，既包括人口自身的内在平衡，也包括人口与资源环境、经济社会发展的协调平衡。不同学科对人口均衡有不同理解。

（1）经济学的人口均衡是追求效率的均衡。有学者提出一线城市效率最高，宜放宽户籍准入制度，鼓励人口向大城市集中，控制二三线城市新增建设用地[158-160]；我国现阶段人口空间分布极化作用过低，人口并没有随生产向东部集中，造成发达区域生产与人口空间分布高度失衡[161]。但也有学者认为当流动人口达到一定规模后，人口继续增加会对财政支出效率产生负面影响，反而不利于提升大城市效率[162]。

（2）社会学的人口均衡更多关注公平正义。在区域尺度，人口过度集中在发达地区，在一定程度上会剥夺落后地区的发展权[163]，"胡焕庸线"以西的广大区域在城镇化进程中可能失去平等发展的机会，从而拉大了东西部的发展差距。在城市尺度，外来人口的大量涌入，公共配套不匹配，产生不公平、不均等新问题，更为微妙的以文化歧视形式出现的社会障碍将持续存在[164-166]。

（3）地理学认为人口均衡是与资源环境和经济发展的均衡[150,167]。地区人口空间分布应该考虑资源贫富、地形起伏、气候冷热、水量丰枯、运距远近等地理因素，城市群及城镇人口应主要集中在资源环境承载能力较强的地区[168-170]。人口迁移会加速迁入地的空间扩张，加大资源环境、通勤及公共服务的压力，这一现象在超大城市尤为明显[171-172]。当前，中西部全域和东部农村人口流失也给地区造成了较大衰败[173-176]。

尽管不同学科对人口空间分布合理性的理解存在差异，但人口集聚带来的空间结构是影响经济社会发展的重要因素，这成为各界的共识。针对空间结构与经济发展关系的研究，不乏中心地理论[177]、新经济地理学[178]等经典理论，实证研究也十分丰富[179-181]。从实证研究方法看，主要包括两类。①基于人口等指标对空间结构进行测度，并采用OLS（ordinary least squares，普通最小二乘法）等回归方法进行研究，也是当前研究常用的方法[182-183]。例如，基于OLS、局部加权回归方法对美国大都市区空间结构的经济效应的测度[184]；基于中国省级尺度数据、空间计量模型对首位度与经济增长关系的研究[185]；相关研究基于经济增长要素测度空间结构、探讨空间结构对经济增长的效应，模型变量内生性导致的结论的科学性有待检验[186]。②基于Cobb-Douglas（柯布-道格拉斯）生产函数的估计，如 Meijers 团队采用空间结构替代 Cobb-Douglas 生产函数的技术参数，研究美国大都市区空间结构与经济发展之间的关系，发现多中心性能够使劳动生产率增长 11%[180,187]；刘修岩等采用夜间灯光数据，对中国不同尺度进行检验发现，空间结构演变对经济的影响存在差异[188]；王磊和高倩对长江中游城市群的研究发现，人口多中心、产业单中心对经济绩效呈现促进效应[189]；陈旭和邱斌基于夜间灯光数据，运用工具变量法估计空间结构对中国城市经济效率的影响，发现二者之间呈现非线性关系[186]。这一方法对相关研究做出较大改进，如模型对空间结构的考虑能够在一定程度避免模型因素内生性问题，但结合城市群发展现实考虑同样存在改进空间，如对资源环境承载能力、政府宏观调控的考虑，都存在进一步拓展价值。多样化研究也得出差异化结论，主要包括三类。①空间集聚能够带动经济增长，如周一星[190]、Henderson[179]、任柯柯[191]等基于国家、城市层面数据的研究均验证了这一现象，而周志鹏与徐长生基于空间计量模型的研究发现，这一效应呈现一定的动态演变特征，如从短期不显著正效应向长期显著正效应转变[192]。②空间集聚不利于经济增长，如王家庭研究发现，中国省际城市首位度与经济增长存在反向关系[193]；方大春与张凡基于中国省级层面数据、采用空间计量模型的研究发现，由于资源过度集聚带来的"大城市病"，本地、相邻区域城市首位度越大，越不利于本地区的经济增长[185]；孙斌栋等基于中国 13 个城市群的研究发现，多中心空间结构能够提高城市群经济绩效[194]。③空间结构与经济增长之间不存在明显关系，如李佳洺等基于中国 20 个城市群的研究发现，人口集聚与经济增长之间并未呈现明显的规律性[195]。

六、人口空间分布优化及其政策

关于中国城市空间结构优化方向的争议。推动城市之间分工、协调格局的形成，是优化城市群空间结构的重要举措[196]。最优空间结构问题同样引起国内外学者的诸多讨论，并得出差异化结论[179,185,197]，而针对中国城市体系空间结构优化导向，学者之间也持差异化观点[185,198]。一种观点认为中国大城市规模尚未达到最优，应进一步提升大城市首位度，且中小城市的发展建立在接受大城市辐射带动的基础上，过早限制大城市发展可能带来效率损失[199-200]，如陆铭团队认为大城市具有集聚效应、包容性就业等诸多优势，提出"大国大城"观点，认为上海市城市人口最优规模在 4500 万人，约高出 2019 年（2428.14 万人）的一倍[159,200,201]。另一种观点认为，中国城市规模存在大城市偏大、小城市偏小的"两极分化"现象，未来中国城镇化重点在于发展小城市[188,202]，如基于省际尺度的研究发现，在中国双轨制的资源配置背景下，"为增长而竞争"的目标导向导致部分大城市集聚了过多资源，不仅挤压了其他城市的发展空间，也带来区域发展差距的扩大[203]；

张亮靓和孙斌栋认为，日本单中心极化模式不应成为中国学习对象，在"大城市病"显现的背景下，通过打造次中心疏解、承接中心城市部分功能，推动城市空间结构的均衡化转向是未来中国城镇化发展的重要方向[198]。此外，与以上两种观点有所差异，魏守华等[204]、余壮雄和张明慧[205]认为，中国城市体系问题在于中等城市的规模相对偏小，无法有效发挥区域发展"二传手"的作用，成为导致中国城市规模两极分化的重要因素。

人口空间分布调控政策分为直接调控和间接调控。户籍制度属于典型的直接调控，是影响人口流动的重要因素之一[206-208]。当前，绝大部分城市的户籍制度已经放开，但北京、上海、深圳等地仍有较为严格的限制，即便如此，人口仍然向超大城市集聚，压力巨大，依然没有找到更好的调控思路和办法[153,209]。

在间接调控方面，最主要的当属人口功能区和主体功能区战略[210]。前者基于人口分布的自然条件、资源环境、经济社会及人文条件，将全国分为人口限制区、人口疏散区、人口稳定区、人口集聚区等四类人口功能区，进而制定差别化的人口发展规划和政策，引导人口有序流动和分布；后者则是以资源环境承载能力为基础，结合现有的开发密度与发展潜力，统筹考虑未来人口分布、经济格局、国土利用与城镇化格局，将国土空间划分为优化开发区、重点开发区、限制开发区和禁止开发区四类主体功能区[211]。在政策实施效果上，人口发展功能分区作为一种美好图景，对中国人口合理分布和流动具有重大意义，但就部门提出的指标体系重叠与辅助指标冲突等问题仍存在许多可商榷之处，关系方案制订的数据采集与计算精度仍有较大提升空间，关于静态与动态、行政区与功能区两组关系的把握不够，这都影响了政策实施的效果[212]；类似地，张耀军等以主体功能区内的县为分析单位，发现人口迁移方向与主体功能区规划有冲突，人口科技文化素质与主体功能区建设有差距，大量劳动年龄人口聚集在优化开发区与规划初衷相背离[213]。

产业和投资发展通过就业市场调控发挥更大的人口配置作用。有学者认为市场机制会使城市人口规模增长形成自我调整，无须政府进行强制性行政干预[214-215]；周晓津提出通过扩大基本公共服务供给，促进城乡供给均等化，让市场在人口资源配置中起决定性作用[216]；无论是政府还是市场的调控，人口空间分布都具有资源环境外部性影响。依据资源环境承载能力和发展潜力，国家提出主体功能区战略及据此进行的人口功能分区，成为政府强化空间管理的重要创新手段[84,167,210]。

七、大数据在人口流动中的应用

改革开放以来，中国出现了人口大规模、多层次的流动，人口流动规模不断增大、流动形式多样化；第六次全国人口普查数据显示，中国人口自然增长率仅为 0.57%，远远低于 20 世纪 90 年代，但 2010 年底全国流动人口总数已经达到 2.6

亿人，占人口总数的近 20%[111,143]。大量流动人口引发就业、教育、住房和医疗服务等相关社会公平问题，对政府管理水平和能力等提出了更高要求[143]。在人口快速流动的背景下，对中国人口流动及其带来的人口分布格局演变研究，也成为相关研究热点话题。

当前，主要基于实地调研、问卷调查和数学模型等，分析中国流动人口空间分布、流动规律等，并逐渐从对人口流动空间分布的研究转向人口流动模式及特征的研究[68,217,218]。例如，丁金宏等[219]、孙峰华等[220]采用人口普查数据或人口抽样调查数据，研究中国省级人口迁移区域分异性；刘望保等[221]、王桂新等[222]采用人口普查数据，揭示中国人口迁移区域模式及其变化；段成荣和杨舸从区域、省级和城市三个层面，分析流动人口流入地分布变动趋势[223]。近年来，随着复杂网络与统计物理方法等的兴起，通过节点之间的相互作用或关联构建网络，利用统计物理学分析网络结构及其拓扑关系特征，对中国流动人口状况研究成为可能。例如，王珏等[224]、劳昕和沈体雁[225]及马志飞等[226]基于普查数据或抽样调查数据等，分别对城市、城市群和中国人口流动的网络特征进行了研究。相关研究都表明，经济发展水平和城市等级等对流动人口具有较强的吸引力，中国流动人口主要分布在东南沿海发达地区、部分城市群和以北京、上海、广州等为代表的大型城市，但在流动过程中也会考虑空间邻近；总体上，流动人口的流动轨迹往往是从中西部地区流向东部沿海地区，呈现出明显的梯次流动特征[226-227]。但相关研究多使用静态、概括的统计数据，从数量上描述人口特征，对人群在空间上的动态与活动等的研究相对较浅，且主要基于常住人口数据进行研究，对半年以下的暂住人口很少涉及；此外，将流入地和流出地孤立分析，多是对地区间人口迁移流量和流向的估测，难以反映中国人口流动的真实情况[228]。

人口分布的动态格局，是人口地理学研究的重要领域[229]。在当前社会经济活动日渐频繁的背景下，及时的人口信息对政府做出正确决策具有重要意义[230]。在互联网时代，具有样本量大、数据多源和分析预测性强等优势的网络大数据，在提供位置信息的同时，也附带个体在该位置的活动信息，成为研究居民复杂行为的重要数据源；特别是随着 3S 技术、移动互联网、物联网等技术的快速发展，包括地理位置、社会属性、移动轨迹、迁移过程和交互模式等信息的人类时空行为数据综合、连续观测成为可能，不仅可以研究个体层面的人口流动状况，也为研究更大尺度和空间的人口迁移流动提供了翔实数据[227,231]。赵时亮和高扬认为，利用手机与移动通信基站之间的广播机制，可以快速获得手机实时变化空间坐标，进而为研究人口流向等提供了实时数据[230]。在具体实践中，龙瀛等利用公交刷卡数据，对北京居民通勤出行进行了研究[232]；刘望保和石恩名[227]、蒋小荣和汪胜兰[228]基于百度地图迁徙大数据，对中国城市人口流动的特征及空间格局进行了研究；王录仓基于武汉市主城区多时相百度热力图，分析了人口分布的集聚模式及人口流动的时空特征[233]。尽管与传统数据相比，网络大数据具有实时性、连续性等优点，但地理行为大数据也具有一定缺陷，如存在被采集群体偏向性较强、个体社会经济属性缺失或不真实等问题；未接入ICT（information and communications technology，信息与通信技术）的群体行为未被百度地图迁徙大数据记录，也缺乏迁徙者个体社会经济属性，无法建立起迁徙行为与个体社会经济属性之间的相关性[227]。

第四节   综合评述与展望

建立人口空间分布的科学逻辑和价值导向，构建人口空间分布格局测度、动力识别、效应评估、趋势模拟、优化调控的综合方法体系，既是人口相关科学的重大理论研究命题，也是事关我国经济社会、资源环境及治理能力的现代化全局的重大现实需求。当前人口空间分布研究在规律机理上开展了较多探索，在效应及政策方面还存在一定不足，将是本书研究重点。

第一，人口空间分布的价值取向不够明确。经济学多从效率和技术出发、社会学从公平、均等出发，地理学从下垫面特质环境出发，各执一词，导致价值判断各异。如何处理东西地带人口空间分布问题？如何协调新型城镇化人口进城和乡村振兴人口下乡的问题？如果鼓励人口空间分布突破"胡焕庸线"，向西部生态脆弱区迁移，虽然可能带来区域人口平衡，但可能出现资源环境超载乃至经济就业问题；强调人口向东部集聚，又有可能引起城市群的拥挤不堪和人口长距离迁移带来的社会问题。因此，需要加强地理、经济、社会、生态等跨学科对话，从人口集聚与分散、结构与质量等多重关系出发，以资源环境承载能力为底线，开发与保护均衡、公平与效率兼顾，建立客观科学的人口空间分布价值判断体系。

第二，调控手段不够清晰。我国对人口增长和流动的调控由来已久，而且面对不同的阶段问题与主要矛盾，对于人口空间分布的价值判断与调控思路各异[234-235]。社会主义市场经济体制下，户籍制度逐步放开，人口流动不确定性加大，但符合自然规律和市场规律的调控手段尚不完善，加之地区间、城乡间、大中小城市间公共服务水平差距大，人口极化及社会公平性问题突出，对我国区域协调和城乡融合发展均有不利影响。需要在建立人口空间分布科学价值观的基础上，构建多主体协同、多要素耦合、多方法集成、多尺度衔接的调控政策体系。

第三，技术方法不够成熟。我国人口研究的基础数据主要有人口普查及抽样数据、婚姻社保信息、企业终端采集数据、互联网大数据等，面临统计口径、时间节点、采集单元、数据结构等不一致问题，需要进行人口数据采集清洗、结构化融合和分布数据库的构建。在人口空间分布预测方法上，现有的趋势外推等方法都无法适应转型期的规律不确定性,需要在多尺度的人口、经济、社会、资源、环境关联及区域关系分析的基础上,将人口容量、资源环境、就业等因素纳入多区域预测模型中进行人口空间分布预测,建立多区域人口空间分布分析与预测方法,对全国分区域人口进行预测;并提出城乡人口预测方法,在制订不同尺度的发展规划和国土空间规划时采用。

第五节　人口分布空间均衡导向:人口-自然-经济的互馈

合理的人口空间分布,应该是在综合考虑自然、经济、社会各种条件的基础上,政府、市场与个人相互作用、比较择优的结果。但是实际中,由于市场失灵和政府管制的缺位或越位,带来了人口发展的众多问题。

一、自然环境要素与人口地理分布

(1)自然要素与人口分布理论模型建构。本书拟参考种群增长与环境容量关系的逻辑斯谛增长模型(Logistic growth model),构建区域人口规模上限与自然承载力关系的分析模型,分析特定自然承载力下,区域人口规模的理论上限值。逻辑斯谛增长模型如图 2.12 所示,其中 $\mathrm{d}N/\mathrm{d}t$ 是种群增长速率(单位时间个体数量的改变),r 是比增长率或内禀增长率,N 是种群的大小(个体的数量),K 是可能出现的最大种群数(上渐近线)或承载力;当 $N>K$ 时,逻辑斯谛系数是负值,种群数量下降;当 $N<K$ 时,逻辑斯谛系数是正值,种群数量上升;当 $N=K$ 时,逻辑斯谛系数等于零,种群数量不变。

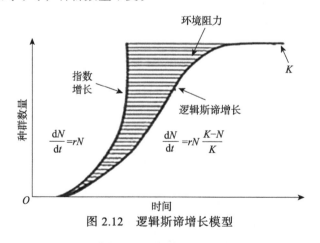

图 2.12　逻辑斯谛增长模型

(2)资源环境承载能力评价思路。结合项目组已有工作基础,拟从自然要素的灾害、环境、生态、资源四个维度选择指标,进而整合集成分析,得到全国不同空间尺度上的自然承载力结果,以期为人口空间分布预测提供基础(图 2.13)。

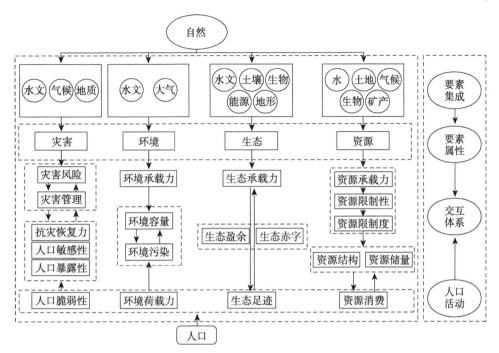

图 2.13　自然承载力评价及其对人口空间分布的影响机制

二、集聚经济与城市/区域人口规模

（1）集聚经济与人口规模的理论分析模型建构。本书拟参考城市规模理论框架，建立集聚经济、劳动力工资等要素与城市/区域人口最优（或理论最大）规模的动态关联。具体如图 2.14 所示，当净集聚经济达到最大点时，城市/区域可实现

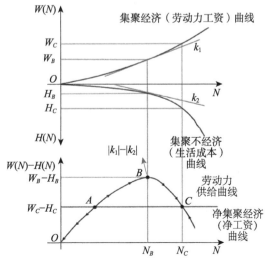

图 2.14　城市规模理论框架

最优人口规模，而当集聚经济等于集聚不经济，即净集聚经济为 0 时，城市/区域达到了理论上的最大人口规模。从另一个角度分析，工资（反映技术水平）随着城市劳动力规模（集聚经济）的增加而增加，因而集聚经济与人口规模的关系也可以转化为劳动力工资与人口规模的关系，即当净工资最大时，城市/区域可实现最优人口规模；而当劳动力工资等于生活成本时，即净工资为 0 时，城市/区域达到了理论上的最大人口规模。

（2）人口规模估计方法比选。依据上述理论分析模型，估计城市/区域人口规模的方法有两种。一是基于净集聚经济的劳动力规模估计，需要建立包含外部性的生产函数 y，$y = AB^X K^\alpha L^\beta M^\gamma$，其中 A 为全要素生产率，B 为净集聚经济，K 为资本规模，L 为劳动力规模，M 为中间产品和原材料，X、α、β、γ 均为待确定的系数。二是基于净工资的劳动力规模估计，需要建立净工资 W_{net} 的计算方程，即 $W_{net} = W(N) - H(N)$，其中 $W(N)$ 为劳动力工资，$H(N)$ 为劳动力生活成本，通过上述两个方程联立和求解，当净工资取最大时即为城市/区域劳动力最优规模，当净工资取零值时即为城市/区域劳动力理论上最大规模。总体而言，方法一待收集和预测的数据量较大，且未来技术进步导致的全要素生产率变化的非线性难以估计，故本书不予考虑；方法二所需要的参数相对较少，计算较为便利，便于纳入人口空间分布预测的整体模型，同时 $W(N)$ 可根据城镇居民可支配收入、在岗职工平均工资等综合确定，$H(N)$ 可通过城镇居民人均生活消费支出、平均房价等综合确定。

三、城乡人口规模演变的概念模型与趋势判断

结合已有研究进展，基于我国城镇化进程及阶段性特征，考虑新型城镇化、乡村振兴等国家战略的深入实施，本书综合研判我国城乡人口规模演变将呈现以下趋势：农业劳动生产率提升，城镇就业吸引增强，乡村人口仍可能呈现快速析出的态势；受乡村振兴战略的持续影响，农业呈现多功能化转型，乡村一二三产业加速融合，新生部分就业岗位；新增就业人口难以平衡流出人口，留守人口可能呈现持续老龄化趋势（图 2.15）。总体而言，未来一段时期内我国乡村人口将仍呈现持续减少态势，城镇尤其是特大城市和城市群的人口承载能力将进一步强化。

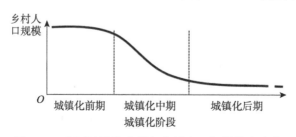

图 2.15   我国城镇化进程与乡村人口规模演变态势

参 考 文 献

[1] Ravenstein E G. The laws of migration[J]. Journal of the Royal Statistical Society, 1889, 52(2): 241-305.

[2] 安介生. 现代化进程中的人口迁移规律——略论中外 "移民法则" 研究及其警示意义[J]. 人民论坛·学术前沿, 2014, (16): 70-85.

[3] Bright M L, Thomas D S. Interstate migration and intervening opportunities[J]. American Sociological Review, 1941, 6(6): 773-783.

[4] Lee E S. A theory of migration[J]. Demography, 1966, 3(1): 47-57.

[5] 肖周燕. 人口迁移势能转化的理论假说——对人口迁移推—拉理论的重释[J]. 人口与经济, 2010, (6): 77-83.

[6] 方少勇. 拉文斯坦移民法则与我国人口的梯级迁移[J]. 当代经济, 2009, (3): 44-46.

[7] 费喜敏, 王成军. 基于推拉理论的农民工定居地选择意愿的实证研究[J]. 软科学, 2014, 28(3): 40-44.

[8] 文军. 从生存理性到社会理性选择: 当代中国农民外出就业动因的社会学分析[J]. 社会学研究, 2001, (6): 19-30.

[9] 李强. 影响中国城乡流动人口的推力与拉力因素分析[J]. 中国社会科学, 2003, (1): 125-136, 207.

[10] 尹振宇, 何晶彦. "推—拉" 理论视域下中国特大城市人口调控分析[J]. 城市观察, 2019, (2): 81-89.

[11] 齐小兵. 我国回流农民工研究综述[J]. 西部论坛, 2013, 23(2): 28-34.

[12] 于斌斌. 区域一体化、集群效应与高端人才集聚——基于推拉理论扩展的视角[J]. 经济体制改革, 2012, (6): 16-20.

[13] 梁土坤. 二重转变: 新生代农民工定居意愿的发展态势及其影响因素研究——基于推拉理论的实证再检验[J]. 河南社会科学, 2019, 27(9): 107-118.

[14] 陈迅, 姜勇. 基于推拉理论的城郊农民市民化影响因素研究——以重庆市为例[J]. 农业经济, 2015, (3): 67-68.

[15] 李玲, 沈静, 袁媛. 人口发展与区域规划[M]. 北京: 科学出版社, 2008.

[16] 闫东升, 杨槿, 高金龙. 长江三角洲人口与经济的非均衡格局及其影响因素研究[J]. 地理科学, 2018, 38(3): 376-384.

[17] 李竞能. 展望 21 世纪上半叶世界与中国人口发展趋势[J]. 南方人口, 2000, (1): 2-7.

[18] Easterlin R A. Population, labor force and long swings in economic growth: the American experience[J]. Population (French Edition), 1970, 25(4): 896.

[19] Clark C. Urban population densities[J]. Journal of the Royal Statistical Society: Series A (General), 1951, 114(4): 490-496.

[20] Griffith D A. Modelling urban population density in a multi-centered city[J]. Journal of Urban Economics, 1981, 9(3): 298-310.

[21] Gordon P, Richardson H W, Wong H L. The distribution of population and employment in a

polycentric city: the case of Los Angeles[J]. Environment and Planning A, 1986, 18(2): 161-173.

[22] Peter H. Lesson from a magnificent failure[J]. Town and Country Planning, 2000, 36(5): 180-181.

[23] 朱宇, 丁金宏, 王桂新, 等. 近40年来的中国人口地理学——一个跨学科研究领域的进展[J]. 地理科学进展, 2017, 36(4): 466-482.

[24] 胡焕庸. 新疆人口的过去、现在和未来[J]. 西北人口, 1983, (2): 5-7.

[25] 国务院人口普查办公室, 中国科学院地理研究所. 中国人口地图集[M]. 北京: 中国统计出版社, 1987.

[26] 李若建. 1840—1990年中国大陆人口再分布概况[J]. 中山大学学报(社会科学版), 1992, (1): 63-69.

[27] 沈建法, 王桂新. 90年代上海中心城人口分布及其变动趋势的模型研究[J]. 中国人口科学, 2000, (5): 45-52.

[28] 赵利利, 孟芬, 马才学. 基于多源遥感数据的武汉市人口空间分布格局演化[J]. 地域研究与开发, 2016, 35(3): 165-169.

[29] 肖荣波, 丁琛. 城市规划中人口空间分布模拟方法研究[J]. 中国人口·资源与环境, 2011, 21(6): 13-18.

[30] Yang X H, Ma H Q. Natural environment suitability of China and its relationship with population distributions[J]. International Journal of Environmental Research and Public Health, 2009, 6(12): 3025-3039.

[31] 卓莉, 黄信锐, 陶海燕, 等. 基于多智能体模型与建筑物信息的高空间分辨率人口分布模拟[J]. 地理研究, 2014, 33(3): 520-531.

[32] 卓莉, 陈晋, 史培军, 等. 基于夜间灯光数据的中国人口密度模拟[J]. 地理学报, 2005, (2): 266-276.

[33] 高义, 王辉, 王培涛, 等. 基于人口普查与多源夜间灯光数据的海岸带人口空间化分析[J]. 资源科学, 2013, 35(12): 2517-2523.

[34] Ma T, Zhou Y K, Wang Y J, et al. Diverse relationships between Suomi-NPP VIIRS night-time light and multi-scale socioeconomic activity[J]. Remote Sensing Letters, 2014, 5(7): 652-661.

[35] 刘艳姣, 王介勇, 王志炜. 基于NPP/VIIRS夜间灯光数据的黄淮海地区城乡常住人口格局模拟[J]. 地域研究与开发, 2019, 38(3): 176-180.

[36] 葛美玲, 封志明. 中国人口分布的密度分级与重心曲线特征分析[J]. 地理学报, 2009, 64(2): 202-210.

[37] 潘倩, 金晓斌, 周寅康. 近300年来中国人口变化及时空分布格局[J]. 地理研究, 2013, 32(7): 1291-1302.

[38] 戚伟, 刘盛和, 赵美风. "胡焕庸线"的稳定性及其两侧人口集疏模式差异[J]. 地理学报, 2015, 70(4): 551-566.

[39] 胡璐璐, 刘亚岚, 任玉环, 等. 近80年来中国大陆地区人口密度分界线变化[J]. 遥感学报, 2015, 19(6): 928-934.

[40] 刘德钦, 马维军. 基于属性归纳的人口空间分布规律挖掘[J]. 测绘科学, 2008, (S2): 81-83.

[41] 于婷婷, 宋玉祥, 浩飞龙, 等. 东北三省人口分布空间格局演化及其驱动因素研究[J]. 地理科学, 2017, 37(5): 709-717.

[42] 柏中强, 王卷乐, 姜浩, 等. 基于多源信息的人口分布格网化方法研究[J]. 地球信息科学

学报, 2015, 17(6): 653-660.

[43] 戚伟, 李颖, 刘盛和, 等. 城市昼夜人口空间分布的估算及其特征——以北京市海淀区为例[J]. 地理学报, 2013, 68(10): 1344-1356.

[44] Lo C P. Modeling the population of China using DMSP operational linescan system nighttime data[J]. Photogrammetric Engineering and Remote Sensing, 2001, 67(9): 1037-1047.

[45] Yue T X, Wang Y A, Liu J Y, et al. Surface modelling of human population distribution in China[J]. Ecological Modelling, 2005, 181(4): 461-478.

[46] 吴静, 王铮. 2000 年来中国人口地理演变的 Agent 模拟分析[J]. 地理学报, 2008, (2): 185-194.

[47] 段学军, 王书国, 陈雯. 长江三角洲地区人口分布演化与偏移增长[J]. 地理科学, 2008, (2): 139-144.

[48] 刘子鑫, 殷江滨, 曹小曙, 等. 基于不同尺度的关天经济区人口格局时空变化特征与差异[J]. 人文地理, 2017, 32(1): 123-131.

[49] 周自翔, 李晶, 任志远. 基于 GIS 的关中–天水经济区地形起伏度与人口分布研究[J]. 地理科学, 2012, 32(8): 951-957.

[50] 刘永伟, 闫庆武, 姜春雷, 等. 基于地统计的江苏省人口分布的最优估计研究[J]. 测绘与空间地理信息, 2013, 36(1): 45-49.

[51] 汪思言, 杨传国, 庞华, 等. 珠江流域人口分布特征及其影响因素分析[J]. 中国人口·资源与环境, 2014, 24(S2): 447-450.

[52] 冯健. 杭州市人口密度空间分布及其演化的模型研究[J]. 地理研究, 2002, (5): 635-646.

[53] 高向东, 吴文钰. 20 世纪 90 年代上海市人口分布变动及模拟[J]. 地理学报, 2005, (4): 637-644.

[54] 刘乃全, 耿文才. 上海市人口空间分布格局的演变及其影响因素分析——基于空间面板模型的实证研究[J]. 财经研究, 2015, 41(2): 99-110.

[55] 杨卡. 大北京人口分布格局与多中心性测度[J]. 中国人口·资源与环境, 2015, 25(2): 83-89.

[56] 李翔, 陈振杰, 吴洁璇, 等. 基于夜间灯光数据和空间回归模型的城市常住人口格网化方法研究[J]. 地球信息科学学报, 2017, 19(10): 1298-1305.

[57] 李晓玲, 修春亮, Шендрик Александр, 等. 中俄滨海大城市人口密度空间格局比较研究——以圣彼得堡和大连市为例[J]. 经济地理, 2018, 38(9): 78-86.

[58] 张晓瑞, 华茜, 程志刚. 基于空间句法和 LBS 大数据的合肥市人口分布空间格局研究[J]. 地理科学, 2018, 38(11): 1809-1816.

[59] 王露, 封志明, 杨艳昭, 等. 2000—2010 年中国不同地区人口密度变化及其影响因素[J]. 地理学报, 2014, 69(12): 1790-1798.

[60] Trewartha G T. A case for population geography[J]. Annals of Association of American Geographers, 1953, 43(2): 71-97.

[61] Doeve W. Regional population analysis in developing countries: the creation of a database for Thailand[J]. Population Structures & Models Developments in Spatial Demography, 1986, (3): 44-66.

[62] Otterstrom S M. Trends in national and regional population concentration in the United States from 1790 to 1990: from the frontier to the urban transformation[J]. The Social Science Journal,

2001, 38(3): 393-407.

[63] Keyfitz N, Caswell H. Applied Mathematical Demography[M]. 3rd ed. New York: Springer, 2005.

[64] 胡焕庸. 中国人口之分布——附统计表与密度图[J]. 地理学报, 1935, (2): 33-74.

[65] 田雪原, 陈玉光. 经济发展和理想适度人口[J]. 人口与经济, 1981, 2(2): 12-18.

[66] Tian Y Z, Yue T X, Zhu L F, et al. Modeling population density using land cover data[J]. Ecological Modelling, 2005, 189(1-2): 72-88.

[67] Liu J S, Wang W, Xiang H B. The computational model of multi- scale population density[R]. The 19th International Conference on Geoinformatics, 2011.

[68] 刘盛和, 邓羽, 胡章. 中国流动人口地域类型的划分方法及空间分布特征[J]. 地理学报, 2010, 65(10): 1187-1197.

[69] 王桂新, 潘泽瀚. 我国流动人口的空间分布及其影响因素——基于第六次人口普查资料的分析[J]. 现代城市研究, 2013, 28(3): 4-11, 32.

[70] 徐姗, 邓羽, 王开泳. 中国流动人口的省际迁移模式、集疏格局与市民化路径[J]. 地理科学, 2016, 36(11): 1637-1642.

[71] Liao Y L, Wang J F, Meng B, et al. Integration of GP and GA for mapping population distribution[J]. International Journal of Geographical Information Science, 2010, 24(1): 47-67.

[72] 闫东升, 陈雯, 李平星. 基于人口分布空间特征的市民化压力研究[J]. 地理研究, 2015, 34(9): 1733-1743.

[73] 杨强, 李丽, 王运动, 等. 1935—2010 年中国人口分布空间格局及其演变特征[J]. 地理研究, 2016, 35(8): 1547-1560.

[74] 刘晓娜, 杨艳昭, 封志明, 等. "五年计划"视角下中国地区差距及其时空演变特征分析[J]. 地理与地理信息科学, 2011, 27(5): 50-54, 68, 113.

[75] 刘睿文, 封志明, 杨艳昭, 等. 基于人口集聚度的中国人口集疏格局[J]. 地理科学进展, 2010, 29(10): 1171-1177.

[76] 原华荣. 河西走廊荒漠地区的人口和生态问题[J]. 生态学杂志, 1992, (3): 71-73.

[77] 李双成, 蔡运龙. 地理尺度转换若干问题的初步探讨[J]. 地理研究, 2005, (1): 11-18.

[78] 封志明, 李鹏. 20 世纪人口地理学研究进展[J]. 地理科学进展, 2011, 30(2): 131-140.

[79] 封志明, 唐焰, 杨艳昭, 等. 中国的地形起伏度及其与人口分布的相关性(英文)[J]. Journal of Geographical Sciences, 2008, (2): 237-246.

[80] 龚胜生, 丁明磊, 龚冲亚, 等. 中国区域人口流动能力测度及其应用研究[J]. 华中师范大学学报(自然科学版), 2015, 49(5): 767-777.

[81] 孟向京, 贾绍凤. 中国省级人口分布影响因素的定量分析[J]. 地理研究, 1993, (3): 56-63.

[82] 张耀军, 任正委. 基于地理加权回归的山区人口分布影响因素实证研究——以贵州省毕节地区为例[J]. 人口研究, 2012, 36(4): 53-63.

[83] 于涛方. 中国城市人口流动增长的空间类型及影响因素[J]. 中国人口科学, 2012, (4): 47-58, 111-112.

[84] 孙伟. 大都市区人口空间配置优化方法研究——以无锡市区为例[J]. 长江流域资源与环境, 2014, 23(1): 10-17.

[85] 景才瑞, 饶扬誉. 论城市化与人口集散流动[J]. 华中师范大学学报(自然科学版), 2005, (4): 542-544, 549.

[86] 张军岩, 王国霞, 李娟, 等. 湖北省随州城市化进程中人口变动及其对土地利用的影响[J]. 地理科学进展, 2004, (4): 87-96, 116.

[87] 金良, 宝音, 李百岁. 人口发展与城市化水平预测——以乌兰察布市为例[J]. 干旱区资源与环境, 2007, (3): 23-27.

[88] 张善余. 三年经济困难时期中国人口地区分布的变动[J]. 中国人口科学, 2002, (3): 67-72.

[89] 宋旭光, 王远林. 中国人口空间分布变化的收敛性分析[J]. 中国人口科学, 2005, (4): 54-58, 96.

[90] 韩惠, 刘勇, 刘瑞雯. 中国人口分布的空间格局及其成因探讨[J]. 兰州大学学报, 2000, (4): 16-21.

[91] 樊杰, 陶岸君, 吕晨. 中国经济与人口重心的耦合态势及其对区域发展的影响[J]. 地理科学进展, 2010, 29(1): 87-95.

[92] 吴瑞君, 姚引妹. 上海大都市圈人口发展对经济增长贡献的定量分析[J]. 人口学刊, 2006, (6): 3-7.

[93] 王磊, 段学军, 田方, 等. 长江三角洲人口与经济的空间分布关系研究[J]. 经济地理, 2009, 29(10): 1619-1623.

[94] 闫东升, 孙伟, 王玥, 等. 长江三角洲人口分布演变、偏移增长及影响因素[J]. 地理科学进展, 2020, 39(12): 2068-2082.

[95] 王振波, 徐建刚, 朱传耿. 中国县域可达性区域划分及其与人口分布的关系[J]. 地理学报, 2010, 65(4): 416-426.

[96] 孙铁山, 李国平, 卢明华. 京津冀都市圈人口集聚与扩散及其影响因素——基于区域密度函数的实证研究[J]. 地理学报, 2009, 64(8): 956-966.

[97] 王书国, 段学军, 姚士谋. 长江三角洲地区人口空间演变特征及动力机制[J]. 长江流域资源与环境, 2007, (4): 405-409.

[98] Ravenstein E G. Census of the british isles, 1871: birthplace and migration[J]. Geographical Magazine, 1876, 16(3): 173-177, 201-206, 229-233.

[99] Zipf G K. Human Behavior and the Principle of Least Effort: An Introduction to Human Ecology [M]. Cambridge: Addison-Wesley Press, 1949.

[100] Lowry I S. A Model of Metropolis[R]. RM-4035-RC, Santa Monica: Rand Corporation, 1964.

[101] 张善余. 论人口合理再分布是山区脱贫开发的战略性措施[J]. 人口与经济, 1995, (3): 3-9, 22.

[102] 王桂新, 刘建波. 长三角与珠三角地区省际人口迁移比较研究[J]. 中国人口科学, 2007, (2): 87-94, 96.

[103] 王桂新, 毛新雅, 张伊娜. 中国东部地区三大都市圈人口迁移与经济增长极化研究[J]. 华东师范大学学报(哲学社会科学版), 2006, (5): 1-9.

[104] Zelinsky W. The hypothesis of the mobility transition[J]. Geographical Review, 1971, 61, 219-249.

[105] Mabogunje A L. Systems approach to a theory of rural-urban migration[J]. Geographical Analysis, 1970, 2(1): 1-18.

[106] 王桂新. 我国省际人口迁移与距离关系之探讨[J]. 人口与经济, 1993, (2): 3-8.

[107] 王桂新, 刘建波. 1990 年代后期我国省际人口迁移区域模式研究[J]. 市场与人口分析, 2003, (4): 1-10.

[108] 丁金宏. 中国人口省际迁移的原因别流场特征探析[J]. 人口研究, 1994, (1): 14-21.

[109] 俞路, 张善余. 我国三大都市圈人口迁移态势与影响因素分析[J]. 南方人口, 2005, (3): 17-23.

[110] 乔观民, 刘振宇. 长江三角洲都市连绵区内部人口空间流动态势研究[J]. 华东师范大学学报(哲学社会科学版), 2004, (5): 72-77, 123-124.

[111] 朱杰. 长江三角洲人口迁移空间格局、模式及启示[J]. 地理科学进展, 2009, 28(3): 353-361.

[112] 朱秀杰, 陈绍军. 江苏省人口迁移的空间模式及影响——基于"五普"数据的分析[J]. 中共南京市委党校学报, 2010, (5): 29-32.

[113] Heberle R. The causes of rural-urban migration a survey of German theories[J]. American Journal of Sociology, 1938, 43(6): 932-950.

[114] Kuznets S. Foreword to "capital in agriculture: its formation and financing since 1870" [C]//Tostlebe A S. Capital in Agriculture: Its Formation and Financing since 1870. Princeton: Princeton University Press, 1957.

[115] 王桂新. 我国省际人口迁移迁入目的地选择过程的年龄模式及其特征[J]. 人口与经济, 1995, (6): 40-49.

[116] 蔡昉. 中国的二元经济与劳动力转移——理论分析与政策建议[M]. 北京: 中国人民大学出版社, 1990.

[117] 李立宏. 中国人口迁移的影响因素浅析[J]. 西北人口, 2000, (2): 37-40.

[118] 朱农. 三峡工程移民与库区发展研究[M]. 武汉: 武汉大学出版社, 1996.

[119] 李树苗. 中国 80 年代的区域经济发展和人口迁移研究[J]. 人口与经济, 1994, (3): 3-8, 16.

[120] 王桂新. 改革开放以来中国人口迁移发展的几个特征[J]. 人口与经济, 2004, (4): 1-8, 14.

[121] Shaw R P. Migration theory and fact: a review and bibliography of current literature[J]. International Migration Review, 1975, 10(1): 107-108.

[122] Rossi P H. Why Families Move: A Study in the Socialpsychology of Urban Residential Mobility[M]. Glencoe: Free Press, 1955.

[123] Zelinsky W. The hypothesis of the mobility transition[J]. Geographical Review, 1971, 61: 219-249.

[124] Lansing J, Mueller E. The Geographic Mobility of Labor[M]. Ann Arbor: Survey Research Certer, Universoty of Michigan, 1967.

[125] Lantz H R, Rossi P H. Why families move: a study in the social psychology of Urban residential mobility[J]. Marriage and Family Living, 1957, 19(3): 303.

[126] Simmons I. Contrasts in Asian residential segregation[C]//Jackson P, Smith S J. ed. Social Interaction and ethnic segregation. London: Academic Press, 1974: 81-99.

[127] 段成荣. 影响我国省际人口迁移的个人特征分析——兼论"时间"因素在人口迁移研究中的重要性[J]. 人口研究, 2000, (4): 14-22.

[128] Liang Z, White M J. Market transition, government policies, and interprovincial migration in China: 1983-1988[J]. Economic Development and Cultural Change, 1997, 45(2): 321-339.

[129] 梁昊光, 刘彦随. 北京市人口时空变化与情景预测研究[J]. 地理学报, 2014, 69(10): 1487-1495.

[130] 龙晓君, 郑健松, 李小建, 等. 全面二孩背景下中国省际人口迁移格局预测及城镇化效应[J]. 地理科学, 2018, 38(3): 368-375.

[131] 石崧. 城市人口规模预测方法范式转型及上海实践[J]. 规划师, 2015, 31(10): 22-27.

[132] Isserman A M. Projection, forecast, and plan on the future of population forecasting[J]. Journal of the American Planning Association, 1984, 50(2): 208-221.

[133] Deng Y, Liu S, Cai J, et al. Spatial pattern and its evolution of Chinese provincial population: methods and empirical study[J]. Journal of Geographical Sciences, 2015, 25(12): 1507-1520.

[134] 汤江龙, 赵小敏. 土地利用规划中人口预测模型的比较研究[J]. 中国土地科学, 2005, (2): 14-20.

[135] Isserman A M. The right people, the right rates: making population estimates and forecasts with an interregional cohort-component model[J]. Journal of the American Planning Association, 1993, 59(1): 45-64.

[136] Shen J. Analysis and projection of multiregional population dynamics in China: 1950-2087[P]. A thesis submitted to the University of London, London School of Economics (United Kingdom) for the degree of Doctor of Philosophy, 1994.

[137] 陈楠, 林宗坚, 王钦敏, 等. 基于灰色理论的中国人口空间分布模式预测[J]. 经济地理, 2006, (5): 759-762.

[138] Willekens F J, Drewe P. A multiregional model for regional demographic projection[J]. Demographic Research & Spatial Policy the Dutch Experience, 1984, 15: 21-43.

[139] Lutz W, Scherbov S, Cao G Y, et al. China's uncertain demographic present and future[J]. Vienna Yearbook of Population Research, 2007, 5: 37-59.

[140] Li Q, Reuser M, Kraus C, et al. Ageing of a giant: a stochastic population forecast for China, 2006-2060[J]. Journal of Population Research, 2009, 26 (1): 21-50.

[141] 张锦宗, 朱瑜馨, 周杰. 基于BP网络与空间统计分析的山东人口空间分布模式预测研究[J]. 测绘科学, 2009, 34(6): 162-164.

[142] 任强, 侯大道. 人口预测的随机方法: 基于 Leslie 矩阵和 ARMA 模型[J]. 人口研究, 2011, 35(2) : 28-42.

[143] 邓羽, 刘盛和, 蔡建明, 等. 中国省际人口空间格局演化的分析方法与实证[J]. 地理学报, 2014, 69(10): 1473-1486.

[144] 童玉芬, 李玉梅, 刘传奇. 我国城镇化进程中的城乡人口老龄化趋势及政策启示[J]. 人口与经济, 2014, (6): 12-21.

[145] 陶卓霖, 程杨. 基于人口自然增长的北京市老年人口空间分布预测研究[J]. 人口与发展, 2016, 22(2): 91-97, 90.

[146] 翟振武, 李龙, 陈佳鞠, 等. 人口预测在 PADIS-INT 软件中的应用——MORTPAK、Spectrum 和 PADIS-INT 比较分析[J]. 人口研究, 2017, 41(6): 84-97.

[147] 曾永明. 中国人口空间分布形态模拟与预测——基于"五普"和"六普"的分县尺度人口密度研究[J]. 人口与经济, 2016, (6): 48-61.

[148] 胡曾曾, 赵志龙, 张贵祥. 非首都功能疏解背景下北京市人口空间分布形态模拟[J]. 地球信息科学学报, 2018, 20(2): 205-216.

[149] 刘正广, 马忠玉, 殷平. 省级主体功能区人口分布格局探讨——以宁夏回族自治区为例[J]. 中国人口·资源与环境, 2010, 20(5): 169-174.

[150] 丁金宏. 人口容量与人口压力的理论模式[J]. 经济地理, 1991, (4): 22-25.

[151] 吴晓勤, 高冰松, 郑军. 资源环境约束对城镇人口增长预测及空间分布的影响——以安徽

省为例[J]. 城市发展研究, 2010, 17(8): 68-74.

[152] 皇甫玥, 张京祥. 基于就业岗位的城市外来常住人口预测方法初探[J]. 南京社会科学, 2009, (3): 94-99.

[153] 娄峰, 侯慧丽. 基于国家主体功能区规划的人口空间分布预测和建议[J]. 中国人口·资源与环境, 2012, 22(11): 68-74.

[154] 米瑞华, 石英. 城镇化背景下西安市城乡人口分布变动及其趋势预测[J]. 西北人口, 2015, 36(4): 53-60.

[155] 封志明, 杨艳昭, 游珍, 等. 基于分县尺度的中国人口分布适宜度研究[J]. 地理学报, 2014, 69(6): 723-737.

[156] 李国平, 罗心然. 京津冀地区人口与经济协调发展关系研究[J]. 地理科学进展, 2017, 36(1): 25-33.

[157] 丁金宏. 跨学科对话: 经济战略与地理约束[J]. 探索与争鸣, 2016, (1): 36-38.

[158] 王小鲁, 夏小林. 优化城市规模 推动经济增长[J]. 经济研究, 1999, (9): 22-29.

[159] 陆铭. "城市病" 与人口增长关系不大[J]. 上海国资, 2016 , (9): 17.

[160] 许恒周, 赵一航, 田浩辰. 京津冀城市圈公共服务资源配置与人口城镇化协调效率研究[J]. 中国人口·资源与环境, 2018, 28(3): 22-30.

[161] 李国平, 范红忠. 生产集中、人口分布与地区经济差异[J]. 经济研究, 2003 , (11): 79-86, 93.

[162] 项淼琴. 人口流动对地区财政支出效率的影响[J]. 农村经济与科技, 2019, 30(10): 209-210.

[163] 高军波, 谢文全, 韩勇, 等. 1990~2013 年河南省县域人口、经济和粮食生产重心的迁移轨迹与耦合特征——兼议与社会剥夺的关系[J]. 地理科学, 2018, 38(6): 919-926.

[164] Wang W W and Fan C C. Migrant workers' integration in urban China: experiences in employment, social adaptation, and self-identity[J]. Eurasian Geography and Economics, 2012, 53(6): 731-749.

[165] Yuan Y and Wu F. The development of the index of multiple deprivations from small-area population census in the city of Guangzhou, PRC[J]. Habitat International, 2014, 41: 142-149.

[166] 沈建法. 中国人口迁移, 流动人口与城市化——现实, 理论与对策[J]. 地理研究, 2019, 38(1), 33-44.

[167] 陈雯. 空间均衡的经济学分析[M]. 北京: 商务印书馆, 2008.

[168] 陈明星. 城市化领域的研究进展和科学问题[J]. 地理研究, 2015, 34(4): 614-630.

[169] 白永平, 周鹏, 武荣伟, 等. 中国地级及以上城市人口流动对城镇化效应分析[J]. 干旱区资源与环境, 2016, 30(9): 78-84.

[170] 黄贤金, 金雨泽, 徐国良, 等. 胡焕庸亚线构想与长江经济带人口承载格局[J]. 长江流域资源与环境, 2017, 26(12): 1937-1944.

[171] Deng X, Huang J, Rozelle S, et al. Growth, population and industrialization, and urban land expansion of China[J]. Journal of Urban Economics, 2008, 63(1): 96-115.

[172] Loo B P Y and Chow A S Y. Jobs-housing balance in an era of population decentralization: an analytical framework and a case study[J]. Journal of Transport Geography, 2011, 19(4): 552-562.

[173] 刘彦随, 刘玉, 翟荣新. 中国农村空心化的地理学研究与整治实践[J]. 地理学报, 2009, 64(10): 1193-1202.

[174] Fan C C, Sun M, Zheng S. Migration and split households: a comparison of sole, couple, and

family migrants in Beijing, China[J]. Environment and Planning A, 2011, 43(9): 2164-2185.

[175] Long H, Tu S, Ge D, et al. The allocation and management of critical resources in rural China under restructuring: problems and prospects[J]. Journal of Rural Studies, 2016, 47: 392-412.

[176] Fan C C, Li T. Familization of rural-urban migration in China: evidence from the 2011 and 2015 national floating population surveys[J]. Area Development and Policy, 2019, 4(2): 134-156.

[177] Alonso W. Urban zero population growth[J]. Daedalus, 1973, 102(4): 191-206.

[178] Fujita M, Krugman P, Venables A J. The Spatial Economy: Cities, Regions, and International Trade[M]. Cambridge: MIT Press, 1999.

[179] Henderson V. The urbanization process and economic growth: the so-what question [J]. Journal of Economic Growth, 2003, 8(1): 47-71.

[180] Meijers E J, Burger M J, Hoogerbrugge M M. Borrowing size in networks of cities: city size, network connectivity and metropolitan functions in Europe[J]. Papers in Regional Science, 2016, 95(1): 181-198.

[181] 李宁, 李铁滨, 房艳刚, 等. 吉林省县域经济效率时空格局演化研究[J]. 地理科学, 2019, 39(8): 1293-1301.

[182] Bertinelli L, Strobl E. Urbanisation, urban concentration and economic development[J]. Urban Studies, 2007, 44(13): 2499-2510.

[183] 段巍, 吴福象, 王明. 政策偏向、省会首位度与城市规模分布[J]. 中国工业经济, 2020, (4): 42-60.

[184] Lee B, Gordon P. Urban structure: its role in urban growth, net new business formation and industrial churn[R]. Working Paper, 2010, 33: 137-159.

[185] 方大春, 张凡. 城市化、人口集中度与经济增长——基于空间动态面板模型的实证分析[J]. 经济经纬, 2017, 34(1): 8-13.

[186] 陈旭, 邱斌. 多中心结构、市场整合与经济效率[J]. 经济学动态, 2020, (8): 70-87.

[187] Meijers E, Burger M J. Stretching the concept of 'borrowed size'[J]. Urban Studies, 2017, 54(1): 269-291.

[188] 刘修岩, 李松林, 秦蒙. 城市空间结构与地区经济效率——兼论中国城镇化发展道路的模式选择[J]. 管理世界, 2017, (1): 51-64.

[189] 王磊, 高倩. 长江中游城市群空间结构的经济绩效影响研究[J]. 人文地理, 2018, 33(6): 96-102.

[190] 周一星. 城市地理学[M]. 北京: 商务印书馆, 1995.

[191] 任柯柯. 省会城市人口集聚对省域经济增长的影响——基于中国省级数据的实证检验[J]. 现代城市研究, 2018, (3): 15-23.

[192] 周志鹏, 徐长生. 龙头带动还是均衡发展——城市首位度与经济增长的空间计量分析[J]. 经济经纬, 2014, 31(5): 20-25.

[193] 王家庭. 城市首位度与区域经济增长——基于24个省区面板数据的实证研究[J]. 经济问题探索, 2012, (5): 35-40.

[194] 孙斌栋, 郭睿, 陈玉. 中国城市群的空间结构与经济绩效——对城市群空间规划的政策启示[J]. 城市规划, 2019, 43(9): 37-42, 85.

[195] 李佳洺, 张文忠, 孙铁山, 等. 中国城市群集聚特征与经济绩效[J]. 地理学报, 2014, 69(4):

474-484.

[196] 鲍超, 陈小杰. 中国城市体系的空间格局研究评述与展望[J]. 地理科学进展, 2014, 33(10): 1300-1311.

[197] 魏守华, 杨阳, 陈珑隆. 城市等级、人口增长差异与城镇体系演变[J]. 中国工业经济, 2020, (7): 5-23.

[198] 张亮靓, 孙斌栋. 极化还是均衡: 重塑大国经济地理的战略选择——城市规模分布变化和影响因素的跨国分析[J]. 地理学报, 2017, 72(8): 1419-1431.

[199] Au C C, Henderson J V. How migration restrictions limit agglomeration and productivity in China [J]. Journal of Development Economics, 2006, 80(2): 350-388.

[200] 陆铭, 高虹, 佐藤宏. 城市规模与包容性就业[J]. 中国社会科学, 2012, (10): 47-66, 206.

[201] 陈钊, 陆铭. 首位城市该多大?——国家规模、全球化和城市化的影响[J]. 学术月刊, 2014, 46(5): 5-16.

[202] 魏后凯. 中国城镇化进程中两极化倾向与规模格局重构[J]. 中国工业经济, 2014, (3): 18-30.

[203] 田超. 首位城市过大是否阻碍省域经济协调发展——基于中国省级面板数据的实证分析[J]. 中国人口·资源与环境, 2015, 25(10): 87-94.

[204] 魏守华, 周山人, 千慧雄. 中国城市规模偏差研究[J]. 中国工业经济, 2015, (4): 5-17.

[205] 余壮雄, 张明慧. 中国城镇化进程中的城市序贯增长机制[J]. 中国工业经济, 2015, (7): 36-51.

[206] Fan C C. The elite, the natives, and the outsiders: migration and labor market segmentation in urban China[J]. Annals of the Association of American Geographers , 2002, 92(1): 103-124.

[207] Chan K W. The global financial crisis and migrant workers in China: 'There is no future as a labourer; returning to the village has no meaning' [J]. International Journal of Urban and Regional Research , 2010, 34(3): 659-677.

[208] 梁琦, 陈强远, 王如玉. 户籍改革、劳动力流动与城市层级体系优化[J]. 中国社会科学, 2013, (12): 36-59, 205.

[209] 孟兆敏, 张健明. 上海市人口调控政策的评价研究[J]. 西北人口, 2016, 37(3), 56-63.

[210] 曾群华, 徐长乐, 武文霞, 等. 人口发展功能分区与主体功能分区的比较研究[J]. 人口与经济, 2010, (1): 21-26, 38.

[211] 樊杰. 中国主体功能区划方案[J]. 地理学报, 2015, 70(2): 186 -201.

[212] 陈家华, 沈续雷. 关于全国人口发展功能分区的若干思考[J]. 人口与发展, 2008, (5): 33-36.

[213] 张耀军, 陈伟, 张颖. 区域人口均衡: 主体功能区规划的关键[J]. 人口研究, 2010, 34(4): 8-19.

[214] 王桂新. 我国大城市病及大城市人口规模控制的治本之道——兼谈北京市的人口规模控制[J]. 探索与争鸣, 2011, (7): 50-53.

[215] 陆铭. 盲目控制人口将伤及城市自身[J]. 上海国资, 2015, (6): 18.

[216] 周晓津. 特大城市人口规模调控对策[J]. 开放导报, 2016, (1): 7-11.

[217] 姚华松, 许学强, 薛德升. 广州流动人口空间分布变化特征及原因分析[J]. 经济地理, 2010, 30(1): 40-46.

[218] 马红旗, 陈仲常. 我国省际流动人口的特征——基于全国第六次人口普查数据[J]. 人口研究, 2012, 36(6): 87-99.

[219] 丁金宏, 刘振宇, 程丹明, 等. 中国人口迁移的区域差异与流场特征[J]. 地理学报, 2005, (1): 106-114.

[220] 孙峰华, 李世泰, 杨爱荣, 等. 2005 年中国流动人口分布的空间格局及其对区域经济发展的影响[J]. 经济地理, 2006, (6): 974-977, 987.

[221] 刘望保, 汪丽娜, 陈忠暖. 中国省际人口迁移流场及其空间差异[J]. 经济地理, 2012, 32(2): 8-13.

[222] 王桂新, 潘泽瀚, 陆燕秋. 中国省际人口迁移区域模式变化及其影响因素——基于 2000 和 2010 年人口普查资料的分析[J]. 中国人口科学, 2012, (5): 2-13, 111.

[223] 段成荣, 杨舸. 我国流动人口的流入地分布变动趋势研究[J]. 人口研究, 2009, 33(6): 1-12.

[224] 王珏, 陈雯, 袁丰. 基于社会网络分析的长三角地区人口迁移及演化[J]. 地理研究, 2014, 33(2): 385-400.

[225] 劳昕, 沈体雁. 中国地级以上城市人口流动空间模式变化——基于2000 和 2010 年人口普查数据的分析[J]. 中国人口科学, 2015, (1): 15-28, 126.

[226] 马志飞, 尹上岗, 张宇, 等. 中国城城流动人口的空间分布、流动规律及其形成机制[J]. 地理研究, 2019, 38(4): 926-936.

[227] 刘望保, 石恩名. 基于 ICT 的中国城市间人口日常流动空间格局——以百度迁徙为例[J]. 地理学报, 2016, 71(10): 1667-1679.

[228] 蒋小荣, 汪胜兰. 中国地级以上城市人口流动网络研究——基于百度迁徙大数据的分析[J]. 中国人口科学, 2017, (2): 35-46, 127.

[229] 钟炜菁, 王德, 谢栋灿, 等. 上海市人口分布与空间活动的动态特征研究——基于手机信令数据的探索[J]. 地理研究, 2017, 36(5): 972-984.

[230] 赵时亮, 高扬. 基于移动通信的人口流动信息大数据分析方法与应用[J]. 人口与社会, 2014, 30(3): 20-26.

[231] 刘艳芳, 方飞国, 刘耀林, 等. 时空大数据在空间优化中的应用[J]. 测绘地理信息, 2019, 44(3): 7-20.

[232] 龙瀛, 张宇, 崔承印. 利用公交刷卡数据分析北京职住关系和通勤出行[J]. 地理学报, 2012, 67(10): 1339-1352.

[233] 王录仓. 基于百度热力图的武汉市主城区城市人群聚集时空特征[J]. 西部人居环境学刊, 2018, 33(2): 52-56.

[234] Ma L J C and Cui G H. Administrative changes and urban population in China[J]. Annals of Association of American Geographers, 1987, 77(3): 373-395.

[235] Lin G C S. The growth and structural change of Chinese cities: a contextual and geographic analysis[J]. Cities, 2002, 19(5): 299-316.

第〈三〉章

多尺度人口分布数据采集与模拟方法

第一节　数据采集与建库

一、人口普查等相关数据的收集与处理

系统搜集 1953 年以来的人口普查数据、1%人口抽样调查数据，2000～2018 年分省区常住人口及社会经济发展数据，改革开放以来主要年份的《中国统计年鉴》《中国城市统计年鉴》《中国工业统计年鉴》以及部分省（自治区、直辖市）的统计年鉴，长三角案例区高分遥感影像解译数据，美国国防气象卫星夜间灯光数据，全国部分区域百度地图迁徙指数、兴趣点（point of interest，POI）等网络大数据等。在此基础上，分别构建主要年份省级尺度、地市尺度、县级尺度以及典型地区（京津冀、长三角、粤港澳等）的人口分布空间数据库，包含属性与空间一致匹配的常住人口、户籍人口、流动人口（部分年份）以及经济社会发展数据等指标。

二、人工智能训练算法驱动下的大数据采集及建库

本书基于人工智能训练算法，主要通过数据采集、数据清洗、中心数据库建构、增量算法的运行、数据自动更新至云端等技术流程实现大数据库建构。项目组已初步建立了覆盖我国绝大多数县（市、区）、包含近 500 个具体指标的空间数据库，可供本书研究使用。数据库构建技术流程如下。

（1）数据采集。数据采集平台采用分布式爬虫框架采集海量在线信息，爬虫系统可根据采集目标源的数据更新频率自动调整采集数据的时间间隔，以保证带宽资源的有效利用。抓取包括 POI、电子商务交易信息、O2O（online to offline，线上到线下）、房地产、交通、道路、网站论坛和社交媒体在内的相关海量数据。其中，POI 数据包括学校、医院、购物中心、车站等 800 多种业态数据，每一个类别的数据编号和详细名称均通过网格化方式采集，因为网格化采集方式可准确获取数据的地理位置信息。电子商务交易信息有超过 10 000 种商品的在线交易信

息，包括数量、价格和产品名称等信息。在 O2O 方面，收集包括数量、价格和评价信息在内的 200 多种商品的各种信息。交通数据包括主要道路的拥堵情况，而道路数据则包括各类交通方式的出行时间、距离、收费和道路类型。此外，爬虫系统的采集范围还涵盖了所有可抓取信息的网站论坛、政府官网邮箱、微博内容、评论及社交媒体上的转发内容等。

（2）数据清洗。数据清洗主要用于对多源异构体基础数据的处理和集成。将不同来源的结构化、半结构化和非结构化的数据进行处理，并通过自动脚本将其集成为统一的结构化格式。同时，对数据类型不一致的数据、非标准数据单元、异常值和噪声数据进行纠正、过滤和处理。这些数据主要通过聚类、排序、计算相关性、计算邻近度、计算局部密度等方法检测发现。为保证模型所用训练样本数据的质量，在数据集成上采用合并、回归、滑动平均等方法对数据进行平滑处理或缺失填补。同时，数据清洗功能模块还结合运用特定领域知识和替代转换规则。例如，在地理信息转换平台对多个地址统一进行解析，根据返回的位置信息确定地址的真实性和准确性。另外，通过对同一区域或事件的多次采集，判断区域或事件的真实状况，避免采集源的不稳定，保证数据的有效性和及时性。数据清洗还可以利用历史数据的时间序列检测异常数据。数据清洗的所有流程均由分布式工作流自动配置和执行，实现了海量多源异构数据的批量清洗。清洗后的数据是可信的且适用的，其可信度体现为准确性、完整性、一致性、有效性、唯一性，适用性体现为可用性和稳定性。将清洗后的数据进行统计分类，按天/周/月的周期进行历史数据的记录，并结合 LBS，将数据按区域分类。

（3）中心数据库建构。中心数据是指能够实时反映一个地区的政治、经济、商业和公众情绪的最基本的数据。随着互联网的普及和广泛应用，这些数据以不同的形式出现在不同的平台上。经过格式化、规范化和周期性地收集、清理和处理后，可以被各种数据分析工具、数据挖掘程序和人类专家进一步使用和探索的数据就是中心数据。这些实时生成的数据具有时间属性和精确的地理属性。在某一时期收集形成一个数据版本后，将定期更新并进行数据分析。比如，微博上实时获取的文本信息，可以反映当前的热点事件、社会稳定情况和地区舆情走向。中心数据库提供统一的数据存储、检索、管理和共享的平台，该平台的基础数据、统计数据和结果数据格式统一，能快速响应数据访问请求，并通过统一接口访问分布式数据库的数据。

（4）增量算法的运行。该算法通过卷积神经网络（convolutional neural networks, CNN）平台对张量进行训练，在不受监督及人为影响的情况下，基本统计数据进行全自动训练，从数据输入到算法结果的过程都极为高效。以常住人口数据为例，全国约有数百个区县定期公布常住人口数据，如果某一地区 6 月常住人口为 25 万人，我们会将之前收集到的一组线上数据与对应的一组人口数量进行比对，得到用于训练的数据。人脑很难发现网络反映的某一地区的生活规模和社会活动与人口之间的非线性关系，而神经网络的人工智能算法可找出某一区县的基本生活信息与总人口之间的数学关系，这有助于全国各区县常住人口的获取。将通过该方式获得的常住人口量与统计局公布的数据进行核对。系统中记录了每一条数据的模型算法和数据验证过程，并提供给用户；另一条获取算法的途径是通过专家的知识树，继承专家知识树结构的算法系统。不同级别的指标由相应的专家进行赋权，用户也可自行调整权重。例如，为分析地方债务风险，专家找出债务风险树结构的算法链。其中，一级指标包括存量债务、地方经济发展速度、地区生产总值、地方政府财政收入、地方营商环境、地方一二三产业活跃程度及规模、地方债平台数量和债务融资能力。这些指标又细分为次级指标。例如，不仅要考虑当年的地区生产总值，还要考虑过去五年地区生产总值的平均增长速度或平均规模。最后，通过组合算法进行桥接，将已有的结构化海量数据进行交互，并利用算法生成的宏观数据驱动树形结构，逐级得到整体债务风险的分析结果。

（5）数据自动更新至云端。大数据平台系统平均有 1.8 亿个采集点，每天采集 2000 多万条信息，并对信息进行处理和分析。数据通过云服务器直接与分布式存储服务器同步，用户可以直接访问实时动态数据结果。

第二节　实证分析方法

一、人口分布时空格局研究方法

科学理清人口分布格局及其演变态势，不仅是人口相关问题研究的核心议题，也是识别人口分布演变驱动因素、支撑优化人口布局科学政策制定的关键基础。本书采用多种方法、多角度探讨人口分布时空格局演变，依据相关方法出现的顺序，主要包括以下定量研究方法。

（1）不均衡指数。采用不均衡指数测度人口分布集散及其演变态势[1]。具体计算公式如下：

$$E = \sqrt{\frac{\sum_{i=1}^{n}\left[\frac{\sqrt{2}}{2}(X_i - Y_i)\right]^2}{n}} \tag{3.1}$$

式中，n 为研究单元数；X_i 为区域 i 人口占总区域的比重；Y_i 为区域 i 土地面积占总区域的比重。总体上，E 越小表明人口分布越均衡，反之越不均衡。

（2）马尔可夫链。马尔可夫链是研究连续时间尺度下，特定状态随机转移与增长趋同等现象的重要手段，尤其是揭示俱乐部成员变化形式、过程的重要方法[2]。通过将人口指标数据划分为 $k=4$ 种类型，计算相应类型的概率分布及时间演变，以此反映人口分布俱乐部趋同过程及空间稳态特征。若 t 年人口类型概率分布是 $1 \times k$ 状态概率向量 a_t，则不同年份人口转移可以用 $k \times k$ 的马尔可夫转移概率矩阵表示（表 3.1）。

表 3.1　马尔可夫转移概率矩阵（ $k=4$ ）

t_i	t_{i+1}			
	1	2	3	4
1	M_{11}	M_{12}	M_{13}	M_{14}
2	M_{21}	M_{22}	M_{23}	M_{24}
3	M_{31}	M_{32}	M_{33}	M_{34}
4	M_{41}	M_{42}	M_{43}	M_{44}

表 3.1 中，M_{ij} 表示 t 年属于 i 类型的区域在下一年转移到 j 类型的概率。具体计算公式如下：

$$M_{ij} = \frac{N_{ij}}{N_i} \tag{3.2}$$

式中，N_{ij} 为 t 年 i 类型区域在 $t+1$ 年属于 j 类型的数量之和；N_i 为所有年份中属于 i 类型的区域数量之和。如果某区域人口状况在初始年份属于 i 类型，$t+1$ 时刻保持不变，则该区域类型转移为"平稳"；如果类型提高，则定义为"向上转移"，反之为"向下转移"。通过对人口状况类型转移方向集中性、稳定性等的分析，判断是否发生了俱乐部趋同及趋同稳定性。

（3）人口迁移网络研究方法。根据社交网络的重力法则（gravitational law of social interaction）[3]，本书在 Taylor（泰勒）提出的人口重力模型的基础上，假设迁入地与迁出地经济水平与迁移人口吸引力成正比，并考虑到城市间结构差异导致的引力贡献不一，将参数 K 定义为一个城市地区生产总值占两个城市地区生产总值的比重以表征城市经济结构差异，将城市 i 对城市 j 的人口引力表示为

$$T_{ij} = K \frac{\sqrt{P_i \cdot G_i} \cdot \sqrt{P_j \cdot G_j}}{d_{ij}^b}, \quad K = \frac{G_i}{G_i + G_j} \tag{3.3}$$

式中，T_{ij} 为城市 i 对城市 j 的引力大小；P_i 和 P_j 为城市规模（这里指人口规模）；G_i 和 G_j 为相应的人均地区生产总值水平；d_{ij} 为 i 和 j 两地之间的最短交通距离，用 ArcGIS 中任意两地间行政中心的直线距离代替[4]；b 为距离衰减系数①。

采用人口迁移网络密度测量网络数量指标，以表示网络中节点联系的紧密程度[5]。密度值越大，节点联结数量和人口流动性也越大。计算公式如下：

---

① 人口具有 2 维变量的特点，因而本节中 $b=2$。

$$D = \frac{L}{g(g-1)} \qquad (3.4)$$

式中，L 为人口迁移网络中人口迁移关系数；g 为人口迁移网络中城市数目。

人口迁移网络的中心性衡量了人口迁移网络中某一城市在与其他城市互动中的影响力和控制力[6]；中心势是指网络的整体中心性，高数值表示网络中权力过分集中，网络结构趋于不均衡化[7]。其内外程度中心性及中心势的表达式为

$$C_{D,\mathrm{in}}(n_i) = \sum_{j=1}^{l} r_{ij,\mathrm{in}}, \quad C_{D,\mathrm{out}}(n_i) = \sum_{j=1}^{l} r_{ij,\mathrm{out}} \qquad (3.5)$$

$$C_D = \frac{\left[\sum_{i=1}^{g} C_D(n^*) - C_D(n_i) \right]}{\max \sum_{i=1}^{g} \left[C_D(n^*) - C_D(n_i) \right]} \qquad (3.6)$$

式中，$C_{D,\mathrm{in}}(n_i)$ 和 $C_{D,\mathrm{out}}(n_i)$ 分别为内向程度中心性和外向程度中心性；$r_{ij,\mathrm{in}}$ 为从城市节点 j 到 i 方向的有向联系；$r_{ij,\mathrm{out}}$ 为 i 到 j 方向的有向联系；$C_D(n^*)$ 为网络中最大的程度中心性；$C_D(n_i)$ 为网络中城市 i 的程度中心性。

关联度数和聚类系数是从网络结构维度出发，测量人口迁移网络节点间的可达性的指标。其中，关联度数的大小表示网络的连通程度，而各个点的个体网密度系数的均值等于整个网络的聚类系数[7]。关联度数的计算公式如下：

$$C = 1 - \frac{V}{N(N-1)/2} \qquad (3.7)$$

式中，V 为该网络中不可达的点对数目；N 为网络规模。

（4）人口偏移增长模型。偏移–分享法由 Creamer 较早提出，并被广泛用于区域经济增长、人口格局演变等研究中[8]。其中，"分享" 指按区域增长率所获得的增长量，"偏移" 指绝对增长量与分享增长量的差额。计算公式如下：

$$\mathrm{shift}_i = \mathrm{absgr}_i - \mathrm{share}_i = \mathrm{pop}_i(t_1) - \frac{\sum_{i=1}^{n} \mathrm{pop}_i(t_1)}{\sum_{i=1}^{n} \mathrm{pop}_i(t_0)} \cdot \mathrm{pop}_i(t_0) \qquad (3.8)$$

式中，shift_i、absgr_i、share_i 分别为城市 i 在 (t_0, t_1) 时间段内人口的偏移增长量、绝对增长量和分享增长量；pop_i 为城市人口总量；n 为城市数量。正偏移增长表明人口集聚能力较强，反之人口集聚能力较弱[9-10]。

（5）不一致指数。人口与经济的协同集聚，是人口分布格局优化的重要内涵之一。采用人口与经济不一致指数（用 BYZ 表示）测度不同城市人口与经济的非均衡状况，进而在一定程度上反映要素集聚格局及其带来的城市发展差异状况[11]。

具体计算公式为

$$R_{\text{pop}_{it}} = \frac{\text{pop}_{it} / \text{pop}_t}{\text{ter}_i / \text{ter}}, \quad R_{\text{GDP}_{it}} = \frac{\text{GDP}_{it} / \text{GDP}_t}{\text{ter}_i / \text{ter}} \tag{3.9}$$

$$\text{BYZ}_{it} = \frac{R_{\text{pop}_{it}}}{R_{\text{GDP}_{it}}} = \frac{\text{pop}_{it} / \text{pop}_t}{\text{GDP}_{it} / \text{GDP}_t} \tag{3.10}$$

式中，$R_{\text{pop}_{it}}$ 和 $R_{\text{GDP}_{it}}$ 分别为 t 年地区 i 的人口地理集中度和经济地理集中度；pop_{it}、GDP_{it}、ter_i 分别为 t 年地区 i 的人口、地区生产总值、土地面积；pop_t、GDP_t、ter 分别表示 t 年区域人口、地区生产总值、土地面积总量。总体上，不一致指数越大则表明人口地理集中度越高，反之则表明经济地理集中度相对较高。

（6）重心模型。重心可以较好地表征区域某属性的简明而准确的总体状况[12]。采用几何重心法衡量人口与经济的总体分布格局，重心空间演变趋势在一定程度上表征了总体分布的动态演化过程[11]。基本模型如下：

$$\overline{X} = \frac{\sum_{i=1}^{n} P_i X_i}{\sum_{i=1}^{n} P_i}, \quad \overline{Y} = \frac{\sum_{i=1}^{n} P_i Y_i}{\sum_{i=1}^{n} P_i} \tag{3.11}$$

式中，$\overline{X}$、$\overline{Y}$ 为某属性分布区域重心坐标的经度和纬度；X_i、Y_i 为第 i 个研究基本单元的地理中心的经度和纬度；P_i 为第 i 个研究基本单元的属性值。

（7）就业结构区位商。为考察不同行业就业人口的空间分布情况，引入就业结构区位商指标测算[13]，公式为

$$\text{LQ}_{ij} = (L_{ij}/L_i) / (L_j / L) \tag{3.12}$$

式中，LQ_{ij} 为 i 区域 j 产业部门的就业结构区位商；L_{ij} 为 i 区域 j 产业部门的就业人口总数；L_i 为 i 区域所有产业部门的劳动力人数；L_j 为全市 j 产业部门的劳动力人数；L 为区域所有产业部门劳动力人数的总和。若 $\text{LQ}_{ij} = 1$，表明劳动力分布处于研究区域的平均状态；$\text{LQ}_{ij} > 1$ 说明劳动力分布相对集中，值越大则集中程度越高；$\text{LQ}_{ij} < 1$ 说明相应产业劳动力比较分散。

（8）就业–居住偏离度指数。引入就业–居住偏离度指数，判断不同区域的就业、居住功能是否吻合及以何种功能为主导。就业–居住偏离度指数[14]的公式为

$$Z_{ij} = (Y_{ij} / Y_i) / (R_{ij} / R_i) \tag{3.13}$$

式中，Z_{ij} 为 j 区域第 i 年的就业–居住偏离度指数；Y_{ij} 为 j 区域第 i 年的就业人口；Y_i 为市区第 i 年的就业人口；R_{ij} 为 j 区域第 i 年的居住人口；R_i 为市区第 i 年的居住人口。若 $Z_{ij} = 1$，表明就业与居住功能相匹配；$Z_{ij} > 1$ 意味着就业人口比重高于居住人口比重，即就业功能强于居住功能，反之则居住功能占主导。

二、相关驱动因素研究方法

科学优化人口分布格局，是社会各界特别是政府关注的焦点问题之一，而这也离不开对人口分布格局演变驱动因素的识别。总体上，本书针对人口分布格局驱动因素的识别研究中，主要用到如下方法。

（1）多元线性回归。采用面板回归方法，对人口增长等的影响因素进行探究。固定效应（fixed effect，FE）模型、随机效应（random effect，RE）模型是常用的面板数据处理方法，采用 Hausman 检验对相关模型进行选择[15]。多元线性回归模型如下：

$$Y = \beta_0 + \beta_1 X_1 + \beta_2 X_2 + \cdots + \beta_i X_i + \cdots + \beta_n X_n + \varepsilon_i \qquad (3.14)$$

式中，Y 为被解释变量；β 为回归参数；ε 为随机误差项；X 为解释变量。

（2）双重差分模型。在"有为政府"的影响下，受到外部政策冲击时，城市发展呈现何种变化？在优化区域经济社会发展过程中，同样需要对这一问题进行科学探讨。但是，比较同一城市在参与协调会前后两个时间段的状态是不够的，这可能会将其他因素纳入一体化政策冲击；类似地，对比协调会成员城市与非协调会成员城市的状态也不科学，关键原因在于二者之间可能存在不可观测的个体差异，导致将这一系统性差异归为政策影响[16]。为有效控制样本之间不可观测个体差异，以及随时间演变的不可观测因素的影响，以得到政策冲击效应的无偏估计，研究采用双重差分（difference-in-difference，DID）模型开展效应评估[17-18]。该方法在因果关系识别、处理内生性和样本选择偏误问题上更加成熟，能够有效消除诸多不可观测因素的影响，进而获得政策净效应并被广泛运用于政策效果评估研究。对于本书而言，主要采用多期 DID 模型进行检验，基准计量模型如下：

$$\ln Y_{it} = a_0 + \alpha_1 D_{it} + \alpha \ln X_{it} + \eta_{ii} + \mu_t + \varepsilon_{it} \qquad (3.15)$$

式中，D_{it} 为核心政策变量，其系数表征了政策冲击效应；η_{ii} 为个体固定效应；μ_t 为时间固定效应；X_{it} 为控制变量。

（3）地理加权回归。假定有 $i = 1, 2, \cdots, m$，$j = 1, 2, \cdots, n$ 的系列解释变量观测值 $\{x_{ij}\}$ 及系列被解释变量 $\{y_j\}$，经典的全域（global）线性回归模型如下所示[13]：

$$y_j = \beta_0 + \sum_{j=1}^{n} x_{ij}\beta_j + \varepsilon_i, \quad i = 1, 2, \cdots, m, \quad j = 1, 2, \cdots, n \qquad (3.16)$$

式中，ε 为整个回归模型的随机误差项，满足球形扰动假设；回归系数 β_0 被假定为一个常数。模型参数 β_j 的估计一般采用经典的 OLS。地理加权回归模型扩展了普通线性回归模型（3.16），在扩展的地理加权回归模型中，特定区位 i 的回归系数不再是利用全域信息获得的假定常数 β_0，而是利用邻近观测值的子样本数据信息进行局域（local）回归估计而得的、随着空间上局部地理位置变化而变化的变数 β_j，地理加权回归模型可以表示为

$$y_i = \left| Z_i - 1 \right| = \beta_0(\mu_i, v_i) + \sum_{j=1}^{n} \beta_j(\mu_i, v_i) x_{ij} + \varepsilon_i \qquad (3.17)$$

式中，Z_i 为就业–居住偏离度指数；y_i 为因变量，反映了职住空间的偏离程度，y_i 值越大，偏离程度越高；系数 β_j 的下标 j 为与观测值联系的 $m \times 1$ 阶待估计参数向量，是关于地理位置 (μ_i, v_i) 的 $k+1$ 元函数；x_{ij} 为相关解释变量。地理加权回归模型可以对每个观测值估计出 k 个参数向量的估计值，ε_i 为第 i 个区域的随机误差项，满足零均值、同方差、相互独立等球形扰动假设。本书采用 ArcGIS 9.3 的 Geographically Weighted Regression（地理加权回归）工具，建立地理加权回归模型。

三、人口分布趋势预测研究方法

（一）BP 神经网络模型

BP 神经网络是基于 BP 的多层前向神经网络，它是 Rumelhart 和 McCelland 及其研究小组在 1986 年研究并设计出来的，BP 算法已经成为目前应用最为广泛的神经网络学习算法[19]。从结构上讲，BP 神经网络是典型的多层网络，分为输入层、隐含层、输出层，其特点为：层与层多采用全互连方式，同一层单元之间不存在相互连接，各层神经元无反馈连接（图 3.1）。

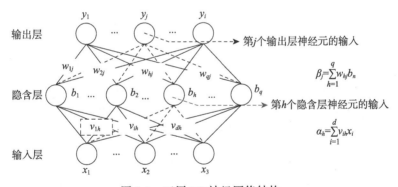

图 3.1　三层 BP 神经网络结构

BP 神经网络的每一层之间都有权值相连，可以通过学习来调节各层神经元之间的关系；每层的基本处理单元（输入层单元除外）为非线性输入–输出关系，一般选用 Sigmod 这一 "S" 形函数进行处理：

$$f(x) = \frac{1}{1 + e^{-x}}$$
$$f'(x) = f(x)\left(1 - f(x)\right) \qquad (3.18)$$

对于训练例 (x_k, y_k)，假定网络的实际输出为 $\tilde{y}_k = (\tilde{y}_1^k, \tilde{y}_2^k, \cdots, \tilde{y}_l^k)$，其中 $\tilde{y}_j^k =$

$f(\beta_j - \theta_j)$，则网络在 (x_k, y_k) 上的均方误差为 $E_k = \frac{1}{2}\sum_{j=1}^{l}(\tilde{y}_j^k - y_j^k)^2$，需要通过学习确定参数数目为 $(d + l + 1)q + l$。

BP 算法基于梯度下降策略，以目标的负梯度方向对参数进行调整，对于均方误差 E_k，给定学习率，有

$$\Delta w_{hj} = -\eta \frac{\partial E_k}{\partial w_{hj}} \qquad (3.19)$$

注意到 w_{hj} 先影响到 β_j，再影响到 $\tilde{y}_j^k$，最后影响到 E_k，从而由复合函数的求导法则得到

$$\Delta w_{hj} = -\eta \frac{\partial E_k}{\partial w_{hj}} = -\eta \frac{\partial E_k}{\partial \tilde{y}_j^k}\frac{\partial \tilde{y}_j^k}{\partial \beta_j}\frac{\partial \beta_j}{\partial w_{hj}} = \eta g_j b_h \qquad (3.20)$$

式中，$b_h = f(\alpha_h - \gamma_h)$；$g_j = \tilde{y}_j^k(1 - \tilde{y}_j^k)(y_j^k - \tilde{y}_j^k)$。

类似的有

$$\begin{aligned} \Delta\theta_i &= -\eta g_j \\ \Delta v_{ih} &= -\eta e_h x_i \\ \Delta\gamma_h &= -\eta e_h \end{aligned} \qquad (3.21)$$

在 BP 神经网络中，先产生一个信号前向传播模式，即输入信号先向前传播到隐含层单元，经过隐含层函数处理后，再把信号传播到输出层单元，经过输出层单元处理完成后会产生一个输出模式，这是一个逐层更新的过程。如果输出结果与期望输出模式有误差，不满足要求，那么就转入误差后向传播，首先用输出层的误差调整输出层权矩阵，并用此误差估计输出层的直接前导层误差，再用输出层前导层误差估计更前一层的误差。如此获得所有其他各层的误差估计，并用这些估计实现对权矩阵的修改，形成将输出层表现出的误差沿着与输入信号相反的方向逐级向输入层传递的过程。对于一组给定的训练模式，不断用一个个训练模式训练网络，重复前向传播与误差后向传播的过程，当各个训练模式都被满足时，BP 神经网络也就训练完成了。

基于 BP 神经网络模型，我们对收集到的 9 个与 31 个省级行政区划人口有关的变量数据，建立了 10 个隐含层的神经网络模型，对样本数据随机按照 3∶1∶1 的比例拆分为训练数据、验证数据和检验数据。

（二）基于自然增长和机械增长的预测

目前有很多研究应用不同方法，基于人口的自然增长和机械增长规律对人口规模和结构进行预测。本书采用来自国际应用系统分析研究所（International Institute for Applied Systems Analysis，IIASA）的人口–发展–环境分析（population-development-environment analysis，简写为 PDE）模型。PDE 模型是对多状态生命表和队列构成预测方法的一个扩展，把人口按照年龄、性别、教育程度等分为不同"状态"[20]。对于多区域预测而言，多状态被认为是地理单位，而不同状态之间的流动为迁移流。

利用 PDE 模型预测人口发展对数据的要求较高。人口发展是一个由两因素决定的动态过程，分别是本地区的人口自然增长和本地与外地之间的人口流动，而人口流动受到年龄、性别和教育程度的影响。因此，PDE 模型在预测时既需要生育数据，也需要人口迁移的相关数据。通过预测，该模型可以揭示净迁移和人口增长之间的关系，考察迁移对不同教育程度的影响，更好地从年龄和性别层面上理解城市和乡村人口的分布和构成。

利用 PDE 模型预测区域人口发展对数据的要求较高。从人口学角度来讲，区域人口发展是一个由两因素决定的动态过程：区域人口自身的自然增长过程和区域之间人口的迁移过程。自然增长和净迁移是人口发展预测的主要构成部分。所以，PDE 模型在预测时既需要生育数据，也需要人口迁移的相关数据。而且，PDE 模型在沿着出生队列做预测时，要同时考虑人口的净迁移和教育状态，所以需要预测地区生育水平、死亡率和迁移模式，更重要的是迁移模型要按照年龄、性别和教育水平分类（图 3.2）。因此，运用这种模型，我们可以明确地检验净迁移和区域人口增长之间的关系，考察迁移对不同教育程度的影响，特别是更好地从年龄和性别层面上理解城市和乡村人口的分布和构成，因为从乡村到城市的迁移人口与城市人口的年龄和性别构成不同，年龄和性别构成对地区变化、自然增长率和迁移率比较敏感。

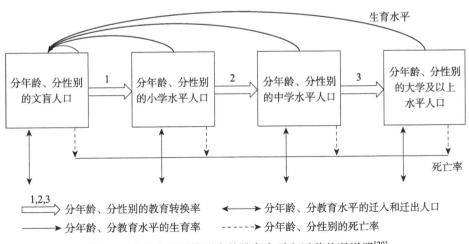

图 3.2　多状态预测模型中的教育水平和迁移状况说明[20]

（三）基于土地资源承载能力的预测

资源环境承载能力对人口规模的约束体现在土地资源、生态容量、水环境容量和大气环境容量等方面，其中土地资源对人口规模的限制作用最为直接和明显，生态容量反映在碳氧平衡上，可用土地利用格局表述出来，水环境容量和大气环境容量的影响因素众多，难以明确合理阈值。因此，本书主要选择土地利用类型的变化，从基本农产品需求保障和碳氧平衡能力来反映资源环境总体承载能力（图3.3）。

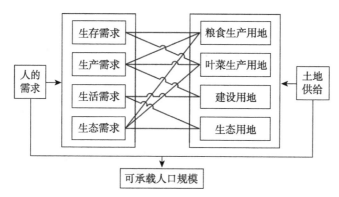

图 3.3　基于土地资源承载能力的人口规模预测原理

本书以粮食供应和叶菜供应为约束条件，揭示农业用地与人口规模的关系；以固碳能力为约束条件，核算区域生态用地（农用地、林地、草地等）的数量；以人均建设用地为出发点，揭示人口规模与建设用地数量的关系。在以上几种用地分类的基础上，以地区总面积为限制，分析不同情景下的人口规模。

（四）基于产业发展与就业容量的预测

就业容量是决定特定区域人口规模的重要因素，因此，可以通过测算产业发展对就业容量的影响来预测人口规模。本书在预测未来三次产业增加值的基础上，采用劳动生产率法来测算就业容量，进而通过人口负担系数法估计总人口规模。

未来可提供的就业岗位一方面取决于经济发展形势，另一方面也取决于劳动者的平均生产能力，因此可以采用劳动生产率法预测就业容量。考虑到三次产业间劳动生产率存在着较大的差距，需要在分别预测三次产业增加值和劳动生产率的基础上，分别计算三次产业的就业容量，进而得到总就业容量（图 3.4）。即第一产业就业容量（E_1）=第一产业增加值（V_1）/第一产业平均劳动生产率（L_1），第二产业就业容量（E_2）=第二产业增加值（V_2）/第二产业平均劳动生产率（L_2），第三产业就业容量（E_3）=第三产业增加值（V_3）/第三产业平均劳动生产率（L_3），则总就业容量（E）= $E_1 + E_2 + E_3$。

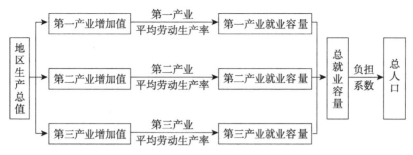

图 3.4　基于劳动生产率法的人口规模预测思路

在总就业容量预测的基础上，可以通过人口负担系数法预测基于产业发展与就业容量的人口规模，即

$$总人口（P）=总就业容量（E）×负担系数（D）$$

式中，负担系数 D 为平均每一位就业者所负担的人口数（包括就业者本人）。

参 考 文 献

[1] 闫东升, 杨槿. 长江三角洲人口与经济空间格局演变及影响因素[J]. 地理科学进展, 2017, 36(7): 820-831.

[2] 覃成林, 唐永. 河南区域经济增长俱乐部趋同研究[J]. 地理研究, 2007, (3): 548-556.

[3] Levy M. Scale-free human migration and the geography of social networks[J]. Physica A: Statistical Mechanics and its Applications, 2010, 389(21): 4913-4917.

[4] Lee Y. An allometric analysis of the U.S. urban system: 1960-80[J]. Environment and Planning A, 1989, 21(4): 463-476.

[5] 王珏, 陈雯, 袁丰. 基于社会网络分析的长三角地区人口迁移及演化[J]. 地理研究, 2014, 33(2): 385-400.

[6] 刘军. 社会网络分析导论[M]. 北京: 社会科学文献出版社, 2004.

[7] 刘军. 整体网分析讲义: UCINET 软件实用指南[M]. 上海: 格致出版社, 2009.

[8] Creamer D. Shifts of Manufacturing Industries, in Industrial Location and National Resources [M].Washington D C: Government Printing Office, 1943.

[9] 段学军, 王书国, 陈雯. 长江三角洲地区人口分布演化与偏移增长[J]. 地理科学, 2008, (2): 139-144.

[10] 闫东升, 孙伟, 王玥, 等. 长江三角洲人口分布演变、偏移增长及影响因素[J]. 地理科学进展, 2020, 39(12): 2068-2082.

[11] 闫东升, 杨槿, 高金龙. 长江三角洲人口与经济的非均衡格局及其影响因素研究[J]. 地理科学, 2018, 38(3): 376-384.

[12] 蒋子龙, 樊杰, 陈东. 2001—2010 年中国人口与经济的空间集聚与均衡特征分析[J]. 经济地理, 2014, 34(5): 9-13, 82.

[13] 肖琛, 陈雯, 袁丰, 等. 2000~2010 年无锡市职住空间关系变化及影响因素分析[J]. 地理科

学, 2014, 34(2): 137-146.

[14] 焦华富, 胡静. 芜湖市就业与居住空间匹配研究[J]. 地理科学, 2011, 31(7): 788-793.

[15] 郭艺, 曹贤忠, 魏文栋, 等. 长三角区域一体化对城市碳排放的影响研究[J]. 地理研究, 2022, 41(1): 181-192.

[16] Beck T, Levine R, Levkov A. Big bad banks? The winners and losers from bank deregulation in the United States[J]. The Journal of Finance, 2010, 65(5): 1637-1667.

[17] 王桂新, 李刚. 生态省建设的碳减排效应研究[J]. 地理学报, 2020, 75(11): 2431-2442.

[18] 王勇, 解延京, 刘荣, 等. 北上广深城市人口预测及其资源配置[J]. 地理学报, 2021, 76(2): 352-366.

[19] 廖松, 付鹏霖, 王哲浩, 等. 基于改进 PDE 的人口预测建模与仿真[J]. 电脑知识与技术, 2019, 15(15): 266-271.

[20] 陈功, 曹桂英, 刘玉博, 等. 北京市未来人口发展趋势预测——利用多状态模型对未来人口、人力资本和城市化水平的预测分析[J]. 市场与人口分析, 2006, (4): 29-41.

第二篇

全　国　篇

第四章

多尺度人口空间分布格局演变特征与规律

第一节 "胡焕庸线"两侧人口分布演变

本节基于 1935 年的人口数据以及 1953 年、1964 年、1982 年、1990 年、2000 年、2010 年六次全国人口普查数据,分析了"胡焕庸线"两侧人口密度、人口增长率、人口出生率和死亡率、人口迁移率等空间分异格局及其演变特征,主要结论如下。

(1)"胡焕庸线"两侧人口地理分布格局的稳定性或将长期存在。我国人口密度值为 164 人/千米 ^{2} 的地区主要分布在"胡焕庸线"的东南半壁。1935~2010 年,东南半壁与西北半壁人口比由 97∶3 转变为 94∶6,东南半壁人口规模优势明显。其中,改革开放以来大致保持着 94∶6 的大数特征,1982~2010 年东南半壁的人口份额由 94.57%减少至 94.01%(表 4.1)。

表 4.1 "胡焕庸线"两侧人口变化

年份	东南半壁人口/万人	西北半壁人口/万人	东南半壁人口占比
1935 年	44 157.13	1 387.92	96.95%
1953 年	55 514.76	2 475.77	95.73%
1964 年	65 798.17	3 273.86	95.26%
1982 年	94 938.17	5 453.22	94.57%
1990 年	107 366.23	6 252.22	94.50%
2000 年	117 092.20	7 168.97	94.23%
2010 年	125 294.67	7 986.38	94.01%

(2)"胡焕庸线"两侧区域内部人口分布演变趋势不同时间段的明显分异。虽然东南半壁人口占绝对优势,但 1953~1964 年计划经济时期三线建设等重大区域发展战略实施,"胡焕庸线"西北半壁的人口增长率总体水平要高于东南半壁;改革开放以来,"胡焕庸线"西北半壁的人口增长空间表现较为"均势",部分地区的人口增长率仍然保持高值,如西藏大部分地区、天山北坡地区等,而东北—内

蒙古一线地区的人口增长率明显下降；东南半壁人口增长率为正值的地区主要集聚在沿海，并集中在京津、长三角、珠三角等沿海少数城市群地区，中部大部分地区的人口增长率都呈负值；中西部主要省会城市的人口增长率也呈正值，人口向少数人口区域和城市快速极化的演变趋势较为明显。

（3）人口出生率和死亡率西高东低，迁移率（机械增长）成为影响人口集散格局的关键（表 4.2）。2000 年中国总和生育率为 1.22，远低于生育更替水平 2.1，且自西向东逐渐递减；总和生育率超过 1.5 的省（自治区、直辖市）主要集中在西北和西南地区，北京和上海的总和生育率较低，其次是东北三省和天津。2010 年全国总和生育率下降到 1.18，其中超过一半的省（自治区、直辖市）总和生育率低于全国水平，较 2000 年增加了 3 个。

表 4.2   2000 年和 2010 年全国 31 个省（自治区、直辖市）总和生育率和死亡率

地区	总和生育率		死亡率		地区	总和生育率		死亡率	
	2000 年	2010 年	2000 年	2010 年		2000 年	2010 年	2000 年	2010 年
全国	1.22	1.18	5.89‰	5.57‰	河南	1.44	1.30	5.92‰	5.42‰
北京	0.67	0.71	5.14‰	3.94‰	湖北	1.06	1.34	5.52‰	5.38‰
天津	0.88	0.91	5.79‰	4.14‰	湖南	1.27	1.42	6.04‰	5.76‰
河北	1.29	1.31	6.22‰	6.26‰	广东	0.94	1.06	4.62‰	4.25‰
山西	1.44	1.10	5.75‰	5.39‰	广西	1.54	1.79	5.59‰	5.46‰
内蒙古	1.09	1.07	5.57‰	4.69‰	海南	1.54	1.51	4.54‰	4.01‰
辽宁	0.98	0.74	6.06‰	6.43‰	重庆	1.26	1.16	6.87‰	6.43‰
吉林	0.84	0.76	5.31‰	4.94‰	四川	1.23	1.08	6.62‰	6.62‰
黑龙江	0.88	0.75	4.77‰	5.05‰	贵州	2.19	1.75	7.19‰	6.06‰
上海	0.68	0.74	5.79‰	4.96‰	云南	1.81	1.41	7.29‰	6.34‰
江苏	0.97	1.05	5.95‰	6.23‰	西藏	1.85	1.05	6.96‰	5.30‰
浙江	1.04	1.02	6.13‰	5.46‰	陕西	1.13	1.05	5.92‰	5.37‰
安徽	1.33	1.48	5.77‰	5.91‰	甘肃	1.32	1.28	5.88‰	5.38‰
福建	1.03	1.12	5.02‰	5.00‰	青海	1.54	1.37	5.59‰	5.38‰
江西	1.60	1.39	6.04‰	5.23‰	宁夏	1.69	1.36	4.57‰	5.06‰
山东	1.16	1.17	6.26‰	6.27‰	新疆	1.52	1.53	4.71‰	4.12‰

2000 年全国死亡率为 5.89‰，死亡率低于全国水平的有 14 个地区，且大部分在东部沿海，包括东部沿海地区的广东、海南、福建，以及东北地区的黑龙江和西北地区的宁夏、新疆等；死亡率较高的主要聚集在云南、贵州、西藏等地区。2010 年，大部分地区的死亡率有所下降，但是，也有部分地区死亡率较 2000 年有所增长，包括人口老龄化较为严重的东北地区，以及东部沿海的江苏等。

省际人口累积净迁发生较大变化，省际人口累积净迁移率超过 20% 的地区从2000 年的北京、上海两市增加到 2010 年的北京、天津、上海和广东，东部沿海

地区进一步成为吸引人口流入的强磁场，人口聚集程度不断提升。低值区 2000 年集中在安徽、广西和贵州，到 2010 年调整为安徽、贵州和重庆，次低值区连片集中分布的趋势显著增强，并呈现向中西部转移的趋势（表 4.3）。从表 4.3 中可以看出中西部人口大量迁出，使累积迁入率与累积迁出率呈现出对应互补的时空特征，在很大程度上塑造出中国人口的分布格局。

表 4.3　2000~2010 年中国省际人口累积净迁移率

地区	2000 年	2010 年	地区	2000 年	2010 年
全国	0.67%	−0.34%	河南	−3.84%	−9.83%
北京	21.51%	56.22%	湖北	0.54%	−7.32%
天津	7.28%	30.44%	湖南	−3.14%	−7.18%
河北	1.28%	−0.08%	广东	13.89%	22.69%
山西	1.93%	2.83%	广西	−7.06%	−10.79%
内蒙古	−0.29%	1.22%	海南	2.04%	2.19%
辽宁	1.58%	2.85%	重庆	−1.23%	−12.98%
吉林	2.93%	1.12%	四川	−1.99%	−10.63%
黑龙江	−3.66%	0.20%	贵州	−4.79%	−16.47%
上海	23.54%	62.28%	云南	3.21%	0.74%
江苏	3.74%	4.93%	西藏	4.99%	3.74%
浙江	2.03%	14.99%	陕西	−1.51%	−2.80%
安徽	−5.53%	−13.29%	甘肃	−1.59%	−5.86%
福建	3.90%	4.30%	青海	0.13%	1.91%
江西	−4.00%	−5.44%	宁夏	0.74%	−0.34%
山东	0.60%	0.33%	新疆	11.34%	7.70%

第二节　多尺度人口分布演变

一、人口分布格局演变总体特征

在 Python 网络抓取与人工智能技术的辅助下获取 2019 年 10 月全国多尺度实时的人口大数据，进一步分析 2010～2019 年我国人口空间分布格局的演变动态。

（1）城市群地区及其中心城市成为人口集聚的热点地区。"胡焕庸线"两侧人口份额仍基本维持 94∶6 的大数特征。2010～2019 年人口增量主要集中在东南沿海及北京、天津、重庆、广州、上海、成都、武汉等城市，总体呈现出以京津冀、长三角、珠三角、长江中游等城市群为主导的"核心—边缘"特征，且京沪线、京九线等沿线人口增量也较为明显。除了哈长城市群整体人口呈负增长以外，其他主要城市群均实现人口增长，且城市群内中心城市成为新增人口集聚的主要空间（图 4.1、图 4.2）。

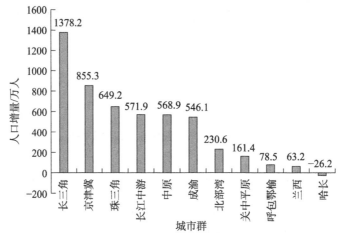

图 4.1 2010～2019 年我国主要城市群地区人口增量

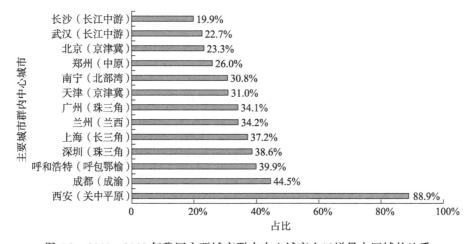

图 4.2 2010～2019 年我国主要城市群内中心城市人口增量占区域的比重

（2）东北地区、大都市周边中小城市成为人口流失的热点地区。东北三省、内蒙古以及青海等省（自治区、直辖市）人口明显减少，河南、四川等省（自治区、直辖市）仍然是人口净流出地区，除省会等主要城市以外的中小城市人口外流的压力相对较大。

（3）2018～2019 年我国人口增长热点区域呈现"西进"新态势。进一步比较2018 年 11 月～2019 年 10 月全国县（市、区）尺度的人口增减态势及其空间分布格局，主要城市群及其中心城市的人口仍显著增加，相关区域和城市仍然是人口增长和空间集聚的热点地区；东北大部分县（市、区）的人口仍显著减少，外流压力仍然较大；与前文 2010～2019 年各地区人口增减趋势分析结果存在差异的是，中西部部分地区，如四川东部、云南东北部等，人口明显增长。

二、流动人口①分布格局演变

（1）流动人口仍进一步向沿海城市群以及中西部省会城市集聚。2000～2010年我国流动人口大量涌入长三角、珠三角以及京津等地区，尤其是北京、上海、广州、深圳等一线城市；同时，伴随西部大开发、援疆援藏等政策的实施，很多少数民族聚居的区域和城市流动人口增加；中西部的河南、重庆、四川等地以及大多数中小城市均是人口净流出地区。2010～2015年，长三角、珠三角、京津等作为人口迁移目的地的格局进一步固化，其中很多城市的外来人口占比超过10%，上海、北京、深圳、天津、东莞等城市的外来人口总量均超过500万人；省会城市，尤其是中西部地区的省会城市成为外来人口集聚的新兴热点地区，其中成都、郑州、武汉和昆明的外来人口总量也已超过100万人；但是主要城市群外围及周边地区、中西部地区，尤其是贵州、广西、川东、豫南、闽西、苏北、粤北等地区人口呈现净流出。

（2）大都市外来人口增速普遍放缓，人口迁移目的地格局逐渐重塑。比较2000～2010年和2010～2015年外来人口变化，外来人口仍高度集聚在沿海城市群和我国主要省会城市，但北京、长三角核心区、珠三角以及部分中西部省会城市的年均外来人口增幅均呈现下降态势，而重庆及其周边地区等人口流出城市的人口迁出量趋小。近年来，受超大城市人口调控政策的影响，北京、上海等大都市常住外来人口增速明显放缓，甚至呈负增长，北京市的外来人口变化情况如图4.3所示。可见，当前我国人口迁移过程和格局正在重塑。

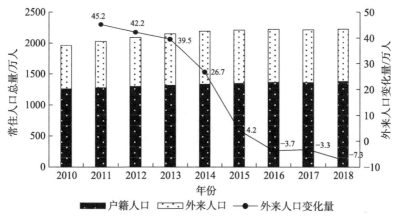

图4.3 2010～2018年北京市外来人口变化情况

三、乡村人口分布格局

我国乡村人口分布也整体呈现以"胡焕庸线"为界的稳定地理分异格局。乡

---

① 本书中的流动人口是指地级行政单元内常住人口与户籍人口的差值。

村常住人口规模在 55 万人以上的县（市、区）主要分布在河南、安徽北部、山东南部、湖南中部、四川东部、广东西部等地区；乡村常住人口密度在 300 人/千米²以上的县（市、区）主要分布在河南东北部、河北南部、山东北部、江苏北部、安徽北部、四川东部等地区。

四、新冠疫情影响下人口流动及空间分布

（一）商业（人口）活跃度

本书基于人工智能训练算法采集全国 336 个城市 2020 年 1 月 28 日～2020 年 4 月 8 日城市商业区实时商业商务活动人口大数据，与 2019 年 12 月的同区域的平均商业人口数据进行对比，得到复工及商业恢复比例，从而反映商业区商业活动的恢复情况。

（1）疫情下全国平均商业活跃度变化情况。按阶段看，1 月 28 日～3 月 16 日，全国平均商业活跃度呈周期性小跳跃上升特征；3 月 18 日，由于各市商业活跃度已经恢复至较高水平，增速开始放缓，周期性增长特征逐渐消失，3 月 17 日～3 月 31 日全国平均商业活跃度以较低速度增长；4 月 1 日～4 月 8 日，全国平均商业活跃度曲线接近水平线，说明其增长速度极其缓慢（图 4.4）。

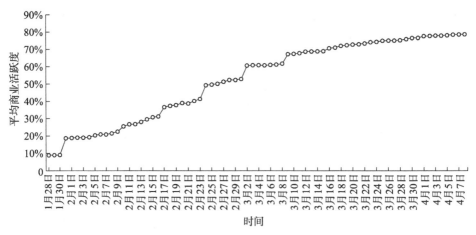

图 4.4　2020 年 1 月 28 日～2020 年 4 月 8 日全国平均商业活跃度日变化趋势

（2）疫情下全国商业活跃度空间格局。1 月 28 日～4 月 8 日，全国各地的商业活跃度提升显著。1 月 28 日，全国各地的商业活跃度均处于较低水平，截至 4 月 8 日，绝大多数地区的商业活跃度处于较高水平，空间上呈现"西部高于东部、北部大于南部"的特征，但空间差异相对较小；商业活跃度相对较低的地区主要集中在湖北、广东、海南和新疆等省（自治区、直辖市）（表 4.4）。

表 4.4　疫情下全国典型城市商业活跃度

城市	1月28日	2月7日	2月21日	3月10日	3月20日	4月8日
北京	10.02%	22.48%	36.84%	61.82%	68.07%	75.02%
天津	10.20%	24.13%	39.54%	61.78%	67.42%	74.28%
石家庄	12.63%	29.03%	43.94%	69.06%	72.40%	77.22%
太原	11.33%	25.80%	41.07%	68.68%	71.77%	77.33%
呼和浩特	11.49%	28.13%	43.36%	67.90%	72.02%	78.45%
沈阳	11.99%	27.80%	40.78%	64.30%	68.24%	74.55%
长春	10.24%	24.45%	37.87%	63.96%	68.22%	73.27%
哈尔滨	10.56%	23.44%	40.49%	66.28%	70.90%	75.91%
上海	10.36%	24.84%	37.83%	66.91%	73.25%	77.56%
南京	9.00%	21.25%	35.34%	61.85%	68.13%	73.40%
苏州	38.19%	44.61%	52.17%	67.72%	71.51%	77.16%
南通	11.86%	28.30%	44.17%	74.71%	80.79%	85.51%
盐城	14.34%	34.54%	51.11%	77.50%	83.62%	87.28%
扬州	11.52%	28.12%	45.61%	72.10%	79.41%	83.71%
杭州	6.38%	14.71%	27.25%	50.65%	58.98%	66.84%
宁波	5.86%	14.21%	21.95%	46.88%	57.10%	64.86%
温州	6.43%	15.86%	27.56%	52.47%	59.71%	68.31%
嘉兴	31.72%	40.26%	48.62%	68.47%	72.85%	78.08%
台州	37.62%	43.43%	51.14%	67.81%	72.41%	78.74%
合肥	10.39%	22.27%	36.94%	64.26%	68.21%	73.05%
芜湖	11.83%	29.94%	53.22%	79.12%	84.48%	87.39%
安庆	6.08%	14.62%	27.91%	59.40%	72.36%	79.05%
滁州	14.24%	33.11%	50.75%	78.44%	85.46%	87.85%
宣城	15.51%	37.34%	58.32%	80.20%	86.07%	88.38%
福州	32.30%	42.06%	51.34%	69.20%	73.57%	77.18%
厦门	11.14%	25.60%	41.35%	70.92%	75.82%	78.46%
南昌	8.40%	19.25%	34.30%	57.85%	63.31%	69.77%
济南	11.10%	24.55%	39.56%	64.21%	68.24%	72.81%
青岛	11.43%	27.21%	41.73%	70.72%	78.38%	84.61%
郑州	6.48%	14.31%	27.37%	54.43%	59.03%	67.87%
武汉	1.78%	4.66%	10.30%	29.49%	40.22%	58.66%
长沙	10.74%	24.32%	37.95%	66.05%	70.86%	74.99%
广州	8.92%	19.55%	35.09%	61.82%	68.07%	73.58%
深圳	6.58%	14.95%	25.88%	51.21%	58.98%	66.20%
佛山	39.30%	48.05%	56.33%	71.33%	75.28%	78.12%
东莞	9.65%	21.45%	41.00%	65.52%	69.95%	74.86%
中山	37.01%	42.02%	47.81%	65.32%	70.81%	76.40%
南宁	8.56%	20.64%	35.11%	64.32%	69.36%	77.74%

城市	1月28日	2月7日	2月21日	3月10日	3月20日	4月8日
海口	9.58%	22.73%	40.39%	68.13%	75.58%	84.80%
重庆	10.65%	24.23%	38.43%	65.46%	71.40%	76.33%
成都	9.47%	22.43%	38.66%	70.63%	75.95%	80.46%
贵阳	10.96%	25.03%	37.33%	66.28%	69.89%	75.89%
昆明	13.69%	30.65%	45.99%	69.54%	72.84%	77.66%
拉萨	17.33%	39.55%	58.22%	78.33%	81.37%	85.81%
西安	37.19%	42.49%	47.98%	64.92%	69.45%	77.73%
兰州	34.04%	45.75%	54.92%	71.27%	74.51%	78.00%
西宁	11.78%	28.46%	41.36%	66.92%	70.73%	81.91%
银川	32.56%	41.52%	49.73%	66.62%	70.26%	78.42%
乌鲁木齐	10.33%	22.66%	41.39%	67.58%	72.13%	78.07%
保定	13.15%	27.00%	43.95%	79.92%	85.01%	87.79%
大同	10.28%	22.94%	44.24%	70.01%	72.27%	78.05%
包头	12.89%	28.10%	46.96%	71.71%	75.13%	82.35%
鄂尔多斯	10.32%	24.24%	41.86%	71.96%	75.77%	81.62%
阿拉善盟	11.14%	24.13%	44.39%	76.49%	78.49%	83.25%
大连	13.35%	29.30%	48.64%	73.63%	77.59%	80.50%
营口	13.55%	32.38%	46.54%	78.66%	84.84%	87.81%
吉林	10.08%	21.09%	47.24%	79.44%	85.91%	88.01%
齐齐哈尔	10.50%	22.28%	45.33%	80.21%	85.09%	86.32%
鹤岗	9.23%	19.09%	43.77%	71.39%	73.93%	79.66%
徐州	10.01%	28.10%	47.03%	80.41%	84.86%	87.55%
连云港	11.44%	23.85%	43.68%	77.93%	84.60%	87.41%
蚌埠	10.13%	19.82%	42.02%	77.03%	82.98%	86.40%
黄山	9.55%	18.47%	37.31%	75.43%	78.11%	83.99%
阜阳	10.24%	26.64%	43.24%	76.22%	80.70%	84.12%
泉州	9.42%	21.97%	46.71%	80.43%	85.17%	87.80%
漳州	11.64%	26.72%	43.86%	79.12%	84.06%	87.29%
宁德	10.70%	28.06%	42.93%	76.90%	81.79%	85.82%
景德镇	6.64%	13.83%	41.76%	79.06%	86.90%	89.26%
赣州	9.20%	18.04%	44.57%	79.94%	85.96%	89.30%
上饶	9.99%	22.58%	43.54%	80.29%	85.32%	90.27%
泰安	10.91%	24.94%	42.95%	79.73%	84.41%	87.77%
威海	10.22%	25.88%	47.59%	73.46%	76.24%	79.56%
日照	10.52%	24.78%	43.76%	79.37%	85.89%	88.42%
开封	6.94%	16.67%	36.36%	80.15%	85.54%	88.78%

续表

城市	1月28日	2月7日	2月21日	3月10日	3月20日	4月8日
洛阳	8.28%	18.41%	42.84%	79.53%	84.40%	87.11%
三门峡	6.62%	16.54%	44.37%	79.86%	84.87%	87.06%
周口	6.36%	13.79%	39.85%	79.98%	85.81%	88.26%
十堰	1.69%	3.77%	21.63%	60.31%	74.41%	79.46%
荆州	1.26%	2.95%	10.40%	44.26%	61.30%	70.80%
株洲	9.26%	20.92%	41.23%	79.81%	83.94%	87.53%
张家界	9.17%	19.66%	40.98%	79.40%	86.27%	88.29%
珠海	8.08%	17.83%	45.05%	73.95%	77.18%	80.66%
云浮	8.85%	19.23%	46.70%	80.17%	84.95%	88.23%
柳州	10.17%	22.15%	41.22%	80.32%	85.54%	88.06%
桂林	6.77%	14.72%	43.68%	78.91%	83.90%	86.28%
三亚	10.07%	25.34%	43.80%	70.59%	74.39%	77.96%
绵阳	9.33%	22.70%	48.39%	76.91%	79.93%	82.77%
眉山	9.40%	20.82%	47.13%	79.11%	84.26%	87.48%
铜仁	9.88%	21.71%	43.47%	77.48%	81.40%	85.47%
玉溪	12.26%	29.12%	54.13%	74.11%	76.48%	79.89%
那曲	16.60%	39.60%	53.09%	77.51%	83.01%	88.77%
宝鸡	7.46%	14.92%	36.04%	78.51%	83.29%	86.25%
咸阳	5.66%	13.32%	39.16%	79.65%	82.90%	86.07%
金昌	10.10%	22.47%	45.37%	73.13%	75.41%	78.95%
酒泉	9.04%	22.20%	43.67%	74.76%	76.96%	79.02%
庆阳	12.91%	31.52%	52.57%	78.98%	84.47%	89.19%
定西	9.25%	21.60%	44.93%	75.79%	84.26%	87.22%
克拉玛依	9.60%	24.18%	46.02%	75.13%	78.60%	83.87%

（二）劳动力返工率

本书基于大数据库，在我国 2861 个县（市、区）中识别出 1056 个典型的农民工输出县（市、区），涵盖 80%的农民工输出县（市、区）。基于人工智能训练算法实时监测每一个县（市、区）的当前居住人口数据，对比自 2020 年 2 月以来的每周实际人口数量与 2019 年 12 月的人口数量，其差值可以表示该地区的外出务工人员返工情况。

（1）全国劳动力输出县（市、区）整体情况。按阶段看，1 月 30 日～2 月 25 日为全国主要劳动力输出县（市、区）平均返工率的快速增长期，2 月 26 日～3 月 30 日为平缓增长期，3 月 31 日～4 月 8 日为缓慢增长期（图 4.5）。

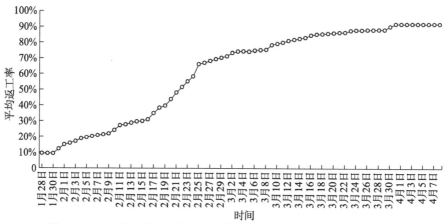

图 4.5　2020 年 1 月 28 日～2020 年 4 月 8 日全国主要劳动力输出
县（市、区）平均返工率日变化趋势

　　（2）全国 101 个主要劳动力输出县（市、区）返工率分析。3 月 2 日、3 月 10 日、3 月 16 日、3 月 17 日及 4 月 8 日，全国 100 个主要劳动力输出县（市、区）返工率的排序情况如表 4.5 所示。可见高返工率的县（市、区）多位于湖南、贵州、新疆、广西等中西部地区，返工率相对较低的县（市、区）较为分散，广西、贵州、湖南、四川、安徽等均有分布。各县（市、区）在同一阶段的返工率增加比例情况差别较大；同一县（市、区）的返工率在不同阶段的差别也十分明显；3 月 18 日～3 月 25 日及 4 月 1 日～4 月 8 日，相当一部分县（市、区）增加比例为负数，表明这些地区返工率在该阶段有所下降（表 4.5）。

表 4.5　疫情背景下全国主要劳动力输出县（市、区）返工率变化情况

县（市、区）	4 月 8 日较 4 月 1 日增加比例	4 月 1 日较 3 月 25 日增加比例	3 月 25 日较 3 月 18 日增加比例	3 月 18 日较 3 月 11 日增加比例	县（市、区）	4 月 8 日较 4 月 1 日增加比例	4 月 1 日较 3 月 25 日增加比例	3 月 25 日较 3 月 18 日增加比例	3 月 18 日较 3 月 11 日增加比例
全国	0.05%	3.97%	2.38%	5.45%	广东|湛江市|廉江市	−0.04%	5.40%	0.64%	5.91%
江苏|淮安市|淮阴区	0.18%	4.45%	0.48%	7.20%	广东|茂名市|信宜市	0.14%	4.01%	0.05%	4.99%
安徽|阜阳市|颍泉区	−0.03%	4.49%	2.40%	7.38%	广东|汕尾市|陆丰市	0.22%	5.12%	1.65%	5.84%
安徽|宿州市|埇桥区	0.11%	6.91%	2.36%	5.63%	广东|河源市|紫金县	0.16%	2.47%	1.25%	3.94%
安徽|亳州市|谯城区	0.12%	3.41%	1.91%	6.60%	广东|揭阳市|揭东区	0.16%	4.59%	0.08%	5.49%
安徽|宣城市|宣州区	0.08%	1.69%	0.38%	5.05%	广东|揭阳市|揭西县	0.19%	7.54%	0.23%	6.71%
福建|莆田市|秀屿区	−0.03%	5.70%	0.21%	5.59%	广西|南宁市|武鸣区	0.05%	7.06%	−0.36%	4.59%

续表

县（市、区）	4月8日较4月1日增加比例	4月1日较3月25日增加比例	3月25日较3月18日增加比例	3月18日较3月11日增加比例	县（市、区）	4月8日较4月1日增加比例	4月1日较3月25日增加比例	3月25日较3月18日增加比例	3月18日较3月11日增加比例
江西|宜春市|袁州区	−0.02%	1.36%	1.32%	3.87%	广西|南宁市|宾阳县	0	6.79%	2.13%	4.85%
山东|德州市|陵城区	−0.06%	5.44%	1.29%	6.38%	广西|南宁市|横县	−0.02%	4.54%	0.78%	3.49%
河南|平顶山市|宝丰县	−0.01%	4.06%	1.91%	5.58%	广西|柳州市|柳江区	0.10%	5.56%	2.15%	5.65%
河南|新乡市|辉县市	−0.03%	5.36%	1.09%	4.71%	广西|桂林市|全州县	−0.02%	2.85%	1.45%	3.23%
河南|南阳市|宛城区	0.01%	0.92%	0.37%	2.74%	广西|梧州市|藤县	−0.05%	2.92%	1.64%	4.47%
河南|商丘市|梁园区	0.02%	1.18%	0.21%	6.41%	广西|北海市|合浦县	0.03%	6.23%	1.02%	6.31%
河南|商丘市|睢阳区	−0.01%	0.49%	1.51%	3.56%	广西|钦州市|钦北区	0.02%	3.85%	0.11%	3.50%
河南|信阳市|潢川县	−0.06%	4.69%	−0.42%	4.88%	广西|贵港市|港北区	−0.01%	8.70%	1.10%	6.76%
河南|驻马店市|汝南县	−0.09%	3.86%	0.48%	3.80%	广西|贵港市|港南区	−0.08%	5.68%	1.74%	4.88%
湖南|长沙市|宁乡市	0.18%	1.50%	0.56%	3.96%	广西|贵港市|平南县	−0.05%	3.26%	1.61%	3.55%
湖南|长沙市|浏阳市	0.08%	4.34%	1.63%	5.13%	广西|玉林市|陆川县	0.08%	4.67%	1.18%	5.00%
湖南|株洲市|攸县	−0.05%	4.36%	0.44%	5.12%	广西|玉林市|博白县	0	5.24%	1.12%	5.86%
湖南|株洲市|醴陵市	−0.05%	5.99%	1.48%	6.58%	广西|玉林市|北流市	−0.02%	3.82%	0.85%	4.15%
湖南|湘潭市|湘潭县	0.04%	0.02%	2.03%	5.66%	广西|百色市|靖西市	0.13%	6.18%	2.05%	9.13%
湖南|衡阳市|衡南县	0.09%	4.15%	2.44%	6.09%	广西|河池市|宜州区	0.25%	6.06%	2.69%	6.94%
湖南|衡阳市|祁东县	−0.07%	3.68%	0.68%	4.32%	广西|来宾市|兴宾区	0.15%	9.99%	−0.29%	5.96%
湖南|衡阳市|耒阳市	0	4.90%	0.82%	5.03%	四川|自贡市|富顺县	0.09%	4.43%	0.80%	4.84%
湖南|邵阳市|邵东市	−0.04%	3.89%	1.75%	5.47%	四川|绵阳市|游仙区	0.07%	1.56%	−0.47%	6.45%
湖南|邵阳市|新邵县	0	6.46%	−1.23%	7.76%	四川|内江市|威远县	0.09%	0.33%	0.53%	4.21%
湖南|邵阳市|邵阳县	0.07%	4.48%	1.31%	5.10%	四川|南充市|高坪区	0.14%	5.28%	0.33%	4.07%
湖南|邵阳市|隆回县	−0.09%	5.07%	−0.03%	5.26%	四川|南充市|嘉陵区	0.17%	2.03%	2.40%	7.58%
湖南|邵阳市|武冈市	−0.04%	5.04%	1.47%	6.03%	四川|广安市|岳池县	0.28%	5.58%	1.08%	5.50%

县（市、区）	4月8日较4月1日增加比例	4月1日较3月25日增加比例	3月25日较3月18日增加比例	3月18日较3月11日增加比例	县（市、区）	4月8日较4月1日增加比例	4月1日较3月25日增加比例	3月25日较3月18日增加比例	3月18日较3月11日增加比例
湖南|岳阳市|岳阳县	−0.03%	0.97%	2.21%	5.55%	四川|达州市|达川区	0.05%	5.27%	1.81%	5.70%
湖南|岳阳市|湘阴县	−0.04%	6.33%	−0.60%	7.04%	四川|达州市|大竹县	0.05%	3.46%	0.97%	4.08%
湖南|岳阳市|平江县	−0.07%	4.89%	0.79%	6.73%	四川|巴中市|通江县	0.11%	3.91%	1.14%	4.39%
湖南|岳阳市|汨罗市	−0.06%	3.63%	1.22%	4.13%	贵州|六盘水市|六枝特区	−0.05%	3.45%	1.15%	4.62%
湖南|岳阳市|临湘市	−0.04%	2.24%	0.89%	3.12%	贵州|六盘水市|水城区	0.28%	5.11%	3.04%	5.61%
湖南|常德市|石门县	0.07%	4.78%	0.84%	3.90%	贵州|六盘水市|盘州市	−0.06%	2.81%	1.50%	3.15%
湖南|益阳市|南县	0.02%	2.57%	0.05%	2.48%	贵州|遵义市|播州区	0.04%	3.95%	0.89%	3.97%
湖南|益阳市|桃江县	−0.05%	2.89%	0.56%	3.51%	贵州|遵义市|桐梓县	0.34%	6.19%	1.37%	7.13%
湖南|益阳市|安化县	0.03%	4.94%	0.16%	5.42%	贵州|遵义市|习水县	0.26%	5.12%	0.08%	5.36%
湖南|益阳市|沅江市	0.16%	4.02%	−0.03%	4.00%	贵州|毕节市|大方县	0.25%	5.33%	1.20%	5.00%
湖南|郴州市|桂阳县	−0.07%	4.42%	0.50%	5.28%	贵州|毕节市|黔西县	0.34%	5.18%	0.72%	5.85%
湖南|郴州市|宜章县	−0.06%	4.69%	1.54%	6.33%	贵州|毕节市|金沙县	0.65%	5.29%	2.68%	7.23%
湖南|郴州市|永兴县	−0.06%	4.91%	−0.12%	5.35%	贵州|毕节市|织金县	0.18%	3.95%	1.51%	5.30%
湖南|永州市|冷水滩区	0.01%	4.66%	0.64%	5.45%	贵州|毕节市|纳雍县	−0.01%	5.14%	0.21%	6.74%
湖南|永州市|道县	−0.08%	2.99%	1.02%	4.06%	贵州|毕节市|威宁县	−0.05%	3.39%	0.52%	3.70%
湖南|怀化市|沅陵县	−0.03%	6.79%	0.56%	7.50%	贵州|铜仁市|思南县	0	4.05%	1.69%	5.62%
湖南|怀化市|溆浦县	0.10%	3.92%	1.63%	6.13%	云南|曲靖市|宣威市	0.02%	4.19%	1.25%	6.05%
湖南|娄底市|双峰县	−0.08%	3.58%	0.65%	2.92%	新疆|喀什地区|莎车县	0.17%	4.25%	2.62%	6.37%
湖南|娄底市|新化县	−0.04%	1.93%	0.46%	3.67%	新疆|和田地区|墨玉县	0.55%	2.93%	2.04%	5.31%
湖南|娄底市|涟源市	0.06%	3.64%	−0.02%	4.88%	新疆|伊犁州|伊宁县	0.11%	4.45%	1.71%	5.63%
广东|汕头市|潮阳区	0.04%	5.76%	−0.06%	7.53%	新疆|伊犁州|霍城县	0.02%	1.84%	2.58%	3.06%
广东|湛江市|遂溪县	−0.07%	0.22%	1.87%	4.64%	广东|湛江市|廉江市	−0.04%	5.40%	0.64%	5.91%

第 五 章

人口分布的影响因素分析

第一节 自然生态要素驱动机理

自然生态要素主要选择生态重要性、水资源丰度、人均土地资源、平均气温、平均降水、平均高程和平均坡度七大类指标，通过对自然生态要素与不同尺度行政区人口增量进行相关性分析，确定主要影响因素及其作用强度。

一、省（自治区、直辖市）尺度的影响

省（自治区、直辖市）尺度的人口空间分布主要受地形、温度和降水的长期稳定影响（图 5.1）。从省（自治区、直辖市）级尺度来看，与人口增量显著相关的自然指标包括人均土地资源（–0.375）、平均气温（0.562）、平均降水（0.445）三个指标（括号中的数据表示相关系数）。其中，人口增量与人均土地资源呈负相关，与平均气温和平均降水呈正相关。人均土地资源较低的为西部高原、西北部荒漠和内蒙古等地区，适宜开发的空间较少，人口承载力低；平均气温较低的地区人口增长缓慢甚至人口流出，主要分布在青藏高原、西北地区、东北地区等；平均降水较低的地区为新疆、青海、宁夏、内蒙古等地区，主要集中于我国西北部地区。

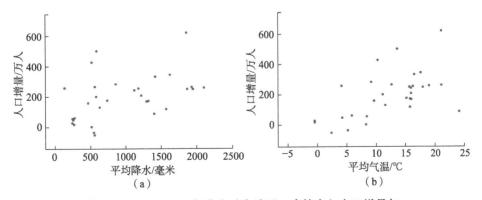

图 5.1 2010～2018 年分省（自治区、直辖市）人口增量与
平均降水和平均气温的相关关系

二、县（市、区）尺度的影响

县（市、区）尺度人口空间分布受生态环境和资源条件的影响较大，与空间管控政策关联明显（图 5.2）。县（市、区）尺度上，与人口增量显著相关的指标除平均气温和平均降水外，平均高程（–0.076）和平均坡度（–0.082）与人口增量呈负相关，成为人口增量的限制性因素，生态重要性（–0.075）和人均土地资源（–0.166）也对人口集聚形成负向影响。重点生态功能区和生态环境敏感的区域的人口多呈现流出态势；人均土地资源的影响在东西部呈现较大差异，西部县（市、区）人均土地资源量较低是因为适宜的开发空间较少，而东部县（市、区）是因为人口大量集聚，导致人均用地比较小，加之土地宏观调控政策，在一定程度上影响人口持续快速增长。

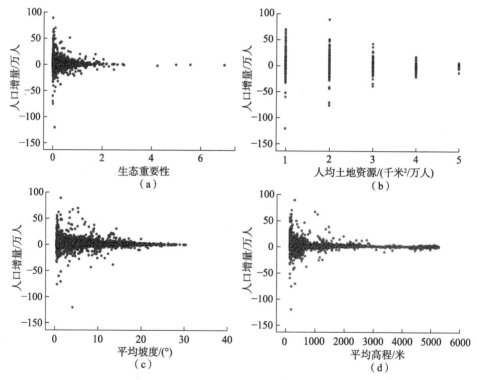

图 5.2　2010～2018 年分县（市、区）人口增量与自然生态要素的相关关系

第二节　经济社会要素驱动机理

基于集聚经济、公共服务等经济社会要素与人口地理分布的关联解析，本书重点在省（自治区、直辖市）空间尺度上，综合利用统计资料及网络大数据，分

别从经济规模、居民收入、城镇化率、公共服务水平等方面的 27 个指标，对多区域经济社会要素进行综合评估，并借助 GIS 空间分析等技术手段，将评估结果进行空间匹配与表征（表 5.1）。通过指标的相关关系检验，剔除相关度较高的指标，在此基础上进行面板回归。计算发现，对人口增量影响较大的指标主要有工业增加值、服务业增加值、一般公共预算支出、人均消费支出、废水排放量、废气排放量、耕地面积和每千人卫生技术人员数八个指标，且不同指标对人口增量的作用方向和强度是不同的。

表 5.1　省（自治区、直辖市）尺度经济社会要素相关数据及指标

分类	时间	数据名称
统计数据	2010～2018 年	城镇化率、地区生产总值、人均地区生产总值、工业增加值、服务业增加值、一般公共预算收入、一般公共预算支出、失业率、自然增长率、劳动力占比（19～64 岁人口）、人均消费支出、人均可支配收入、城镇居民收入、农村居民收入、废水排放量、废气排放量、固体废物产生量、生活垃圾清运量、耕地面积、电力、货物进出口总额（境内目的地）、社会消费品零售总额、客运量、货运量、路网密度、每千人卫生技术人员数、城市供水总量

一、集聚经济因素的影响作用

制造业仍是人口增长的核心力量，但制造业升级过快导致人口集聚能力下降。各省（自治区、直辖市）常住人口增量与工业增加值表现出明显的正相关关系，与表征工业发展体量的废水排放量也明显相关（图 5.3）。2010～2018 年制造业较为发达的上海、北京、天津、浙江、广东与江苏均表现为人口净流入。从《中国统计年鉴》相关数据来看，2000～2018 年，劳动密集型制造业吸引大量中西部人口转移至东部发达地区，电子设备企业贡献了 25% 的新增城镇单位制造业就业，纺织服装、制鞋皮革业拉动了 15% 的新增城镇单位制造业就业；2008～2018 年，基础设施大规模投入和新型城镇化快速推进，建筑业成为拉动人口增长的第一

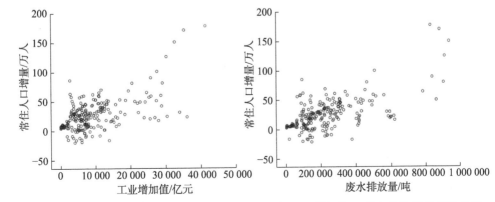

图 5.3　各省（自治区、直辖市）常住人口增量与工业增加值、废水排放量的相关关系

大行业。2019 年，制造业和建筑业是吸纳农民工最多的行业，吸纳的农民工占比分别为 27.9% 和 18.6%，成为容纳就业和吸引外来人口的"半壁江山"。

近年来，东部发达地区的人口增速在下降，甚至局部出现净流出。总体来看，北京和上海的人口净流出与超大城市调控政策有关，而江苏和浙江等的人口占比下降与制造业转移转型高度相关。一方面，劳动密集型制造业大量向中西部转移，带来外来人口回流，也使得安徽、四川、陕西等中西部地区人口占全国人口的比重不断上升；另一方面，江苏、浙江、广东等制造业发展水平高的省（自治区、直辖市），产业转型升级较快，资本和技术成为产业发展的核心要素，大量高科技产业推动"机器换人"，技术红利正在替代人口红利，制造业的就业容纳量在下降，人口增长自然放慢。国家统计局发布的《2019 年农民工监测调查报告》指出，2019 年在江浙沪地区就业的农民工数量为 5391 万人，比上年减少 61 万人，下降 1.1%；在珠三角地区就业的农民工为 4418 万人，比上年减少 118 万人，下降 2.6%。

服务业的就业吸纳能力在提升，但总体潜力尚未得到释放。各省（自治区、直辖市）常住人口增量与服务业增加值表现出正相关关系（图 5.4），但作用强度要低于工业增加值。近年来，我国万元 GDP 创造的就业机会明显增加，无论是吸收其他产业的转移劳动存量还是吸纳新增劳动力，服务业都在发挥重要的作用。《中国统计年鉴》分析表明，2018 年底，我国服务业就业人口达到 3.59 亿人，占就业总人口的比重高达 46.3%，但服务业对就业的贡献份额要低于服务业增加值对 GDP 的贡献率（52.2%），仍有很大的潜力可挖。

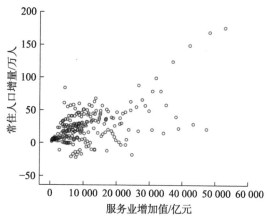

图 5.4 各省（自治区、直辖市）常住人口增量与服务业增加值的相关关系

从服务业的类别来看，金融、房地产、信息服务、科技服务等现代服务业对经济支撑作用增长明显，这些服务业属于生产率较高的知识密集型产业，人力资本和知识成为生产过程中的重要因素，进而催生出大量与知识劳动相关的就业岗位，促进人才及人口的集聚。但对于区域性人口流动和增长来说，贡献最大的行

业是居民服务业和批发零售业，2019年吸纳农民工数量占比分别为12.3%和12.0%（资料来源于《2019年中国农民工就业现状及农民工就业应对策略分析》）。这也说明，围绕生活服务的灵活就业将成为吸引人口的重要力量。

　　农业大省人口增长缓慢或净流出，农业剩余劳动力城镇化潜力大。各省（自治区、直辖市）常住人口增量与耕地面积呈现负相关关系（图 5.5）。耕地面积较大的内蒙古、河南、山东、河北等人口增长较为缓慢，东北三省的人口呈现净流出。《中国统计年鉴》分析表明，2018 年，我国第一产业占 GDP 的比重已降至 7.2%，但吸纳的就业份额高达 26.1%。随着农业现代化进程的推进和劳动生产率的提升，这些农业大省人口将会继续部分外流、部分本地城镇化。

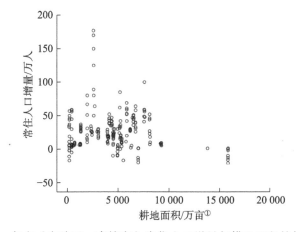

图 5.5　各省（自治区、直辖市）常住人口增量与耕地面积的相关关系

二、公共服务因素的影响作用

　　公共服务水平高的区域人口吸引力强，消费水平和生活成本具有人口"排挤效应"。各省（自治区、直辖市）常住人口增量与一般公共预算支出、每千人卫生技术人员数呈正相关关系，表明基础设施和公共服务水平对人口具有一定吸引力；常住人口增量与人均消费支出呈负相关关系，侧面反映了高生活成本对人口增长的限制性影响（图 5.6、图 5.7）。

　　一般公共预算支出实际上反映了政府财政投入能力，完善的基础设施和公共服务为经济发展创造了更好的条件，从而推动经济增长和工资提升，人口吸引力随之提高。高水平的基础设施和公共服务所带来的便利性和舒适度，本身也是在这些地区生活所获得的效用的一部分，会显著影响流动人口的迁移意愿。

---

　　① 1 亩 ≈ 666.7 平方米。

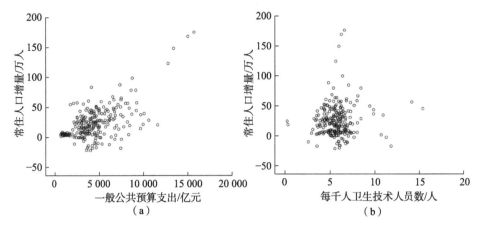

图 5.6　各省（自治区、直辖市）常住人口增量与一般公共预算支出、
每千人卫生技术人员数的相关关系

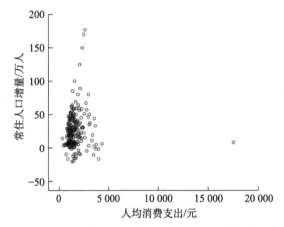

图 5.7　各省（自治区、直辖市）常住人口增量与人均消费支出的相关关系

人均消费支出总体反映地区或城市的生活成本，高消费也意味着高房价。一方面，近年来，随着土地供应总量增长的收紧，并且在增量上向中西部倾斜，东部地区的土地供给相对受限，房价迅速上升，人口可进入性降低。同时，高消费和高房价显著推升了工资，企业的理性选择将是更多使用资本来替代劳动，进行产业升级，由此进一步助推人口外流。另一方面，供地政策上向中西部倾斜，目的在于支持欠发达地区的发展，但这在一定程度上影响了东部地区的竞争力和整体的资源配置效率。

三、人居环境因素的影响作用

宜居环境具有较强的人口吸引力，环境质量不佳已经成为"逃离"经济较发达地区的重要因素。各省（自治区、直辖市）常住人口增量与废气排放量呈负相关关系（图 5.8）。不同于废水排放可以集中处置，废气排放量在一定程度上反映区域空气质量，进而影响人口居住的舒适度，近几年除了受房价居高不下和生活成本持续增长的影响外，雾霾等环境因素也对"逃离北上广"起到很大作用。当前，人们对生活环境质量的要求日益提高，能享用到更新鲜的空气、更洁净的水和更舒适的气候环境，从而形成拥有更健康身体和更长寿命的预期，已经成为选择居住地的核心因素。

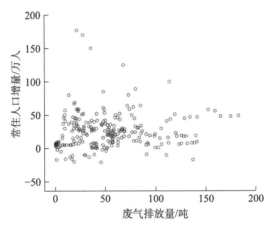

图 5.8   各省（自治区、直辖市）常住人口增量与废气排放量的相关关系

根据上述人口空间分布演化及其驱动因素的分析，结合"十四五"时期经济社会发展趋势的研判，未来人口空间分布可能会呈现以下几种特征。

制造业吸纳转移人口的数量在下降，生活及生产服务业将成为吸纳人口的主力军。从国际城镇化发展规律来看，当城镇化率达到一定水平并继续提高时，制造业就业人员占比呈下降趋势。究其原因，一方面是服务业领域出现了大规模的制造业就业替代，另一方面则是产业转型升级中资本和技术对劳动力的替代。同时，东部发达地区资本和技术密集型产业正在替代劳动密集型产业，机器人和人工智能的替代效果非常明显，如 2013~2019 年浙江省机器人代替传统的产业工人数量约 500 万人，2017 年初富士康集团昆山厂区因自动化战略自然减少了 6 万名工人。

劳动力就业面临长期过剩而不是不足。2018 年，我国的就业人口为 7.76 亿人，若以美国第一产业的就业与 GDP 的比值计，我国第一产业 7.2% 的 GDP 份额对应 11.5% 的就业份额，相较 2018 年 26.1% 的水平将释放 14.6% 的劳动力，即 1.13 亿人。若假设我国劳动力基数（就业人口）不变，第一产业 GDP 占比下降且劳动生产率提升，将释放劳动力超过 1.5 亿人。与此同时，大量外出农民工开始回流，农业剩余劳动力就业将是长期要面对的难题。根据国家统计局发布的《2019 年农民工监测调查报告》，2019 年在东部地区就业的农民工为 15 700 万人，比 2018 年减少 108 万人，下降 0.7%，农民工回流人数呈增加态势。

城市群人口集聚能力不及预期，未来人口流向取决于区域发展政策。近几年，城市群集聚人口的速度在放缓，东北、山东、中原等区域呈现人口流出趋势，山东半岛、哈长城市群人口净流出规模扩大，京津冀城市群人口由净流入转为净流出，上述三个城市群及中原、海峡西岸城市群 2017～2020 年净流出人口规模均超 10 万人，长三角由于制造业外流和产业升级，人口增速放缓。但是 2020 年新冠疫情后，东部沿海长三角和珠三角城市群特别是中心城市的人口出现加快增长，本书调研的苏州、南京和常州等城市均扭转人口增速放缓趋势，人口快速流入。疫情后，经济发展回暖，相较而言东部城市群地区产业体系较为完备、产业链完整，回暖要明显快于中西部地区，从而吸引务工人员向东部集聚；与此同时，外部环境使产业发展难度更大，西部应对能力仍然大幅弱于东部，很多制造企业开始向东"回归"。此外，受国家创新及要素支持政策的影响，人才和高技术产业向长三角、珠三角等东部发达城市群集聚，带来了大量高层次人才和高技能工人的流入，人口快速增长。由此可见，未来人口流向取决于国家区域引导政策，如果国家制造业、服务业和公共服务支出等相关政策更多向东部倾斜，那么长三角、珠三角等区域人口经济承载能力将会更快提升，将会吸纳更多外来人口，从而为稳定全国就业做出更大贡献。

第《六》章

区域与典型省域人口规模预测

第一节 中国区域人口空间分布模拟与预测

一、数据与方法

采用气候–经济–人口集成评估模型 CIECIA-R，在模拟未来中国多区域经济发展和产业区域间转移的基础上，对中国未来的多区域人口分布格局进行了数值预测[1]。本章将全国划分为八个区域，产业部门则细分到 15 个，同时基于推拉理论设计了区域间的人口迁移模式[2]，以区域间的工资率差距和经济发展水平差距作为人口迁移的推力和拉力，以 Wilson 空间吸引力方程[3]计算区域间的人口吸引力，作为人口空间迁移的基础。

具体来说，按照经济发展的特征和水平划分为八个区域，分别为京津地区（北京、天津）、东北地区（辽宁、吉林、黑龙江）、北部沿海地区（河北、山东）、东部沿海地区（上海、江苏、浙江）、南部沿海地区（福建、广东、海南）、中部地区（山西、河南、安徽、湖北、湖南和江西）、西北地区（内蒙古、陕西、宁夏、甘肃、青海和新疆）、西南地区（四川、重庆、广西、云南、贵州和西藏）。

二、模拟与预测结果

CIECIA-R 的模拟起点为 2007 年，到 2050 年为止。基准情景下 CIECIA-R 模拟结果中的各国的 GDP、国际资本流动、中国分区域的人口数量与统计年鉴中的真实数值的校验结果显示，其模拟值和真实值之间的相关系数均能达到 0.98 以上，模型的模拟结果可以较好地反映现实的发展，模型对真实世界进行了有效的刻画。

未来中部地区、西南地区和西北地区较其他区域保持较高的生产总值增长速度，中部地区的生产总值发展轨迹与东部沿海地区总体相似，但要低于东部沿海地区；南部沿海地区略低于东部沿海地区和中部地区，西南地区和北部沿海地区处于中游水平，而西北地区、东北地区和京津地区生产总值增长速度则较为缓慢（图 6.1）。

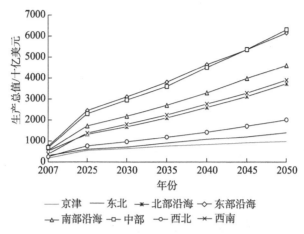

图 6.1　基准情景下中国分区域生产总值预测

　　从区域人口规模变化看,东北地区和西南地区的人口在 2019 年前后已达到峰值,中部地区 2019 年也已接近峰值,京津地区和西北地区将在 2030 年左右达到人口峰值;沿海地区达到人口峰值较晚,将会在 2035 年左右（图 6.2）。

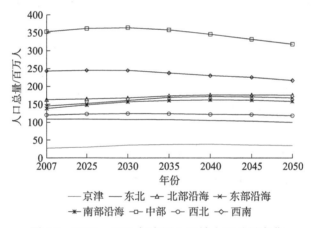

图 6.2　2007～2050 年中国八区域人口总量变化

　　从分区域人口占比变化情况看,东部沿海地区和南部沿海地区的人口占比上升幅度较大,北部沿海地区紧随其后,京津地区和西北地区的人口占比也有小幅上升,中部地区、东北地区和西南地区人口占比下降（图 6.3）。

　　从分区域的人口变化率看,东北地区、西南地区和中部地区的人口变化率基本处于下降趋势;东部沿海地区和南部沿海地区在 2035 年前仍有一段较为高速的增长期,北部沿海地区人口变化率较为稳定;京津地区的人口变化率起伏最大,其在 2025 年前的人口增长速度高于其他区域,此后出现快速下降趋势（图 6.4）。

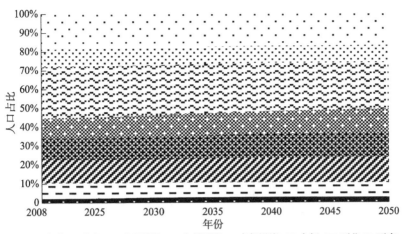

图 6.3   2007～2050 年中国分区域的人口占比趋势

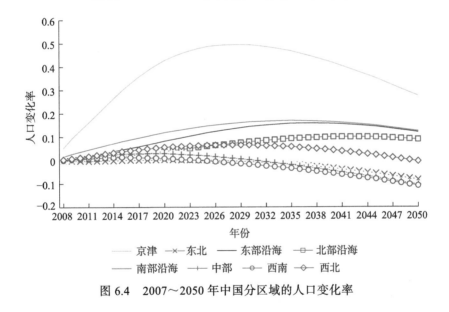

图 6.4   2007～2050 年中国分区域的人口变化率

第二节   典型省域人口规模预测与检验：江苏省

一、基于自然增长的户籍人口规模预测

基于《江苏统计年鉴 2018》发现，改革开放以来，江苏省户籍人口数量不断增加，从 1978 年的 5834.33 万人增加到 2017 年的 7794.19 万人，增长了 33.59%。但人口自然增长率总体上呈现下降态势，除 20 世纪 80 年代末出现短暂的政策性增长外，其他年份的人口自然增长率基本保持在 10‰以下；1990 年后，人口自然

增长率持续快速下降，大多数年份维持在 5‰以下的低位，之后呈现小幅波动的稳定态势（图 6.5）。

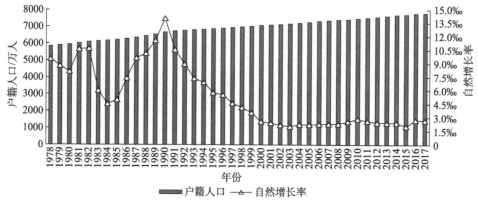

图 6.5　1978～2017 年江苏省户籍人口增长情况

鉴于计划生育政策出台前后人口自然增长率的明显差异，户籍人口的预测要在尊重历史发展规律的基础上，依据未来政策的预期、居民生育态度的变化进行适度的调整和情景设置[4]。从历史过程看，除个别年份外，整个计划生育政策实施阶段全省自然增长率均维持在 10‰以下；进入 21 世纪以来，全省大多数年份低于 3‰；2000～2017 年，全省平均自然增长率为 2.40‰；2005～2017 年，全省平均自然增长率为 2.45‰；2010～2017 年，全省平均自然增长率为 2.53‰。虽然不同阶段出生高峰的变化使得人口增长率出现波动，但全省整体增长率仍然较低。十九大报告指出，要"促进生育政策和相关经济社会政策配套衔接"[①]，这表明短期之内人口政策不会出现大的变化。尤其，近年来江苏省人口总量增长势头明显减弱，群众生育观念发生重大转变，少生优生成为社会生育观念的主流。综合考虑以上因素，到 2035 年人口自然增长的规律具有较大的参照性，未来通过实施政策性措施人口可能会有小幅增长的可能性。

基于此，设计高、中、低三种自然增长情景，采用指数增长模型对江苏省 2020 年和 2035 年户籍人口进行预测[②]（表 6.1）。

表 6.1　江苏省 2020 年和 2035 年户籍人口预测　　单位：万人

年份	低方案	中方案	高方案
2017		7794.19	
2020	7798.87	7864.55	7911.69
2035	8036.14	8225.98	8526.69

①《习近平：决胜全面建成小康社会　夺取新时代中国特色社会主义伟大胜利》，http://www.gov.cn/zhuanti/2017-10/27/content_5234876.htm[2021-07-16].

② 本书中所有的人口预测主要侧重于介绍相关方法的运用，数据时效性有待后续研究优化。

低方案：假设未来江苏省户籍人口自然增长率稳定在 2006 年以来的低位水平，人口按照 2‰增长，则 2020 年和 2035 年户籍人口规模分别约为 7800 万人和 8000 万人。

中方案：假设未来江苏省户籍人口自然增长率能够达到"十三五"规划确定的中位水平，人口按照 3‰增长，则 2020 年和 2035 年户籍人口规模分别约为 7850 万人和 8200 万人。

高方案：假设未来江苏省户籍人口自然增长率随着生育政策的放开达到高位水平，人口按照 5‰增长，则 2020 年和 2035 年户籍人口规模分别约为 7900 万人和 8500 万人。

二、基于机械增长的常住人口规模预测

基于《江苏统计年鉴 2018》发现，江苏省常住人口由 2000 年的 7327.24 万人迅速增加到 2017 年的 8029.30 万人，年均增量约为 41.30 万人，年均增长率约为 5.4‰。其中，2005～2017 年，年均增加 36.76 万人，年均增长率为 5.0‰；2010～2017 年，年均增加 22.85 万人，年均增长率为 3.5‰。除个别年份外，江苏省常住人口的年平均增量与增长率均呈下降态势（图 6.6）。

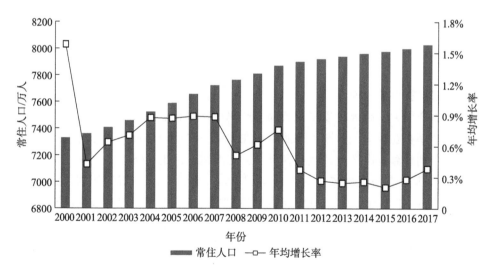

图 6.6　江苏省 2000～2017 年常住人口增长情况

不考虑人口普查过程中统计方法的差异，参考 2000～2017 年、2005～2017 年、2010～2017 年全省常住人口机械增长情况，并充分考虑长三角区域一体化建设及安徽等中西部地区崛起带来的人口竞争，设定高、中、低三种机械增长情景，采用指数增长模型进行常住人口预测（表 6.2）。

表 6.2　江苏省 2020 年和 2035 年常住人口预测　　　单位：万人

年份	低方案	中方案	高方案	城镇体系规划
2017		8029.30		
2020	8150.34	8272.60		8500（年均增长 105 万人）
2035	8783.48	8915.23	9604.23	2030 年达 9000（年均增长 50 万人）

低方案：假设常住人口维持在 2005～2017 年 5.0‰左右的年增长水平，则 2020 年和 2035 年江苏省常住人口规模将分别增加到 8150 万人和 8800 万人左右。

中方案：假设常住人口短期内按 10.0‰的年增长率增长，长期将会随着经济社会发展水平的均等化和交通基础设施的网络化回落至 5.0‰的低位水平，则 2020 年和 2035 年江苏省常住人口规模将分别增加到 8270 万人和 8900 万人左右。

高方案：假设常住人口维持 10.0‰的高位增长水平，则 2020 年和 2035 年江苏省常住人口规模将分别增加到 8270 万人和 9600 万人左右。

三、基于经济规模和就业支撑能力的常住人口规模预测

就业容量是决定特定区域人口规模的重要因素[6]，可以通过测算产业发展对就业容量的影响来预测江苏省未来的人口规模。在对江苏省三次产业增加值进行预测的基础上，采用劳动生产率法来测算就业容量，进而通过人口负担系数法估计总人口规模。

（一）就业容量

未来可提供的就业岗位一方面取决于经济发展形势，另一方面取决于劳动者的平均生产能力，因此可以采用劳动生产率法预测就业容量。考虑到三次产业间劳动生产率存在较大的差距，因此需要在预测三次产业增加值和劳动生产率的基础上，分别计算三次产业的就业容量，进而得到总就业规模。

2017 年江苏省三次产业结构为 4.7∶45.0∶50.3，"十三五"规划目标中服务业增加值占 GDP 的比重到 2020 年将达到 53%，同时参考世界高收入国家和地区 2015 年三次产业结构水平（表 6.3），设定 2020 年和 2030 年江苏省三次产业结构分别为 3∶44∶53 和 2∶38∶60，根据本章第一节地区生产总值预测方法，2020 年和 2030 年全省地区生产总值总规模将分别达到 10 万亿元和 20 万亿元左右，则三次产业增加值 2020 年分别为 3000 亿元、44 000 亿元和 53 000 亿元，2030 年分别为 4000 亿元、76 000 亿元和 120 000 亿元。

2010～2017 年，江苏省三次产业从业人员的平均劳动生产率得到了进一步提升，年均分别提高 6.44%、8.65%和 7.95%（表 6.4）。按照与此相当的速度增长，预计到 2020 年和 2035 年，江苏省三次产业从业人员的平均劳动生产率将分别达到 5.00 万元/人、20.00 万元/人和 25.00 万元/人，9.80 万元/人、39.20 万元/人和

43.87 万元/人。基于前文三次产业增加值与平均劳动生产率的预测结果，测算得到 2020 年和 2035 年江苏省总从业人员分别为 4920 万人和 5100 万人（表 6.5）。

表 6.3　主要发达国家和地区三次产业结构（2015 年）

国家/地区	第一产业	第二产业	第三产业	人均 GDP（地区生产总值）/美元
日本	1.17	26.86	71.97	32 477
韩国	2.30	38.00	59.70	27 222
加拿大	1.76	28.88	69.36	43 249
美国	1.33	20.69	77.98	55 837
德国	0.60	30.40	69.00	41 219
荷兰	1.70	20.60	77.70	44 433
英国	0.70	20.20	79.10	43 734
澳大利亚	2.40	27.10	70.50	56 328
中国台湾	1.78	35.42	62.80	23 040

表 6.4　2010~2017 年江苏省三次产业增加值、从业人员数量和平均劳动生产率变化

年份	增加值/亿元			从业人员/万人			平均劳动生产率/（万元/人）		
	第一产业	第二产业	第三产业	第一产业	第二产业	第三产业	第一产业	第二产业	第三产业
2010	3 520.3	20 552.9	21 089.2	1 060	1 997	1 697	3.32	10.29	12.43
2011	3 661.5	22 982.3	23 410.5	1 023	2 017	1 718	3.58	11.39	13.63
2012	3 829.9	25 555.2	25 700.8	990	2 032	1 737	3.87	12.58	14.80
2013	3 749.6	28 134.1	28 469.5	957	2 042	1 761	3.92	13.78	16.17
2014	3 860.2	30 453.4	31 319.6	919	2 047	1 795	4.20	14.88	17.45
2015	3 986.1	33 031.1	34 272.4	876	2 046	1 837	4.55	16.14	18.66
2016	4 015.2	35 198.9	37 619.0	842	2 045	1 869	4.77	17.21	20.13
2017	4 103.8	37 526.8	40 698.6	799	2 041	1 917	5.14	18.39	21.23
年均增速（幅）	2.22%	8.98%	9.85%	-3.96%	0.31%	1.76%	6.44%	8.65%	7.95%

注：三次产业增加值均为以 2015 年为基期调整的可比价

表 6.5　2020 年和 2035 年江苏省从业人员规模预测

产业	2020 年			2035 年		
	增加值/亿元	平均劳动生产率/（万元/人）	从业人员/万人	增加值/亿元	平均劳动生产率/（万元/人）	从业人员/万人
第一产业	3 000	5.00	600	4 000	9.80	400
第二产业	44 000	20.00	2 200	76 000	39.20	1 965
第三产业	53 000	25.00	2 120	120 000	43.87	2 735
总计	100 000	—	4 920	200 000	—	5 100

（二）总人口规模

在就业容量预测的基础上，可以通过人口负担系数法预测基于产业发展与就业容纳能力的人口规模，即总人口＝总就业容量×负担系数，其中，负担系数为平均每一位就业者所负担的人口数（包括就业者本人）。2010～2017 年，江苏省人口负担系数呈现逐年上升趋势（图 6.7）。考虑到未来老龄人口比重增加，人口负担系数可能会有一定幅度上升，据此设定 2020 年和 2035 年人口负担系数为 1.70和 1.80。结合就业人口总容量预测结果，可以估算出江苏省 2020 年和 2035 年人口总规模将分别达到 8300 万人和 9100 万人左右。

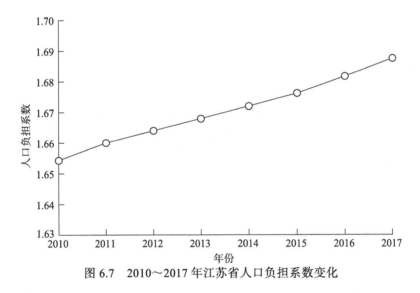

图 6.7　2010～2017 年江苏省人口负担系数变化

四、基于资源环境承载能力的人口容量计算

根据土地利用类型，从粮食安全保障来反映资源环境承载能力。粮食是人类生活的必需品，粮食生产是农业用地的最主要功能之一[7]。江苏省地貌类型多样，其平原地区历来是我国重要的粮食生产区。改革开放之前，粮食产量呈现稳步增加态势；1980～2017 年，粮食生产呈现稳中有升、阶段波动的状态，最高的达到3563.79 万吨（1997 年），1997 年后不断下降，到 2003 年仅为 2471.85 万吨，为改革开放以来的最低值，此后又呈现稳步增加的态势，到 2017 年达到 3539.83 万吨（图 6.8）。

粮食产量的波动受到单产和播种面积的影响。2000～2017 年，江苏省粮食单产趋于稳定，每公顷产量在 6～7 吨，播种面积成为制约粮食生产的主要因素。虽然未来江苏省播种面积有进一步下降的趋势，但是全国重要粮食生产基地的地位仍然十分突出，保证粮食生产的稳定性是江苏省面临的重要任务。结合江苏省现

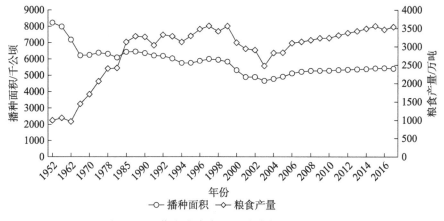

图 6.8 江苏省粮食产量和粮食播种面积变化

代农业发展规划对未来江苏省土地利用结构变化的预期，全省粮食播种面积稳定在 5200 千公顷左右。

从粮食安全保障角度看，近些年江苏省粮食供求关系呈现紧平衡的格局，未来随着产量下降、消费增加将转为产不足需。《国家粮食安全中长期规划纲要（2008—2020 年）》指出，要确保到 2020 年全国人均粮食消费量不低于 395 千克；诸多研究也表明，人均 400 千克的粮食拥有量对于粮食安全具有较高的保障。按照 5200 千公顷的播种面积、7 吨/公顷的单产和人均 400 千克的拥有量，在自给率为 110% 和 100% 的情况下，江苏省 2020 年、2035 年可承载的人口规模分别为 8270 万人和 9100 万人。

五、综合判断

（一）户籍人口

受到人口生育规律、国家及地区政策、地区生育观念等因素的影响，户籍人口增速在短期内会有所减缓，但长期可能会有所反弹并趋于稳定。据此，可以预估到 2020 年和 2035 年江苏省户籍人口分别约为 7910 万人和 8500 万人，2016～2020 年和 2020～2035 年的年均增量分别约为 38 万人和 39 万人，略低于"十二五"时期年均 40 万人的平均水平。

（二）常住人口

除受户籍人口自然增长的影响外，经济发展导向、区域人口流动等因素更多地影响了常住人口数量的变化。历史人口增长规律惯性约束了常住人口规模的变化，区域经济发展水平影响外来人口进入，资源环境承载对常住人口规模产生约束。

综合比较各种模型的预测结果，预测 2020 年和 2035 年江苏省常住人口规模分别为 8300 万人和 9000 万人，分别年均增长 90 万人和 47 万人（表 6.6）。

表 6.6　不同情景下江苏省常住人口规模预测　　单位：万人

预测模型		常住人口规模			年均增长	
		2017 年	2020 年	2035 年	2017～2020 年	2020～2035 年
指数增长模型	低方案	8029.30	8150	8800	40	43
	中方案		8270	8910	80	42
	高方案			9600		88
经济增长模型			8300	9100	90	53
资源环境承载			8270	9100	80	55
综合建议值			8300	9000	90	47

从预测结果看，2017 年以后外来常住人口迅速增长，人口总规模快速增加。在此格局下，江苏省外来常住人口总量将从 2017 年的 235.11 万人回升到 2020 年和 2035 年的 390 万人和 500 万人，占常住人口的比重分别为 4.70% 和 5.56%（表 6.7）。

表 6.7　江苏省户籍人口、常住人口及外来常住人口规模

年份	户籍人口/万人	常住人口/万人	外来常住人口	
			总量/万人	比重
2005	7252.88	7588.24	335.36	4.42%
2010	7466.59	7869.34	402.75	5.12%
2015	7717.59	7976.30	258.71	3.24%
2016	7775.66	7998.60	222.94	2.79%
2017	7794.19	8029.30	235.11	2.93%
2020	7910	8300	390	4.70%
2035	8500	9000	500	5.56%

参 考 文 献

[1]　王铮, 顾高翔, 吴静, 等. CIECIA: 一个新的气候变化集成评估模型及其对全球合作减排方案的评估[J]. 中国科学: 地球科学, 2015, 45(10): 1575-1596.

[2]　Bright M L, Thomas D S. Interstate migration and intervening opportunities[J]. American Sociological Review, 1941, 6(6): 773-783.

[3]　Wilson A G. A statistical theory of spatial distribution models[J]. Transportation Research, 1967, 1(3): 253-269.

[4]　王鹏宇, 徐敏, 房帅. 计划生育政策调整对人口数量、结构及其影响的研究[J]. 科技视界, 2015, (18): 189-190.

[5]　王丛雷, 罗淳. 收入分配调节、社会保障完善与生育率回升——低生育率阶段的欧盟经验与启示[J]. 西部论坛, 2022, 32(2): 78-93.

[6]　国务院发展研究中心课题组, 马建堂, 李建伟, 等. 认识人口基本演变规律　促进我国人口长期均衡发展[J]. 管理世界, 2022, 38(1): 1-19.

[7]　汤标中. 论国家粮食宏观调控体系[J]. 商业经济文荟, 1999, (3): 40-42.

第三篇

长 三 角 篇

第〈七〉章

长三角城市群人口分布及其迁移特征演变

人是经济社会活动的主体[1-2]。人口空间分布是在自然条件、经济发展和政府政策等综合作用下,特定时空范围内的人口集散格局[3-5]。诸多研究发现,宏观上人口分布格局的不均衡,不仅导致区域发展差距扩大等社会问题,也会加剧不必要的人口迁移流动等,带来社会资源的浪费[1,6-7]。人口规模作为区域发展格局、人地关系演变等的重要表征,在人口流动加快、区域发展格局转变等背景下,准确把握人口分布格局演变及其驱动机制等,成为科学、有效地推动各项政策落地的重要前提,对加快经济社会高质量发展等也具有重要意义[5,8]。

城市群是现代化、工业化和城镇化交互发展的高级形态,其发展水平也是国家竞争力的重要来源[9]。改革开放以来,长三角发展取得了举世瞩目的成就;在经济社会发展中,快速、不均衡的人口流动,也给区域发展带来较大压力,如部分城市人口增长带来资源环境压力、部分城市人口流出严重制约经济发展等[6-7]。在长三角一体化发展上升为国家战略、我国依托城市群推动人口合理布局等背景下,本章基于城市常住人口数据,从人口分布格局演变、人口迁移网络演化等两个角度,综合探讨长三角人口分布及其演变规律,以期为制定科学政策来优化人口布局、推动区域高质量发展等提供经验和参考。

第一节 长三角人口规模演变分析

21 世纪以来,长三角人口呈现明显增长态势。但是,由于区域之间的发展差距等,不同地区的人口增长状况有所不同(表 7.1)。

表 7.1　2000~2018 年长三角人口增长总体状况

年份	长三角			分区域人口增长率			
	总人口/万人	增长率	占全国比重	上海市	江苏省	浙江省	安徽省
2000	19 651.70	1.79%	15.51%	2.65%	0.79%	4.57%	0.69%
2001	19 868.01	1.10%	15.57%	3.71%	1.00%	1.04%	0.57%
2002	20 015.38	0.74%	15.58%	2.68%	0.53%	1.01%	0.26%

年份	长三角			分区域人口增长率			
	总人口/万人	增长率	占全国比重	上海市	江苏省	浙江省	安徽省
2003	20 217.24	1.01%	15.64%	3.09%	0.67%	1.68%	0.31%
2004	20 478.51	1.29%	15.75%	3.92%	0.79%	1.41%	1.05%
2005	20 556.75	0.38%	15.72%	3.01%	0.87%	1.33%	−1.73%
2006	20 767.86	1.03%	15.80%	3.91%	0.88%	1.62%	−0.16%
2007	21 025.88	1.24%	15.91%	5.06%	0.88%	1.64%	0.13%
2008	21 230.86	0.97%	15.99%	3.73%	0.69%	1.12%	0.28%
2009	21 403.16	0.81%	16.04%	3.25%	0.56%	1.21%	−0.07%
2010	21 545.97	0.67%	16.07%	4.18%	0.69%	3.24%	−2.84%
2011	21 662.53	0.54%	16.08%	1.95%	0.56%	0.30%	0.18%
2012	21 754.83	0.43%	16.07%	1.40%	0.32%	0.26%	0.34%
2013	21 872.89	0.54%	16.07%	1.46%	0.26%	0.38%	0.70%
2014	21 966.46	0.43%	16.06%	0.44%	0.25%	0.18%	0.88%
2015	22 066.45	0.46%	16.05%	−0.43%	0.23%	0.56%	1.00%
2016	22 193.15	0.57%	16.05%	0.18%	0.24%	0.92%	0.85%
2017	22 344.28	0.68%	16.07%	−0.06%	0.33%	1.20%	0.95%
2018	22 535.08	0.85%	16.15%	0.23%	0.46%	1.41%	1.10%

注：本表中数据来自《中国统计年鉴》（2000～2018 年）和各省（自治区、直辖市）2018 年统计公报

（1）从长三角看，人口从 2000 年的 19 651.70 万人增长到 2018 年的 22 535.08 万人，年均增长率约为 0.76%；同期，占全国比重从 15.51%增长到 16.15%，人口集聚能力持续增强。2000～2018 年，人口增长率大致呈"V"形趋势：2000～2012 年呈现下降趋势，2013～2018 年有所反弹，但仍低于 2008 年之前的水平。2013～2018 年，人口增长率的反弹与金融危机冲击、要素成本上升等的对比表明，人口分布格局是多重因素综合作用的结果。

（2）从三省一市的对比看，人口增长呈现显著的区域差异。以人口增长率对比看，上海市呈现波动下降态势，尽管 2016～2018 年有所回升，但仍远低于 2013 年之前的水平；江苏省相对稳定，但呈现缓慢下降态势；浙江省同样呈现波动下降态势，波动幅度明显高于江苏省，2014 年后增幅反弹明显，2018 年增长率达到 2004 年前后的较高水平；安徽省呈现"W"形波动态势，特别是 2013 年后增长较为明显。总体上，2000 年上海市、浙江省的人口增长率高于江苏省、安徽省，由于 2012 年前后不同区域人口增长率的显著变化，2018 年浙江省、安徽省的人口增长率高于上海市、江苏省。三省一市的人口增长率的差异化演变，表明区域人口集聚格局的宏观变化，特别是 2014 年后安徽省、浙江省人口的显著增长，成为推动区域人口重心迁移方向变化的重要动力之一。

第二节　长三角人口分布格局演变特征

人口分布格局时空演变等，长期以来便是人口地理学研究的重要议题；特别是随着工业化、城镇化的加快及区域发展差距显现等，相关研究呈现多样化、精细化和深度化等趋势[2,4,5]。近年来，随着数据搜集、研究方法等的发展，学者基于人口普查、抽样调查、夜间灯光卫星等相关数据和重心、空间自相关、核密度、地统计学等方法，对不同区域、不同尺度的人口时空演变等的研究发现，我国人口分布呈现显著的区域不均衡性、空间依赖性等特征，特别是沿海三大城市群、四川盆地等经济发达、条件优越的区域，是我国人口分布较为集聚的区域，更小区域尺度上的核心发达城市、市辖区等成为人口密度高值区；时间演变上，人口向特定城市群、城市等集聚的态势较为明显，但近年来这一趋势有所放缓[1-5,8,10-12]。然而，在经济指向性等驱动下，人口向部分城市群、核心城市等集聚的态势较为显著；近年来人口流动态势有所变化，如省内人口增速加快、省际人口增速放慢、部分欠发达城市人口回流趋势显现等，但向少数城市集聚的态势依然显著[2,13-15]。

本节首先采用不均衡指数对人口分布总体格局进行研究，而后基于人口密度从时空角度分析演变规律，综合研判长三角[①]人口分布时空演变状况。

一、基于不均衡指数的总体特征

如表 7.2 所示，不均衡指数从 2000 年的 0.0104 显著增加到 2020 年的 0.0135，长三角人口集聚态势的增强，给部分城市的资源环境带来较大压力的同时，部分城市人口持续流出也抑制了经济社会发展[7,9]。2000~2020 年，人口集聚态势经历了由快转慢的历程：2000~2014 年不均衡指数显著增长，表明在城市群发展差距的引导下人口向部分城市快速集中；2015~2019 年不均衡指数变化明显较小，表明城市群人口分布总体格局向稳态转变，2020 年不均衡指数明显下降可能与人口普查数据带来的精准性提升有关（对比 2019 年、2020 年人口数据发现，多数城市人口出现明显突变，如 2019 年、2020 年的滁州市人口分别为 414.71 万人、398.70 万人，南京市人口分别为 850.00 万人、931.47 万人）。总体上，在人口集

表 7.2　长三角人口分布的不均衡指数

年份	2000	2001	2002	2003	2004	2005	2006	2007	2008	2009	2010
不均衡指数	0.0104	0.0107	0.0109	0.0112	0.0115	0.0117	0.0121	0.0127	0.0131	0.0134	0.0142

年份	2011	2012	2013	2014	2015	2016	2017	2018	2019	2020	—
不均衡指数	0.0144	0.0146	0.0147	0.0148	0.0147	0.0148	0.0148	0.0149	0.0150	0.0135	—

---

① 本节以 2000 年行政区划为基准。

聚态势增强的过程中,不均衡指数变化速度由快变慢,表征了长三角人口集聚态势的转变。

二、基于人口密度的空间分布格局演变

随着经济社会快速发展,人口吸引力增强带来长三角人口密度增加,并呈现人口密度增速加快趋势(表 7.3):2000~2013 年年均增长约 5.01 人/千米^2;2013~2020 年增速进一步加快,年均增长约 5.47 人/千米^2。此外,不同区域之间也存在明显差异:一方面,上海市、江苏省人口密度高于区域平均水平,这不仅与区域经济发展水平有关,也是自然环境差异的重要反映;另一方面,2000~2020 年上海市、江苏省和浙江省人口密度呈现持续增长状况,但 2013 年以来上海市的增速明显趋缓,江苏省和浙江省增速加快,而安徽省表现为先下降后增长的态势,表征了区域经济社会发展格局转变推动的区域人口集散格局转变[9]。

表 7.3   不同区域人口密度对比状况   单位:人/千米^2

区域	2000 年	2013 年	2020 年
上海市	2537.22	3809.38	3922.54
江苏省	683.51	749.89	790.56
浙江省	449.10	528.07	612.02
安徽省	436.46	434.53	435.60
长三角	551.55	616.65	654.93

2000~2020 年,长三角城市人口密度演变同样呈现显著的时空差异(表 7.4)。不同城市对比看:上海、苏州呈现"高速增长—急剧放缓"态势,衢州、滁州表现为"微弱下降—微弱增长"特征,阜阳呈现"明显下降—明显增长"特点,盐城表现为"明显下降—缓慢下降"状况,这表明了城市人口密度演变的复杂性。时空演变对比看:2000~2013 年人口密度增减城市分别为 23 个、19 个,增长的城市中除合肥、温州、淮南、淮北和金华外都分布在核心区,以上海、苏州增长最为显著,人口密度明显下降城市,主要为苏北、皖北等;2013~2020 年人口密度增减城市分别为 30 个、12 个,除苏州、嘉兴、杭州、南京、上海、台州、绍兴等核心区外,皖江城市带、皖北部分城市人口密度也显著增长,且超过多数核心区城市,但人口密度明显下降地区依然以苏北、皖北等区域内的城市为主。

表 7.4   2000~2020 年长三角人口密度演变   单位:人/千米^2

城市	2000 年	2013 年	2020 年	城市	2000 年	2013 年	2020 年
上海	2537.22	3809.38	3922.85	南京	930.04	1243.02	1414.10
无锡	1099.33	1401.36	1612.74	嘉兴	915.20	1164.24	1379.53

续表

城市	2000 年	2013 年	2020 年	城市	2000 年	2013 年	2020 年
常州	863.74	1073.22	1207.26	宿州	563.65	554.93	544.04
泰州	826.98	800.76	779.81	蚌埠	552.47	541.06	553.83
阜阳	818.82	789.36	838.90	台州	547.63	641.59	703.74
淮南	785.95	907.60	845.41	绍兴	521.35	599.44	638.44
苏州	784.60	1221.98	1472.60	淮安	502.32	481.25	454.26
徐州	757.67	730.22	772.10	盐城	469.35	426.42	396.29
镇江	740.85	824.32	836.05	湖州	451.29	501.20	578.82
南通	712.19	691.79	732.45	巢湖	442.90	405.39	350.21
马鞍山	709.91	741.40	837.15	金华	417.87	496.12	644.43
扬州	696.18	678.20	691.82	杭州	414.48	532.90	719.21
舟山	695.51	793.06	804.04	六安	397.24	379.14	349.05
淮北	685.21	781.54	718.81	安庆	336.41	347.10	300.97
温州	641.35	780.47	812.36	滁州	298.66	295.70	297.58
芜湖	637.75	663.25	821.95	衢州	240.79	240.24	257.46
合肥	635.11	824.57	1102.43	铜陵	222.24	238.95	273.51
宁波	607.51	780.66	958.06	宣城	215.53	207.71	202.60
亳州	606.51	591.08	596.71	池州	167.98	171.95	162.33
连云港	600.12	581.52	603.99	黄山	139.73	138.25	135.68
宿迁	593.80	565.36	584.96	丽水	124.99	122.67	144.95

注：核心区城市以灰色底色标示，其余为边缘区

城市人口密度时空格局演变表明，一方面，较为发达核心区的城市、皖北等地区的欠发达城市始终是人口密度高值区，但前者是经济发展带来的较强人口集聚结果，而后者受户籍人口数量的较大影响；时间对比上，前者人口密度表现明显增长态势，但后者呈现"下降—增长"的转变。另一方面，沿海城市人口密度也相对较高，而皖南、浙西南等地区的城市人口密度较低，这一差异与城市自然地理环境存在较大联系；时间演变上，前者表现为"北降—南增"的差异，而后者相对稳定。总体上，2000~2020 年部分欠发达城市人口密度的增长，表征了长三角人口集聚态势的转变，但城市群"核心—边缘""南高—北低"的特征呈现较强稳定性。

三、基于马尔可夫链的人口空间稳态分析

作为区域经济社会发展基础的人口，其区域分布格局是长期以来自然、经济、社会、文化等因素综合作用的结果，这一时空格局演变也具有渐进性、缓慢性的特征[3,6,7]。对于长三角而言，尽管 2000~2020 年人口集散格局发生了一定转变，但人口分布的"核心—边缘"格局依然相对稳定，也验证了人口演变呈渐进性的判断。为进一步研究这一稳定性，本章基于马尔可夫链，对不同密度组城市的迁

移概率进行定量分析[16-17]。参考已有研究方法[17]，将 42 个城市的人口密度划分为四类：低于平均值 75% 的为"低密度"、75%～100% 的为"中低密度"、100%～125% 的为"中高密度"、不低于 125% 的为"高密度"，并构建一个 $k=4$ 的马尔可夫转移矩阵。表 7.5 呈现了人口密度类型的空间分布，表 7.6 呈现了人口密度类型的马尔可夫转移矩阵，对比发现 2000～2020 年长三角人口密度在俱乐部趋同方面，存在以下特征。

表 7.5　2000~2020 年长三角人口密度趋同俱乐部

城市	2000 年	2013 年	2020 年	城市	2000 年	2013 年	2020 年
上海	高密度	高密度	高密度	连云港	中高密度	中低密度	中低密度
无锡	高密度	高密度	高密度	宿迁	中高密度	中低密度	中低密度
南京	高密度	高密度	高密度	宿州	中高密度	中低密度	中低密度
嘉兴	高密度	高密度	高密度	蚌埠	中高密度	中低密度	中低密度
常州	高密度	高密度	高密度	台州	中低密度	中高密度	中高密度
泰州	高密度	高密度	中高密度	绍兴	中低密度	中低密度	中低密度
阜阳	高密度	高密度	高密度	淮安	中低密度	中低密度	低密度
淮南	高密度	高密度	高密度	盐城	中低密度	低密度	低密度
苏州	高密度	高密度	高密度	湖州	中低密度	中低密度	中低密度
徐州	高密度	中高密度	中高密度	巢湖	中低密度	低密度	低密度
镇江	高密度	高密度	高密度	金华	中低密度	中低密度	中低密度
南通	高密度	中高密度	中高密度	杭州	中低密度	中低密度	中高密度
马鞍山	高密度	中高密度	高密度	六安	低密度	低密度	低密度
扬州	高密度	中高密度	中高密度	安庆	低密度	低密度	低密度
舟山	高密度	高密度	高密度	滁州	低密度	低密度	低密度
淮北	中高密度	高密度	中高密度	衢州	低密度	低密度	低密度
温州	中高密度	高密度	中高密度	铜陵	低密度	低密度	低密度
芜湖	中高密度	中高密度	高密度	宣城	低密度	低密度	低密度
合肥	中高密度	高密度	高密度	池州	低密度	低密度	低密度
宁波	中高密度	高密度	高密度	黄山	低密度	低密度	低密度
亳州	中高密度	中低密度	中低密度	丽水	低密度	低密度	低密度

注：核心区城市以灰色底色标示，其余为边缘区

表 7.6　2000~2020 年长三角人口密度的马尔可夫转移矩阵

类型	2000～2020 年				2000～2013 年				2014～2020 年			
	低密度	中低密度	中高密度	高密度	低密度	中低密度	中高密度	高密度	低密度	中低密度	中高密度	高密度
低密度	1.000	0	0	0	1.000	0	0	0	1.000	0	0	0
中低密度	0.375	0.375	0.250	0	0.250	0.625	0.125	0	0.100	0.800	0.100	0
中高密度	0	0.500	0.200	0.300	0	0.500	0.100	0.400	0	0	0.667	0.333
高密度	0	0	0.333	0.667	0	0	0.267	0.733	0	0	0.267	0.733

（1）对空间格局分析发现，高密度趋同俱乐部呈现以核心区沿江城市为支点的西北部、东南部的不连续带状区域，并从 2000 年的集聚走向 2020 年的分散状态；低密度趋同俱乐部形成以皖西南、苏北、浙西南等构成的连片格局，空间范围有所扩大、集聚格局相对稳定；中高密度趋同俱乐部大致围绕高密度趋同俱乐部分布，但从集聚走向分散；中低密度趋同俱乐部在各类区域过渡地带，主要分布在浙东南、苏北和皖北等地区，城市数量在经历"增加—减少"的同时，空间分布表现出"南减—北增"的态势，但连片格局较为明显。总体上，基于趋同俱乐部的空间格局与人口密度格局相印证，空间稳态相对明显。

（2）从俱乐部趋同稳定性看（表 7.5），2000～2020 年高密度、低密度稳定性显著较高：高密度趋同俱乐部城市"平稳"的概率为 0.667，低密度趋同俱乐部的概率高达 1.000；对比而言，中高密度、中低密度趋同俱乐部的概率相对较低，分别为 0.375、0.200，但 2013～2020 年稳态均呈现明显增强态势。具体而言，2000～2013 年中低密度城市"向下转移"概率大于"向上转移"概率，同时也大于低密度城市"向上转移"概率，但 2013～2020 年这一状态有所改变。与此不同，2000～2013 年中高密度城市"向上转移"概率小于"向下转移"概率，且均大于高密度城市"向下转移"概率，同样 2013～2020 年这一状态出现了明显改变。总体上，高密度、低密度趋同俱乐部城市间趋同性更强，且随着时间推移，四类俱乐部之间的趋同性均得到明显提升，进一步印证了 2013 年之后城市群人口分布的稳态。2000～2020 年，低密度趋同俱乐部成员由 9 个增加到 12 个，集中连片趋势较为显著；高密度趋同俱乐部成员减少了 2 个，但连片格局、空间分布等的变化，进一步印证了城市群人口分布格局的转变。

2000～2020 年，长三角人口密度趋同俱乐部转移差异化演变原因如下。①高密度类型的城市包括发达城市、欠发达城市，其中前者在城市群经济发展中处于主导地位，经济快速增长的同时也实现人口稳步增长；后者受到发达地区虹吸效应的作用，人口流出较为显著；总体上，高密度趋同俱乐部的差异化演变、总体稳态并存。②中高密度城市呈现密度普遍增加、空间稳态强化的特征，其中，毗邻发达地区的城市充分接受外溢、主动学习先进经验等，经济快速发展并实现了人口增长，或"向上转移"，或"平稳"；部分远离发达城市的欠发达城市人口流出明显，或"向下转移"，或"平稳"。③不少中低密度区域在空间上与高密度区域并不相邻，接受高密度区域的影响机会、强度都小，但受到与之近邻的中高密度、低收入区域的虹吸效应、同化效应，使部分中低密度城市"向下转移"较为明显，带来低密度趋同俱乐部的扩大。④低密度城市主要分布在生态环境脆弱的山区、经济欠发达的边缘区，由于经济发展条件处于相对劣势、难以接受核心区发达城市外溢等，人口流出较为明显，带来这一俱乐部的显著稳态。

（3）不同时期，均不存在一个城市跨越密度类型的趋同俱乐部转移现象。由

表 7.6 可以发现，远离对角线的概率均为零，这表明一个城市从高密度趋同俱乐部向低密度、中低密度趋同俱乐部转移或由中高密度趋同俱乐部向低密度趋同俱乐部转移的概率均为零；同样，从低密度趋同俱乐部向高密度、中高密度趋同俱乐部转移的概率，由中低密度趋同俱乐部向高密度趋同俱乐部转移的概率也均为零。这些都表明，区域人口密度演变难以实现跨越式跃迁，这种现象不仅受制于区域经济发展规律，也表明人口分布格局的演变是动态、长期性的过程；在多重因素综合作用下，相对较短时期内实现人口密度跨越式转移的概率较小，这也是人口分布总体格局相对稳定的重要原因。

第三节　长三角地区人口迁移网络及演化

在人口分布格局研究中，人口迁移及其演变也是学者关注的焦点之一，而这也是研究城市间相互作用和联系的重要途径。自 20 世纪 40~50 年代 Zipf 提出人口流动的重力模型[18]，并开展人口迁移系统研究以来，学界研究在模型算法、数据获取以及迁移机制等方面取得突破。因为人口的迁入或迁出并不完全取决于迁入地或迁出地的属性，而是权衡各类因素之后的结果，所以单纯从迁入率（量）、迁出率（量）、净迁移量分析都会耗损部分信息[19-20]；与之不同的是，社会网络分析是从关系数据的角度出发，可以综合考察不同地区之间人口流向和流量以及二者相互之间的联系，从而描述出人口迁移中群体集聚和联络关系的动态变迁过程，以减少属性数据的信息耗损。因此，运用社会网络分析研究人口迁移网络不仅具有其特殊的优势，也是有益的探索。人口迁移网络是指依托于城市网络并以城市为节点、人口迁移流向和流量连线表征节点间关系的结构。伴随全球化、地方化、区域化的进程，人口流动网络化的趋势日益显著[21-22]，尤其是资源、信息、人才等跨区域自由流动的特征使得城市间联系的空间通道和生产组织方式多样化，中心地理论所强调的等级性的城市经济联系和地域组织模式发生改变。在城市网络中，各种企业及组织间以价值创造为导向的横向、纵向的正式与非正式的联系构成了人口迁移网络存在的基础[23]。

鉴于数据可得性等，本节采用 1982 年、1990 年、2000 年、2010 年长三角 74 个地区①的人口普查数据，利用式（3.3）计算 4 个时点任意 2 个地区之间的人口引力，以此得到 4 个 74×74 的矩阵 X_{ij} 作为初始矩阵。通过将剔除引力异常值后的引力的均值作为人口迁移网络的切分点（当迁移人口引力达到某一切分值代表两

---

①　本节的长三角范畴仍界定为上海市，江苏省的南京、苏州、无锡、常州、镇江、扬州、泰州、南通，浙江省的杭州、宁波、湖州、嘉兴、绍兴、舟山、台州等 16 个城市。考虑到行政区划的调整，对扬州和泰州的数据进行了相应年份差值运算，并根据 1982 年后六合县、锡山县、武进县、吴县等撤县并市，对其数据以 2010 年行政区划为标准进行了整理。

者之间有关系，记为 1；反之则为 $0^{[24]}$ ），得到二值化矩阵 X'_{ij}，表示各节点之间是否具有迁移流关系的 1-mode 有向网络，构建了长三角人口迁移网络数据。基于人口迁移网络的内涵、特征及现有研究，长三角人口迁移流的实证分析旨在为长三角一体化发展提供新的分析视角。

一、网络视角下的长三角地区人口迁移特征

根据上述方法，对长三角地区的 74 个地区的人口迁移网络进行计算，结合地理空间的城市网络格局，得到如下分析结果。

（1）总体上人口流动性增强，迁移网络日趋形成，但空间分布不均衡。表 7.7 的计算结果显示，1982～2010 年长三角地区的人口迁移网络整体密度、关联度和聚类系数普遍增加，其变动幅度分别为 0.269、0.994、0.582，网络趋于紧凑，可达性提高，表明城市间人口迁移渠道和交换行为增多。同时，随着人口流动性的提高，内向度数中心性显著高于外向度数中心性，城市对人口的吸纳效应凸显，形成了人口集聚与扩散的空间投影。总体上看，人口迁移网络由萌芽阶段进入快速成长阶段，上海单核心的网络模式正向多核心演变。

表 7.7　长三角地区人口迁移网络结构变化

指标	1982 年	1990 年	2000 年	2010 年
密度	0.003	0.016	0.096	0.272
标准差	0.056	0.124	0.294	0.446
外向度数中心性	0.025	0.054	0.125	0.168
内向度数中心性	0.136	0.373	0.861	0.738
关联度	0.004	0.383	0.946	0.998
聚类系数	0.228	0.579	0.797	0.810

（2）人口流向上海、杭州、南京等核心城市，具有明显层次。如图 7.1 所示，人口迁移网络的内向度数中心性与城市经济规模呈现一定的正相关。人口主要流向上海、杭州、南京、宁波和苏锡常等核心城市，此外江阴、常熟、昆山等经济发展基础较好、实力雄厚或外向经济发达的地区也是主要的人口迁入地。人口扩散并没有明显的空间偏好性，随着时间变化，在上海、南京、杭州以及中小城市均出现了人口的外迁现象，基本上形成了"大扩散、小聚集"的格局。按照城市的个体网络关系数由大到小的排列顺序，观察图 7.2 可以发现四个明显的城市层次，对其进一步划分构建了长三角地区人口迁移网络层级结构（表 7.8）：上海、杭州，网络连接度>1300，是人口迁移网络的核心，与其他节点形成最广泛、最紧密的联系；无锡、南京、苏州、常州、宁波、江阴、昆山等 7 个城市，网络连接度为 1000～1300，是网络的副中心；南通、常熟、张家港、宜兴、吴江等 11 个城市，网络连接度为 600～1000，是区域内部人口迁移的枢纽，主要承担地方性功能；其余地区为一般节点，网络连接度较低。

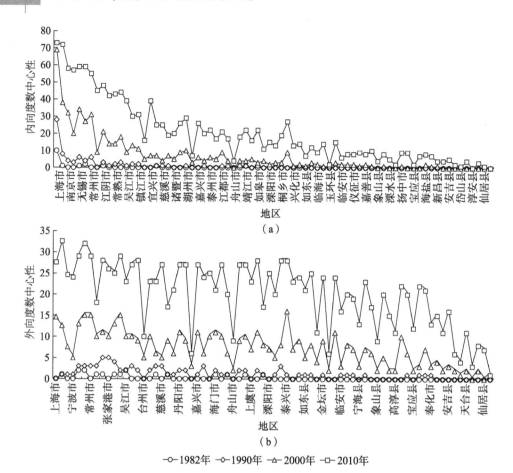

图 7.1　人口迁移网络内向度数中心性、外向度数中心性与城市规模关系图
（只显示部分地区以为示例）

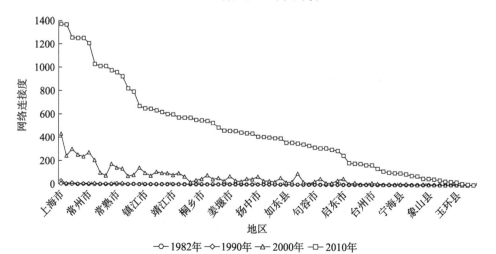

图 7.2　人口迁移网络连接度排序图（只显示部分地区以为示例）

表 7.8   长三角地区人口迁移网络层级结构

层级	网络连接度	地区目录
网络联系核心	>1300	上海、杭州
网络联系副中心	1000~1300	无锡、南京、苏州、常州、宁波、江阴、昆山
次区域网络联系中心	600~1000	南通、常熟、张家港、宜兴、吴江、泰兴、镇江、湖州、扬州、如皋、丹阳
地方网络联系节点	≤600	靖江、江都、嘉兴、慈溪、绍兴、桐乡、泰州等其余 54 个地区

（3）人口流动形成区域和地方两种空间尺度的网络结构。区域尺度上，省际人口流动性显著增强，原以省内迁移为主的迁移模式正向省际、省内网络化发展。1982~2010 年浙江和江苏之间人口迁移网络的密度增长了近 15 倍，增长幅度远超过省内的人口迁移网络密度（表 7.9）。结合人口迁移的空间结构演变，进一步显示 2000 年后以无锡、苏州、杭州为主体的省际迁移网络开始向两省纵深扩展，网络范围进一步扩大到南京、宁波等城市，并出现了由较高等级城市向临安、诸暨等次等级城市扩散的趋势。地方尺度上，形成了江苏和浙江两种不同的网络结构。江苏的迁移网络是以苏锡常及省会南京为核心，整体形态呈西向延展；网络中并存有苏锡常、吴江、扬州等多个迁移网络中心，因此"核心—边缘"结构并不显著；人口迁移以邻域渗透和核心节点间的交互流动为主。浙江的人口迁移主要以杭州为核心，并呈现出单核心集聚向杭州、宁波双核心模式演变的趋势，"核心—边缘"结构明显；人口迁移以等级辐合型的空间模式为主。形成这种结构差异的原因与城市空间分布、经济模式、历史文脉等因素密不可分。首先，从城镇布局来看，苏锡常地区是全国城市与城镇分布较为稠密的地区之一，且地域上分布均衡，这就为人口在邻接城市之间的频繁迁移创造了条件；而在浙江省内由于自然条件的约束及较为稀疏的城市空间布局等因素，人口聚集和迁移主要发生在核心城市，而与其他次等级城市的关联性就较小。其次，不同的经济路径也影响了人口迁移网络的特征。苏南地区自 20 世纪 70~80 年代兴起的乡镇企业到 20 世纪 90 年代大规模引进外资不仅活跃和壮大了小城镇的经济和规模，还促进了城镇间生产资料的交换，塑造了相对均衡的经济格局。而在此期间，浙东北利用邻近上海的区位优势，通过企业联营、"星期日工程师"等吸收上海经济和科技等资源的外溢，比浙西南获得先发优势，在浙江内部形成了以杭州为核心的浙东北、以宁波为中心的浙西南发展格局。这种极化发展格局进一步形成了人口迁移网络中明显的"核心—边缘"结构，并在路径依赖和锁定效应下成为整个网络的骨架。此外，苏锡常地区也是吴文化发祥和传承的中心地带，有着共同的历史文化渊源，这份特殊的亲近感也拉近了人与人之间的心理距离，塑造了彼此渗透的人口迁移模式。

表 7.9　长三角地区省际人口迁移密度

1982年	浙江	江苏	1990年	浙江	江苏	2000年	浙江	江苏	2010年	浙江	江苏
浙江	0.314	0.129	浙江	0.649	0.332	浙江	1.688	1.182	浙江	2.286	2.063
江苏	0.129	0.676	江苏	0.332	1.256	江苏	1.182	2.155	江苏	2.063	2.469

二、人口迁移网络的空间演化过程

人口迁移作为区域空间结构演变过程中的重要表现形式，早在 Friedmann 的空间一体化理论中就对前工业化时代到后工业化阶段过程中的人口流动进行了论述[25]，Peter 在城市演变模型中又进一步详细地阐述了城市发展过程中人口在城市中心区、郊区及外围地区迁移的流量、流向变化；Ravenstein 对 19 世纪后期英国等欧洲国家人口迁移空间趋向的实证研究，以及近期 Henrie 和 Plane 对美国西海岸所形成的新人口空间分配特征的分析[26]，从理论和实证两方面奠定了人口迁移的空间模式的理论基础。同时，Dredge 基于旅游流特征提出的旅游流空间模式也为构建人口迁移网络的演化提供了有益的启示[27]。因此，基于上述的研究成果和长三角人口迁移网络的实证研究，提出人口迁移网络的变迁过程。

假设在人口迁移网络中，迁入地与迁出地在空间上分离，人口迁移网络具有空间弹性等级结构，人口迁移网络是由节点、通道、迁移路径及引力范围区四部分构成。其中，节点是指由各种设施、服务等集聚而成的具有多层结构的空间体（一般指城市），包括与城市交通设施、通信条件的便利程度相关的物理层和人们对城市的感知程度与以往经历形成的认知层；通道是指包括城际公交、地铁、铁路等交通廊道在内的人口迁移的物理通道；迁移路径是伴随通道产生的城市人口迁移的入口，且相较于通道，主要受到人们对城市信息获取的完整程度、城市形象认知、政府管制等软要素的影响；引力范围区是指以节点为圆心的城市对人口吸引所达到最大影响范围，邻近的节点间会出现引力范围区重叠。人口迁移网络的演化过程如图 7.3 所示。

（1）均质离散阶段：工业发展早期受到自然条件的制约和交通手段的限制，地理距离成为影响人口迁移的首要因素，即随着距离的递增，地区之间的人口迁移行为递减。人口迁移主要集中在邻近地区之间，由于这些地区之间的经济发展势能相当、亲缘相近、文化相通，地区间可形成双向的人口迁移流。整体上迁移通道和路径较少，人口流动速度较为缓慢，没有明显的核心，网络结构尚未形成。

（2）单核心集聚阶段：在长期的城市规模等级及就业和经济的位势差的累积作用下，城市之间形成非均衡的人口"引力"，原有离散的空间结构向等级辐合型空间模式演变，这是人口迁移出现网络化特征的初期。在流动方向上，人口向高能量的城市（即网络中的强节点）迁移，形成与强节点连接的迁移通道和路径；

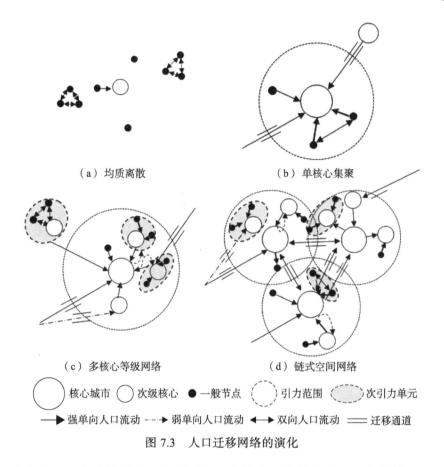

（a）均质离散　　　　　　　　　　　（b）单核心集聚

（c）多核心等级网络　　　　　　（d）链式空间网络

○核心城市　○次级核心　●一般节点　⬚引力范围　⬚次引力单元

→强单向人口流动　--→弱单向人口流动　↔双向人口流动　═迁移通道

图 7.3　人口迁移网络的演化

在迁移速度上，流动性增强，但受到空间摩擦力、户籍管制、城市高等级人口门槛等的作用，形成从乡村到集镇，再到小城市，最后汇聚于大城市的等级集聚的特征。但在边缘地区，由于信息可得性、运输条件等内外部的制约，仍可能存在离散的人口迁移空间结构。

（3）多核心等级网络阶段：随着一些中小城市的成长，强节点城市周边逐步发展起次级核心（即网络中的次级节点），原有单中心的空间结构被多核心代替，形成了次级节点和强节点引力单元嵌套的网络结构。原强节点的人口引力作用减弱，半径缩短，人口在流动方向上表现为由核心城市向邻近的乡村扩散和较远地区中小城市的人口向核心城市集聚的双流向特征，等级辐合型空间模式向辐合-扩散型演变。而次级节点与邻接地区依托便捷的交通或紧密的社会关系网络仍然可形成等级辐合型的迁移模式，进入单核心集聚阶段。总体上迁移通道多样化，距离效应减弱，流动速度进一步加快，但迁移等级性仍较为明显。

（4）链式空间网络阶段：随着多核心等级网络阶段所形成的多个次级节点中的一些城市进一步发育为强节点，原引力范围区被分裂，区域内形成以强节点为中心的多个引力单元重叠的复杂网络结构。对于每个强节点而言，各自都具有独立的引力范围和通道，半径进一步缩小，但引力强度增大，人口主要向节点迁移，整个结构有向单核心集聚阶段或多核心等级网络阶段发展的趋势，并且在经济社会发展水平相当的强节点之间可形成双向的人口迁移流。区域内基本形成易通达的迁移通道，距离摩擦进一步削弱，资金、企业交流以及生产关系等相关路径对人口迁移的影响作用增强，人口在区域范围内基本实现自由流动。

第四节　研　究　结　论

人口分布是区域发展格局的重要表征，优化人口布局，对于支撑城市群高质量发展具有重要的现实意义。在长三角一体化发展上升为国家战略的背景下，本章运用不均衡指数、马尔可夫链等方法，对城市群人口分布格局、空间稳态特征等进行探究，并基于人口迁移的关系数据，采用网络分析方法对长三角人口迁移流进行实证分析，以期为推动长三角高质量发展提供理论参考，主要结论如下。

（1）2000～2018 年，长三角人口占全国人口的比重有所提高，但在差异化发展格局下，三省一市人口集聚出现明显的变化，特别是 2013 年后安徽省、浙江省超越上海市、江苏省成为区域人口重要增长极，表征了区域发展格局转变引导下长三角人口分布格局的转型。

（2）2000～2018 年长三角人口集聚状况有所强化，但 2013 年后不均衡指数增速的放缓，表明城市群人口集聚格局转变、进入相对稳态阶段。基于人口密度的时空格局演变发现，不同时期演变特征有所差异，即 2000～2013 年核心区城市人口密度显著增长、边缘城市下降，以及 2014～2018 年部分边缘城市增长的显现等，但在发达城市较强人口集聚效应下，城市群人口分布格局的"核心—边缘""南高—北低"等特征呈现较强稳定性。

（3）基于马尔可夫链的分析表明，长三角城市人口密度具有高密度、低密度、中高密度、中低密度四个趋同俱乐部，高密度趋同俱乐部呈现不连续带状格局且从集聚走向分散，低密度趋同俱乐部连片格局明显，中高密度趋同俱乐部大致围绕高密度趋同俱乐部分布，中低密度趋同俱乐部分布在各类区域过渡地带并呈连片特征。趋同俱乐部时空演变印证了人口分布显著的空间稳态，且高密度趋同俱乐部、低密度趋同俱乐部稳定性较大，而中高密度、中低密度转移概率差异演变，带来低密度趋同俱乐部与中低密度趋同俱乐部、高密度趋同俱乐部与中高密度趋同俱乐部稳态之间前者增强、后者弱化的分化。

（4）长久以来，人口流动是城市之间信息交流、促进资源交换和资本流动的重要载体，尤其是创新经济背景下的长三角，各种形式的面对面交流和知识的传播学习已经成了城市创新过程中的关键角色；而且，各种企业之间建立起纵向和横向的生产网络，构建了长三角多中心的城市网络结构。因此，人口迁移网络在很大程度上反映了城市网络的特征。人口迁移网络是一个包含成长、壮大，甚至消亡的动态过程，长三角地区的人口迁移网络就经历了上海单核心的网络模式向多核心演变的过程，并形成了不同空间尺度下嵌套的网络特征，其中，在区域尺度下具有等级扩散特性，在地方尺度下表现为邻域渗透和等级辐合型两种网络模式。按照网络的演化过程，可将研究期划分为三个阶段。①萌芽期（1982～1990年）：人口迁移网络中只存在上海一个强核心，且城市间人口流动较少，以省内为主。苏浙两省间的迁移主要集中在无锡、苏州和杭州三个城市。②生长期（1991～2000年）：人口迁移网络进入快速成长阶段，省际人口交流的城市节点增多，原有的"核心—边缘"结构逐渐向多核心演化。③成熟期（2001～2010年）：人口迁移网络密度大幅度提高，城市间人口流动增强，出现了"大扩散、小聚集"的格局，人口主要向上海、杭州等城市集聚。不同空间尺度下的网络结构相互叠加，多核心网络结构逐渐成熟，并出现向链式模式演化的趋势。

　　长三角人口分布的相关研究，不仅有助于更好地理清人口演变状况，也可以为相关政策的制定提供参考，但限于数据可得性等，本章依然存在进一步的改进空间，运用修正后的重力模型构建人口迁移网络的研究仍存在一些不足，如这种基于人口基数和城市经济总量获得的人口迁移数据只能体现相对"人口流动"，而不能完全反映出城市间实际的人口流动数量；而且，限于模型的局限，在模型的变量选取中并没有充分考虑到影响人口迁移的其他相关的制度、社会、文化等因素，所构建的人口迁移网络有一定的局限性。因此有待进一步探索新的数据来源、采用新方法和模型，揭示区域一体化背景下人口迁移网络的形成及变迁过程。

参 考 文 献

[1] 马颖忆, 陆玉麒, 张莉. 江苏省人口空间格局演化特征[J]. 地理科学进展, 2012, 31(2): 167-175.

[2] 张耀军, 岑俏. 中国人口空间流动格局与省际流动影响因素研究[J]. 人口研究, 2014, 38(5): 54-71.

[3] 胡焕庸. 中国人口的分布、区划和展望[J]. 地理学报, 1990, 45(2): 139-145.

[4] 邓楚雄, 李民, 宾津佑. 湖南省人口分布格局时空变化特征及主要影响因素分析[J]. 经济地理, 2017, 37(12): 41-48.

[5] 王超, 阚瑷珂, 曾业隆, 等. 基于随机森林模型的西藏人口分布格局及影响因素[J]. 地理学报, 2019, 74(4): 664-680.

[6] 段学军, 王书国, 陈雯. 长江三角洲地区人口分布演化与偏移增长[J]. 地理科学, 2008, 28(2): 139-144.

[7] 闫东升, 杨槿, 高金龙. 长江三角洲人口与经济的非均衡格局及其影响因素研究[J]. 地理

科学, 2018, 38(3): 376-384.

[8] 吕晨, 樊杰, 孙威. 基于 ESDA 的中国人口空间格局及影响因素研究[J]. 经济地理, 2009, 29(11): 1797-1802.

[9] 闫东升, 孙伟, 王玥, 等. 长江三角洲人口分布演变、偏移增长及影响因素[J]. 地理科学进展, 2020, 39(12): 2068-2082.

[10] Lo C P. Modeling the population of China using DMSP operational linescan system nighttime data[J]. Photogrammetric Engineering & Remote Sensing, 2001, 67(9): 1037-1047.

[11] Zeng C Q, Zhou Y, Wang S X, et al. Population spatialization in China based on night-time imagery and land use data[J]. International Journal of Remote Sensing, 2011, 32(24): 9599-9620.

[12] 陈前虎, 司梦祺. 1990~2015 年浙江省人口时空变迁特征与趋势分析[J]. 现代城市研究, 2018, (3): 8-14, 38.

[13] 齐宏纲, 刘盛和, 戚伟, 等. 广东跨省流入人口缩减的演化格局及影响因素研究[J]. 地理研究, 2019, 38(7): 1764-1776.

[14] 林李月, 朱宇. 中国城市流动人口户籍迁移意愿的空间格局及影响因素——基于 2012 年全国流动人口动态监测调查数据[J]. 地理学报, 2016, 71(10): 1696-1709.

[15] 刘望保, 石恩名. 基于 ICT 的中国城市间人口日常流动空间格局——以百度迁徙为例[J]. 地理学报, 2016, 71(10): 1667-1679.

[16] Tsionas E G. Another look at regional convergence in Greece[J]. Regional Studies, 2002, 36(6): 603-609.

[17] 覃成林, 唐永. 河南区域经济增长俱乐部趋同研究[J]. 地理研究, 2007, 26(3): 548-556.

[18] Zipf G K. The P_1P_2/D hypothesis: on the intercity movement of persons[J]. American Sociological Review, 1946, 11(6): 677-686.

[19] 段成荣. 省际人口迁移迁入地选择的影响因素分析[J]. 人口研究, 2001, 25(1): 56-61.

[20] 严善平. 中国省际人口流动的机制研究[J]. 中国人口科学, 2007, (1): 71-77.

[21] 甄峰, 张敏, 刘贤腾. 全球化、信息化对长江三角洲空间结构的影响[J]. 经济地理, 2004, 24(6): 748-753.

[22] 罗震东, 张京祥. 全球城市区域视角下的长江三角洲演化特征与趋势[J]. 城市发展研究, 2009, 16(9): 65-72.

[23] 池仁勇. 区域中小企业创新网络形成、结构属性与功能提升: 浙江省实证考察[J]. 管理世界, 2005, (10): 102-112.

[24] 刘法建, 张捷, 陈冬冬. 中国入境旅游流网络结构特征及动因研究[J]. 地理学报, 2010, 65(8): 1013-1024.

[25] Friedmann J. Regional Development Policy: A Case Study of Venezuela[M]. Cambridge: MIT Press, 1966.

[26] Henrie C J, Plane D A. Exodus from the California core: using demographic effectiveness and migration impact measures to examine population redistribution within the western United States[J]. Population Research and Policy Review, 2008, 27(1): 43-64.

[27] Dredge D. Destination place planning and design[J]. Annals of Tourism Research, 1999, 26(4): 772-791.

第〈八〉章

长三角人口偏移增长及影响因素研究

人口分布是区域发展格局、人地关系演变等的重要表征[1]。面对人口流动日益加快的现实，人口分布格局及其时空演变规律，成为人口地理学研究的重要议题，相关研究呈现多样化、精细化和深度化等趋势[2-4]。学者基于人口普查数据、人口抽样调查数据、百度地图迁徙大数据等，以及重心、空间自相关、核密度、地统计学等方法，一方面，对不同区域、不同尺度的人口总量空间分布演变进行研究[3-5]；另一方面，从多角度对流动人口空间演变状况进行分析[2,6,7]。研究过程中，学者发现作为一种复杂的经济社会现象，人口分布格局及其演变是发展格局转变过程中，区域人口差异化增长的结果，因此，准确把握不同区域人口集聚能力差异及其演变规律，也成为制定科学政策、引导人口均衡布局的重要基础[1,7,8]。从这一角度看，现有基于人口总量的相关研究，对横向之间人口集聚能力差异的对比分析仍显不足，特别是忽视了区域发展状况演变中，不同地区人口差异化增长状况的转变[3]；尽管基于流动人口的相关研究能够较好地反映区域人口集聚能力差异，但由于高质量统计数据的不连续、微观数据难以获得等因素，连续年份、长时间序列的研究相对欠缺[6-7]。

为准确地把握连续时间内区域人口差异化增长演变规律,学者将"偏移-分享"方法引入人口增长格局的研究中[8-11]。"偏移-分享"方法，将人口增长量分为偏移、分享两部分，其中偏移增长是地区人口增长与分享增长的差额，数值为正表明地区人口增长与区域相比较快，即区域人口向该地区集聚，反之表明该地区人口向外扩散[8,11]。实践研究中，学者对不同区域、不同尺度的人口偏移增长演变状况进行了深入研究，发现人口偏移增长同样呈现出显著的空间差异性，在发达城市主导的人口正偏移增长格局下，经济发展格局的转变，也在不同程度上推动人口偏移增长差异化演变[1,8,10,12]，如甘肃省人口不均衡增长态势逐渐强化[13]，浙江省人口集聚中心从中小城镇向杭甬温大都市集聚[11]。此外，基于定性的驱动因素研究发现，区域人口偏移增长及其演变的过程，是自然环境、经济水平、产业结构、交通状况、政府政策等综合作用的结果[10,12]，如对坦桑尼亚人口偏移增长的分析发现，铁路、港口等基础设施在这一过程中发挥着关键性作用[12]。基于"偏移-分享"方法的人口增长格局研究,为进一步准确把握区域人口增长差异、演变趋势等提供了基础,也为本书提供了借鉴。然而,一方面,作为区域发展主体之一的城市群,长三角相关研究仍然缺乏;另一方面,对于人口偏移增长的驱动机制研究也亟待深入,特别是基于定量方法的多因素、分类型驱动因素的研究,依然需要进一步补充与完善,这是科学政策制定的重要基础,也体现了本书的现实意义。

城市群是现代化、工业化和城镇化交互发展的高级形态,其发展水平也是国家竞争力的重要来源[11]。作为我国较为发达的城市群,长三角城镇化过程中,快速、不均衡的人口流动给区域均衡发展带来了较大压力;面对不均衡的发展差距与不合理的人口布局,各级政府也通过制定相关政策、引导产业转移等,促进人口的合理流动,进一步加剧了城市群人口增长的复杂特征,对这一区域相关问题的研究也具有较强的典型性、可借鉴性。本书采用"偏移-分享"方法,对长三角人口增长格局演变进行深入分析,并基于定量方法探讨人口偏移增长的驱动因素。与已有研究有所不同,基于"偏移-分享"方法的人口集散及其驱动因素的研究,一方面,在一定程度上刻画了城市差异化人口集聚能力及动力;另一方面,也反映了城市群人口流动的驱动因素。

第一节　研究区域与数据说明

尽管不同学者对长三角范围的界定存在差异[8,14],但无论是长三角城市经济协调会的持续扩容,还是国家层面规划范围的扩大,都体现了更大区域范围合作的现实及其必要性。因此,本书基于《长江三角洲区域一体化发展规划纲要》,将江苏省、浙江省、安徽省、上海市三省一市作为研究区域。2018 年,长三角以占全国约 3.74%的国土面积,承载了 16.15%的人口,人口集中度明显较高。现阶段,学者对长三角部分区域,特别是核心区 16 个城市进行了大量研究[8],但对三省一市人口分布演变格局及其驱动因素的研究相对较少,这也在一定程度上体现了现实的意义。

本章数据主要包括以下两部分。①人口、经济等数据来自各省、市统计年鉴和统计公报等,其中,若无特别说明,人口均为常住人口数据;经济数据以 2000 年为基期,根据价格指数进行调整。②空间数据来源于国家基础地理信息数据库,以 2000 年行政区划为基准,研究基本单元包括 42 个城市,并结合增长趋势将相应数据进行归并、调整。

第二节　长三角人口偏移增长时空演变分析

从长三角人口偏移增长看(表 8.1),2000~2018 年上海市、浙江省为正,江苏省、安徽省为负，且上海市偏移增长量最大、安徽省偏移增长量最小。从时间对比来看，浙江省始终为正值、江苏省始终为负值、上海市表现为由正转负、安徽省呈现由负转正，且与 2000~2012 年相比，2012~2018 年江浙沪人口偏移增长量出现明显下降、安徽省则出现明显上升，这进一步印证了宏观尺度上人口增长格局的转变。

表 8.1　2000~2018 年长三角三省一市人口偏移增长状况对比　单位：万人

三省一市	2000~2018 年	2000~2012 年	2012~2018 年
上海市	579.16	599.68	−42.03
江苏省	−286.20	−138.85	−142.38
浙江省	370.43	296.24	63.56
安徽省	−663.39	−757.07	120.84

一、城市尺度人口偏移增长：时空格局的显著转变

人口集聚格局转变，是差异化偏移增长的结果[8]。基于式（3.8），以 2012 年区域人口集聚趋势转变点为界，对长三角不同时期人口偏移增长时空演变进行对比研究（表 8.2）。2000~2018 年，人口偏移增长为正与人口偏移增长为负的城市的比例为 18 : 24，其中，正偏移增长的城市中有 11 个在核心区，沪宁、沪杭甬沿线城市偏移增长量较大，上海市、苏州市、杭州市、南京市、宁波市和合肥市的偏移增长量超过 100 万人；负偏移增长城市多分布在边缘区，六安市、阜阳市、南通市、徐州市和盐城市的偏移增长量低于−100 万人。从不同时期对比来看，有以下结论。

表 8.2　2000~2018 年长三角人口偏移增长状况

人口偏移增长规模	2000~2018 年	2000~2012 年	人口偏移增长规模	2012~2018 年
<−60 万人	盐城　徐州　南通　阜阳 六安　巢湖　宿迁　淮安 泰州　扬州　连云港　宿迁 亳州	盐城　徐州　阜阳　南通　六安　宿迁　淮安　巢湖　宿州　亳州　泰州　连云港　扬州	<−10 万人	上海　盐城　南通　温州　苏州　泰州　常州　无锡　巢湖
−60 万~0 人	滁州　安庆　宣城　蚌埠 丽水　衢州　黄山　池州 镇江　铜陵　湖州	滁州　蚌埠　安庆　宣城　丽水　衢州　芜湖　黄山　池州　马鞍山　铜陵　湖州　镇江	−10 万~0 人	扬州　绍兴　台州　徐州　镇江　淮安　连云港　宿迁　南京　舟山　宣城
0~60 万人	舟山　绍兴　马鞍山　淮南 淮北　芜湖　台州　金华 常州　温州　嘉兴	舟山　淮北　淮南　绍兴　台州　金华　常州　嘉兴	0~10 万人	池州　黄山　丽水　铜陵　金华　衢州　淮南　湖州　嘉兴　滁州　六安　安庆　淮北　蚌埠
≥60 万人	无锡　合肥　宁波　南京 杭州　苏州　上海	温州　无锡　合肥　宁波　杭州　南京　苏州　上海	≥10 万人	宿州　马鞍山　亳州　合肥　宁波　阜阳　芜湖　杭州

（1）2000～2012 年，人口偏移增长为正与人口偏移增长为负的城市的比例为 16：26，其中，除合肥市、淮南市、淮北市、金华市和温州市外，其余 11 个正偏移增长的城市均集中在核心区，上海市、苏州市、南京市和杭州市的偏移增长量均超过 100 万人，占总正偏移量的 68.43%；苏中、苏北、皖北和皖南等地区的城市表现为显著的负偏移增长，六安市、南通市、阜阳市、徐州市和盐城市的负偏移增长量低于–100 万人，占总负偏移量的 41.06%；部分城市主导的特征显著。这一时期，在区域不均衡发展格局主导下，东南区域发达城市的人口集聚能力显著高于欠发达城市，带动人口重心持续向东南方向迁移；2005 年后人口集聚速度的加快，与一体化过程中交通状况改善、边界壁垒消除等有一定关系。

（2）2012～2018 年，人口偏移增长为正与人口偏移增长为负的城市的比例为 22：20，其中，除杭州市、宁波市、嘉兴市和湖州市外，其余 18 个正偏移增长的城市均集中在边缘区，杭州市、芜湖市、阜阳市、宁波市和合肥市偏移增长量超过 20 万人，占总正偏移量的 71.76%；多数核心区城市表现为负偏移增长，苏州市、温州市、南通市、盐城市和上海市负偏移增长量低于–20 万人，占总负偏移量的 55.75%；与 2000～2012 年相比，部分城市主导的特征更加显著。在此阶段，随着经济发展环境变化、要素成本上升及城市资源环境承载能力制约等，边缘区部分城市经济的快速增长[①]、设施的完善等，显著提升了人口吸引力，带来了人口偏移增长格局的变化与人口重心迁移的转变。此外，城市人口偏移增长绝对量差异的缩小也在一定程度上解释了重心迁移速度的趋缓。

二、县域尺度人口偏移增长：空间分布的集聚转向分散

从城镇化到新型城镇化、从城镇偏向到城乡融合的过程中，城市内部的人口流动及其带来的偏移增长演变，在长三角同样存在。本部分基于 2000 年、2010 年、2018 年县域尺度数据，对长三角县域尺度人口偏移增长格局演变进行分析[②]（表 8.3）。2000～2018 年，43.7% 的县域实现了正人口偏移增长（市辖区占比 79.4%），空间上集聚在沪苏杭甬连片区域、宁台金温等城市及散落在其他地区，特别是上海市（除崇明区）、苏州市等；负人口偏移增长的县域呈集中连片特征，在苏北、皖北、皖中等集聚态势较为明显。从不同时期对比来看，有以下结论。

---

① 城市间经济增速、长三角经济格局的转变，基于长三角区域经济重心持续、快速向西北方向迁移的趋势判断。

② 限于数据可得性，县域尺度的偏移增长与城市尺度的偏移增长数据年份存在差异，因此二者之间并不能完全科学对比，但这一趋势的演变，依然能够在一定程度上说明长三角县域尺度人口差异化增长状况。

表 8.3　2000~2018 年长三角县域尺度人口偏移增长状况　单位：万人

城市	2000~2018年	2000~2010年	2010~2018年	城市	2000~2018年	2000~2010年	2010~2018年
浦东新区	190.25	155.69	28.38	临泉县	−28.49	−29.96	2.65
闵行区	115.50	110.27	0.85	涟水县	−28.76	−23.37	−4.47
昆山市	81.25	82.74	−4.77	东海县	−28.77	−25.81	−1.94
嘉定区	72.85	65.05	5.22	如皋市	−29.65	−21.79	−6.99
宝山区	63.94	56.66	5.03	庐江县	−29.74	−27.50	−1.15
姑苏区	63.27	43.10	18.45	邳州市	−30.20	−22.02	−7.30
松江区	61.82	49.25	10.61	射阳县	−30.94	−25.13	−4.82
余杭区	54.95	27.91	25.93	通州区	−31.24	−35.60	5.77
青浦区	53.01	43.16	8.14	泰兴市	−32.19	−27.25	−3.85
鼓楼区	45.09	13.60	30.95	盐都区	−32.62	−21.56	−10.20
奉贤区	44.79	40.31	2.88	东台市	−33.93	−27.90	−4.92
江宁区	36.32	29.41	5.74	阜宁县	−34.11	−28.46	−4.52
蜀山区	34.55	15.04	18.91	睢宁县	−35.16	−28.79	−5.23
吴江区	33.27	33.98	−2.05	灌云县	−35.82	−30.51	−4.09
鄞州区	32.56	42.78	−11.91	沭阳县	−36.71	−31.74	−3.70
黄浦区	31.49	10.29	20.79	淮安区	−37.19	−32.36	−3.55
龙湾区	30.68	14.99	15.10	无为县	−37.47	−18.45	−18.29
相城区	28.19	25.70	1.47	铜山区	−37.52	−28.94	−7.44
江干区	27.82	18.14	8.96	兴化市	−37.77	−31.76	−4.75
栖霞区	26.99	21.34	4.80	怀远县	−40.89	−31.74	−7.89
义乌市	26.13	23.93	1.24	泗阳县	−47.14	−43.58	−1.83

注：由于版面限制，本表仅展示 2000～2018 年偏移增长规模较大、较小的各 21 个城市的数据

（1）2000～2010 年，42.1%的县域实现了正人口偏移增长（市辖区占比 78.6%），空间格局上与 2000～2018 年类似，其中，浦东新区、闵行区、昆山市、嘉定区、宝山区的正偏移增长量超过 50 万人，而泗阳县、通州区、淮安区、兴化市、沭阳县、怀远县、灌云县的负偏移增长量低于−30 万人，区域对比显著。在地区生产总值主导的政绩考核导向下，资源向以市辖区为主的发达地区集聚的态势较为明显，经济社会持续发展并吸引人口加速集聚，特别是撤县（市）设区等政策的调控，进一步印证了地方政府对城镇化核心区发展的重视。此外，在苏州市、杭州市、南京市等发达城市，部分县（市、区）依托良好区位与接受市辖区辐射等，人口同样实现较快增长。

（2）2010～2018 年，在 43.1%实现正人口偏移增长的县域中，市辖区占比依然高达 70.1%，但空间分布发生明显改变，从集散共存转向以分散为主，特别是皖北、南京都市圈等的部分县域人口偏移增长由负转正。市辖区占比的下降，表明在城镇要素成本上升带来的产业转移、乡村振兴等宏观战略的引导下，部分县

（市、区）对人口引力有所增强（如杭州的桐庐、淳安，南京的高淳、溧水）。但是，在高端要素差异化集聚、新型城镇化等战略导向的高质量转型过程中，上海、南京、杭州等城市的部分市辖区依然具有较强人口吸引力，如鼓楼区（南京市）、浦东新区、余杭区、黄浦区人口偏移增长依然超过 20 万人。负偏移增长县域空间集聚态势较为明显，但部分集聚区域从皖北转移到苏南等，其中无为县、鄞州区、盐都区等的负偏移增长量低于–10 万人，相关县（市、区）在发达、欠发达县域均有分布。

三、人口偏移增长分类：空间分异与差异化需求

为进一步对比分析 2000~2018 年长三角人口偏移增长演变差异，本部分基于不同时期人口偏移增长状况，将 42 个城市分为四类（表 8.4）。

表 8.4　2000~2018 年长三角人口偏移增长类型

城市	分类	城市	分类	城市	分类
金华	持续为正	六安	由负转正	台州	由正转负
淮南	持续为正	安庆	由负转正	南京	由正转负
嘉兴	持续为正	蚌埠	由负转正	舟山	由正转负
淮北	持续为正	宿州	由负转正	盐城	持续为负
合肥	持续为正	马鞍山	由负转正	南通	持续为负
宁波	持续为正	亳州	由负转正	泰州	持续为负
杭州	持续为正	阜阳	由负转正	巢湖	持续为负
池州	由负转正	芜湖	由负转正	扬州	持续为负
黄山	由负转正	上海	由正转负	徐州	持续为负
丽水	由负转正	温州	由正转负	镇江	持续为负
铜陵	由负转正	苏州	由正转负	淮安	持续为负
衢州	由负转正	常州	由正转负	连云港	持续为负
湖州	由负转正	无锡	由正转负	宿迁	持续为负
滁州	由负转正	绍兴	由正转负	宣城	持续为负

（1）第一类为持续为正，即两个时期均为正偏移增长，包括杭州市、宁波市、嘉兴市三个核心区城市与淮南市、淮北市、合肥市、金华市四个边缘城市，其人口集聚能力显著较强，如杭州市 2000~2012 年、2012~2018 年人口偏移增长量分别为 110.981 万人、68.38 万人。发达的经济水平、便利的交通条件及巨大的就业需求等，成为城市吸引人口集聚的重要动力；未来，进一步转变经济增长模式、实现人口与经济的匹配、协同增长，成为推动自身可持续发展的重要方向。

（2）第二类为由负转正，即 2000~2012 年为负偏移增长、2012~2018 年为正偏移增长，包括池州市、丽水市、阜阳市等 14 个边缘城市及湖州市。多数城市

总体经济发展水平不高，第一阶段人口集聚能力较弱；区域发展格局转变过程中，通过承接产业转移等实现经济快速增长，第二阶段人口集聚能力有所提升，但人口偏移增长量明显较小，多数城市不足 10 万人。通过产业转移、要素流动等推动区域发展格局转变，承接符合自身长远发展的产业、集聚与之匹配的人才资源等，实现经济快速、高质量的增长，成为未来发展方向。

（3）第三类为由正转负，即 2000～2012 年为正偏移增长、2012～2018 年为负偏移增长，包括上海市、南京市、台州市等八个核心区城市及温州市，如上海市 2000～2012 年、2012～2018 年人口偏移增长量分别为 545.62 万人、−43.25 万人。相关城市作为区域较发达的城市，随着要素成本上升、产业转移加快和产业结构转型等，部分低技能劳动力集聚速度放缓甚至随产业转移而下降，如苏州市电子信息制造业向中西部地区转移带来的人口增速放缓，成为人口偏移增长由正转负的重要因素，但 2000～2012 年人口正偏移增长量远高于 2012～2018 年人口负偏移增长量。未来，探索城市转型升级、高质量发展路径，为其他城市发展提供经验借鉴和实现新旧动能转换等，成为城市发展的重要方向。

（4）第四类为持续为负，即两个时期均为负偏移增长，包括盐城市、宣城市等七个边缘城市及扬州、泰州、南通、镇江等四个核心区城市。空间分布上多数靠近核心区，发达城市的人口"虹吸效应"等，是人口负偏移增长的重要原因之一。人口持续流出不利于城市可持续发展，通过核心区发达城市的溢出效应，积极承接符合自身需要的产业转移，进一步吸引人才流入，成为实现经济社会发展的重要策略。

城市人口偏移增长的演变，是长三角人口集聚格局转变的直接因素。2000～2018 年在内外部因素的综合作用下，三省一市人口增长状况呈现差异化演变态势；城市尺度的人口偏移增长态势也有所差异，一方面，从核心区为主的发达城市快速集聚转变为边缘区多数城市集聚能力增强、核心区少数城市集聚能力稳定等；另一方面，区域人口偏移增长始终受到部分城市的主导，这些都是人口重心迁移方向转变、集中指数增加的直接因素。此外，人口偏移增长的差异化演变，也对不同城市的未来发展战略提出了差异化的需求。

第三节　长三角人口偏移增长影响因素分析

一、影响因素选择

准确把握人口偏移增长的影响因素，是制定引导人口均衡布局政策的重要基础。学者基于新古典经济学、新迁移经济学、社会网络理论、推拉理论等，从理论分析或实证研究的角度，发现人口分布格局演变是多重因素综合作用的结果[3,8,15,16]。参考已有成果、结合数据可得性等，本节以城市人口偏移增长量为因变量，从自然环境、经济因素、社会发展和财政水平等四个方面，选取 10 个指标（表 8.5），探讨长三角人口偏移增长的影响因素。

表 8.5　人口偏移增长的影响因素选择

变量类型	编号	变量名称	观测值数量[①]	最小值	最大值	标准差
自然环境	X_1	年平均温度/°C	756	13.80	21.60	1.13
经济因素	X_2	城镇居民可支配收入/万元	756	0.44	4.66	0.86
	X_3	就业人口/万人	756	39.80	1 375.00	194.48
	X_4	固定资产投资/亿元	756	21.24	5 771.17	1 191.37
	X_5	FDI/亿美元	756	0	185.14	22.90
	X_6	三产比重	756	23.40%	69.90%	7.22%
社会发展	X_7	公路密度/（千米/千米²）	756	0.20	2.44	0.46
	X_8	万人医疗卫生院床位数/张	756	9.63	96.59	13.96
	X_9	建成区绿化覆盖率	756	13.80%	77.78%	7.08%
财政水平	X_{10}	人均财政支出/元	756	253.72	29 504.05	3 946.31

（1）自然环境。自然环境是人口分布的重要影响因素，特别是气候等自然条件，长期以来奠定了我国人口分布的基本格局[17]。短期范围内，这一因素对人口差异化分布是否存在显著影响？为此选择城市年平均温度这一指标，验证自然环境对人口偏移增长的影响。

（2）经济因素。不均衡的经济格局，是人口差异化增长的主导因素[14,18]。本节选择城镇居民可支配收入、就业人口、固定资产投资、FDI（foreign direct investment，外商直接投资）和三产比重等，表征城市经济状况差异：在经济指向性的人口城镇流向趋势中，收入越高、就业机会越多，对人口吸引力也越大[17-18]。长期以来，投资是推动区域经济发展的重要力量，固定资产投资增长带来的经济拉动、就业创造等效应，是吸引人口集聚的重要动力[19]。外向型经济发展过程中，基于效用最大化的外商投资布局，通过影响经济发展等改变区域人口集聚格局[14]。不同产业的就业吸纳能力、对就业人口素质的要求等存在差异，特别是具有更高就业吸纳能力的三产比重提升，不仅是城市发展层次提升的表征，也能够有效提高城市人口集聚能力[20]。

（3）社会发展。随着经济发展、人口流动加快等，完善社会服务带来的高质量生活，对人口集聚也具有显著作用[7-8]。选择公路密度、万人医疗卫生院床位数、建成区绿化覆盖率等变量，从交通便捷度、社会服务质量、城市环境等表征社会发展差异。良好的交通设施带来的便利性，对人口具有较强吸引力[8]。跨区域供给水平较弱的基本公共服务差异、差异化的城市环境，同样能够有效提高城市人

---

① 为保持本章数据的可比性，所有数据均以 2000 年为基准，756 代表 42 个城市 18 年的数据观测值数量。

口吸引力[14]。

（4）财政水平。财政不仅是基础设施完善的重要保障，也是政府相关政策发挥作用的有效支撑，进而综合作用于区域人口集散格局，如政府通过制定相关政策，引导资源分配、调控经济发展等，进而影响人口集聚格局，而政策作用发挥需要资金支持[8,14]。考虑到"强政府"+"强市场"双强经济体系中，城市财政水平对人口偏移增长的重要性，选择人均财政支出表示城市财政水平差异[14,19]。

二、影响因素回归结果与分析

相关检验表明：一方面，不同时期的方差膨胀系数（variance inflation factor，VIF）分别为 6.63、6.04、3.14，均小于 10，即变量之间不存在多重共线性；另一方面，Hausman 检验说明应选择 FE 模型[14]。回归结果（表 8.6）对比分析发现以下内容。

表 8.6　长三角人口偏移增长的影响因素的回归结果

变量	2001～2018 年		2001～2012 年		2012～2018 年	
	FE	RE	FE	RE	FE	RE
X_1	0.0046 （0.02）	−0.0580 （−0.23）	−0.0487 （−0.18）	−0.1286 （−0.47）	−0.1628 （−1.16）	−0.1616 （−1.16）
X_2	2.4180** （2.11）	0.6190 （0.60）	3.8060** （2.09）	0.7650 （0.45）	1.4570* （1.68）	1.4370* （1.71）
X_3	0.0038*** （2.91）	0.0015** （2.38）	0.0016** （2.27）	0.0086** （2.54）	0.0019*** （2.72）	0.0017*** （2.66）
X_4	−0.0012 （−1.59）	−0.0011 （−1.49）	0.0015*** （2.75）	0.0007** （2.35）	−0.0007** （−2.12）	−0.0007** （−2.20）
X_5	0.1434*** （3.26）	0.2466*** （6.99）	0.2163*** （2.78）	0.4077*** （5.98）	0.0594** （2.56）	0.0553*** （2.68）
X_6	0.1448** （2.50）	0.1779* （1.95）	0.1338** （2.03）	0.3311*** （2.68）	0.0185*** （3.32）	0.0236*** （3.43）
X_7	0.7700 （0.52）	−1.6275 （−1.33）	5.8110** （2.50）	4.0857** （2.41）	−1.6155* （−1.87）	−1.5234* （−1.89）
X_8	0.3385*** （5.61）	0.2638*** （4.61）	0.1826*** （2.14）	0.1672* （1.95）	0.1318*** （3.68）	0.1354*** （4.15）
X_9	−0.0460 （−0.19）	−0.0085 （−0.04）	−0.1130 （−0.45）	−0.0791 （−0.31）	0.0796** （2.11）	0.0787** （2.12）
X_{10}	0.0004*** （2.61）	0.0009*** （3.61）	0.0017*** （2.80）	0.0010*** （3.17）	−0.0004*** （−3.37）	−0.0004*** （−3.36）
R^2	0.36	0.35	0.37	0.34	0.32	0.34
Hausman	16.97**		25.09***		30.38***	

注：括号内为 t 统计量；RE 的全称为随机效应（random effects）

*、**和***分别表示 0.1、0.05 和 0.01 的显著性水平

（1）自然环境。与已有研究中，气候等自然环境对我国长期人口分布格局的关键影响不同[17,21]，短期内自然环境对人口偏移增长的影响较弱，即长三角城市温度的差异，对短期内人口集聚的影响不显著。

（2）经济因素。本部分研究验证，经济因素是人口偏移增长的重要影响因素[14,18]。收入、就业始终是人口偏移增长的重要动力，但前者效应有所弱化、后者效应有所增强，前者可能与区域收入差距缩小、收入上升带来的要素成本增加等有关；在工资性收入占总收入较高比重的状况下，就业的人口集聚导向性有所增强，这也解释了人口与就业的集中指数同步增长的现象。经历了长期的投资拉动、外向型经济发展后，经济发展动力逐渐由投资、外资拉动转向内需、创新驱动的过程中，固定资产投资和 FDI 对人口偏移增长的影响出现分异：固定资产投资正效应转变为负效应，这与投资的经济拉动效应弱化、经济增长质量不高等有关，特别是技术、资本密集型投资强化带来的就业创造效应迅速下降；FDI 效应的弱化，与 FDI 扩散带来的区域差距缩小有一定关系，如江苏省城市尺度外资变异系数从 2000 年的 1.599 下降到 2018 年的 0.689。此外，具有较强就业创造力的三产比重提高，持续提升了城市人口吸引力，但伴随着区域产业结构趋同、技术创新带来的就业吸纳力降低等，这一效应也有所弱化。

（3）社会发展。本部分研究验证了社会发展水平对人口偏移增长的影响，但不同因素的影响存在差异[7-8]。随着城市、区域交通网络的完善，2001～2012 年公路密度的显著正效应验证了交通便捷度对人口有较强吸引力，2012～2018 年公路密度的负效应可能与交通便捷度提升带来的"虹吸效应"、人口"潮汐流"等有关，如在部分城市房价高企等背景下，沪宁线、沪杭线的运营，使长三角跨城市人口"职住分离"成为常态，但相关机制仍需要进一步深入研究。万人医疗卫生院床位数对人口偏移增长的效应显著为正，表明在人口流动壁垒降低的过程中，常态化的基本公共服务依然是人口演变的重要力量，即推进基本公共服务均等化，也是引导人口合理布局的重要措施[7,19]。2001～2018 年建成区绿化覆盖率影响不显著，但不同时期的影响存在差异：2001～2012 年在产业用地快速扩张、人口流动经济导向性下，这一因素影响并不显著；2012～2018 年随着区域发展水平提高、人口对高质量生活的需求等，城市环境的差异也成为人口差异化增长的重要因素。

（4）财政水平。本部分研究表明，城市财政水平的提升，通过完善城市建设、推动经济发展等，提高城市人口吸引力[16,19]，但不同时期的效应存在一定差异，如 2001～2012 年地方政府关注本地经济社会发展，财政水平呈现较强正效应；2012～2018 年，区域发展差距显现带来的政府宏观调控、地方政府对区域协同的重视及城市要素成本上升倒逼的产业升级等，通过促进区域均衡发展影响人口集聚格局，部分城市发挥财政在技术创新、产业转型升级等方面的引导作用，如上海、南京、镇江、常州、无锡、苏州、宁波等城市通过加快劳动密集型产业等低端产业向欠发达城市转移和推动产业转型升级，进一步对城市低技能就业岗位形成挤压、带来高低技能就业机会的空间极化等[7]。

三、影响因素的区域对比研究

作为一种复杂经济社会现象，引导区域人口合理布局，需要精准施策，这也要求对不同区域人口偏移增长的影响因素进行准确把握。本部分基于前文对城市类型的划分，分别对持续为正（模型 1）、由负转正（模型 2）、由正转负（模型 3）、持续为负（模型 4）四类城市人口偏移增长的影响因素进行对比研究（表 8.7），进一步探究影响因素的区域差异。同样，Hausman 检验说明相关模型均选择固定效应模型。回归结果如下。

表 8.7 不同区域人口偏移增长的影响因素的回归结果

变量	模型 1	模型 2	模型 3	模型 4
X_1	−0.651（−0.35）	−0.180（−0.69）	0.170（0.59）	−0.066 4（−0.20）
X_2	1.108**（2.20）	2.204***（3.06）	−1.282***（−4.02）	−0.422（−1.01）
X_3	0.116*（1.70）	0.015 1**（2.42）	0.055 3***（3.68）	0.023 1***（3.67）
X_4	−0.002 88***（−2.82）	0.003 48***（2.60）	−0.002 42*（−1.82）	0.043 4**（2.38）
X_5	0.285*（1.94）	0.113（0.38）	0.200***（2.70）	0.121**（2.12）
X_6	0.133（1.42）	0.060 6***（3.39）	1.302（1.09）	0.012 2***（3.06）
X_7	6.665**（2.42）	0.392**（2.14）	2.790（1.22）	−3.024*（−1.72）
X_8	0.096 2**（2.32）	0.168**（2.47）	0.622**（2.35）	0.191*（1.80）
X_9	0.724**（2.39）	0.073 0（0.34）	0.055 8**（2.17）	−0.101（−0.31）
X_{10}	−0.007 71（−0.53）	0.002 70***（3.05）	−0.000 975（−1.05）	0.000 918*（1.75）
R^2	0.34	0.30	0.30	0.44
Hausman	12.78**	23.55***	37.17***	19.88**

注：括号内为 t 统计量

*、**和***分别表示 0.1、0.05 和 0.01 的显著性水平

（1）从自然环境看，对于不同区域而言，在相对较短的研究时期内，年平均温度这一指标表征的自然环境，同样并非长三角人口偏移增长的重要因素。

（2）对于作为人口偏移增长重要驱动力的经济因素，不同因素的效应同样存

在区域差异。随着城市经济发展，城镇居民可支配收入提高与人口差异化偏移增长共存，但由正转负与持续为负的两类城市的收入效应为负，前者可能与发达城市要素成本上升、产业转型加快带来的扩散效应有关，而后者不显著的负效应受发达城市"虹吸效应"的影响[18-19]。就业人口对不同类型城市的效应始终为正，表明扩大就业岗位，是城市吸引人口流入的可行举措。固定资产投资是拉动经济增长的重要动力，但面对边际效应递减趋势显现，发达城市率先从投资驱动转向消费、创新驱动等，从而带来了投资对经济发展支撑的差异，即较发达的持续为正、由正转负型城市效应显著为负，欠发达的由负转正、持续为负型城市显著为正[19]。尽管 FDI 对不同类型的城市均为正效应，但发达城市更多受益于高质量 FDI 带来的创新驱动等，而欠发达城市则受益于 FDI 的就业效应[11,14]。三产比重提高创造就业岗位的同时，也对城市就业结构产生了重要影响，尽管不同类型城市的效应均为正，但持续为正、由正转负型城市的效应不显著，表明三产比重提升带来了城市产业结构转变，如制造业吸纳就业人口下降，倒逼部分低技能劳动力的外迁[20]。

（3）城市交通便捷度、基本公共服务质量的提升，对不同类型城市人口偏移增长的影响，同样存在显著差异[8,20]。以公路密度表征的交通设施完善存在集聚与扩散双重效应，对于持续为正型城市而言，交通设施完善进一步提升了城市中心地位，也加快了人口集聚；由负转正型城市受益于要素成本优势带来的承接产业转移，随之而来的就业增长带来人口回流；持续为负型城市可达性的提高，为人口流向发达城市提供了便利，发达城市的"虹吸效应"进一步显现；但对于以发达城市为主的由正转负型城市而言，在人口"潮汐流"的负效应与"虹吸效应"的综合作用下，交通可达性提升仍是人口增长的重要动力。此外，以万人医疗卫生院床位数表征的公共服务水平，是所有城市人口增长的重要因素，也为部分城市吸引人口回流提供了导向[14]。建成区绿化覆盖率对不同城市人口偏移增长的影响存在差异，其中较为发达的持续为正、由正转负型城市呈现正相关，表明不同人口对城市环境质量的需求存在一定差异。

（4）财政水平的提升，对于以欠发达城市为主的由负转正、持续为负型城市而言，表现为较强的正效应，表明人均财政支出带来的交通改善、设施完善等，为承接产业转移、吸引人口流入等提供了便利。相比而言，持续为正、由正转负型城市的负效应，与经济从高速增长转向高质量发展对产业转型升级、低端产业转移的促进等有一定的联系[16]，如近年来政府主导的江苏省"南北共建"园区快速发展、浙江劳动密集型企业向安徽省转移等，在影响区域产业就业格局的同时，也促进了人口增长格局的转变。

2000～2018 年，在多重因素的综合作用下，长三角人口偏移增长格局出现了明显转变。总体上，在自然环境对短期人口偏移增长影响较弱的背景下，经济因素、社会发展和财政水平等都是长三角人口差异化偏移增长的重要影响因素。但是，随着区域发展格局的转变、一体化的深化和人口流动形态的多样化等，不同因素在不同时期、相同因素在不同区域的效应均存在一定的差异，这表明未来在引导区域人口合理布局的过程中，不仅要综合考虑多因素影响，还应在不同发展阶段、不同区域采取差异化手段，精准施策来调节区域人口格局。

第四节　研　究　结　论

人口分布是区域发展格局的重要表征，区域协调发展离不开人口的合理布局。在长三角一体化发展上升为国家战略的背景下，本章从"偏移-分享"这一角度探讨城市群人口分布演变的直接动力，并基于多元线性回归方法，定量探究人口偏移增长的影响因素。主要结论如下。

（1）2013～2018年安徽省、浙江省超越上海市、江苏省成为区域人口重要增长极，且安徽省人口偏移增长呈现由负转正的转变，表征了区域发展格局的转变，也为进一步统筹更大区域的产业协调发展、引导人口与经济协同布局，进而缩小区域发展差距提供了可能。与此同时，随着新型城镇化、乡村振兴等战略的实施，城市与县域尺度的人口偏移增长同样发生了明显的转变：前者表现为以核心区为主的人口正偏移增长、边缘欠发达城市人口负偏移增长，向边缘区欠发达城市人口正偏移增长、多数核心区城市人口负偏移增长的转变；后者主要表现为正偏移增长县域分布格局的转变，但市辖区始终是人口增长较快的区域，且人口引力显著增强的县（市、区）也主要集聚在大城市周边。

（2）21世纪以来，随着经济发展格局的转变，城市群人口集散格局也发生了一定的变化，且不同城市人口集散特征也存在明显的差异。本章基于城市人口"偏移-增长"演变的不同，将城市分为持续为正、由负转正、由正转负、持续为负等四类。从理论指导实践的角度看，复杂的人口偏移增长格局，对推动城市群、都市圈与城市内部人口合理布局提出了多样化政策需求，如发达城市要逐渐破除户籍制度等，加快流动人口的就地市民化、建立吸引人口集聚的环境、引导人口流向乡村创业兴业，实现大中小城市与小城镇协调发展；欠发达城市要进一步优化"以人为本"的综合配套环境建设，进一步提高人口吸引力，培育城市增长极，为城市发展注入新动力，逐渐带动周边中小城市发展。

（3）不同时期、不同因素的效应存在一定差异，主要表现为短期内自然环境的影响较弱，经济因素、社会发展和财政水平等始终是人口偏移增长的重要因素，但也伴随着就业状况、社会公共服务效应的增强，城镇居民可支配收入、FDI、三产比重效应的下降以及固定资产投资、公路密度、人均财政支出效应由正转负的显著变化。此外，基于城市分类的偏移增长影响因素测度发现，同一因素对不同城市的影响，同样存在一定的差异。这些都表明对未来人口格局调控相关政策的制定，要综合考虑城市发展状况、区域发展阶段性特征等，不仅要多政策协调，还要与时俱进、因地制宜，以引导区域人口合理布局与协调发展。此外，随着国家对大城市扶持的提升，以及资源汇聚能力提高带来的经济社会发展，人口向部分大城市集聚的趋势依然无法完全避免。因此，如何协调规模与效率的关系、自身发展与区域协调的关系，都需要在相关政策制定过程中予以考虑。

在国家对长三角发展寄予更高期望的背景下，更有效地实现人口与经济、资源环境等的协调分布，成为实现区域更高质量发展的重要基础。本章相关研究，不仅有助于进一步了解长三角人口分布、演变状况，也可以为相关政策的制定提供参考。但限于数据可得性等问题，本章对新时期以来，特定的国家宏观战略（如新型城镇化、乡村振兴）调控下，长三角人口分布演变新特征的探讨不足；对城市相互之间及城乡间的人口流动、劳动年龄人口迁移流动、日益突显的人口老龄化现象及以市民化为表征的人口流动质量等问题涉及较少；在影响因素的分析中，在更深、更细的单元划分上仍然存在提升空间。这些同样具有较强现实意义的问题，都是未来研究延伸的重要方向。

参 考 文 献

[1] 马颖忆, 陆玉麒, 张莉. 江苏省人口空间格局演化特征[J]. 地理科学进展, 2012, 31(2): 167-175.

[2] 张耀军, 岑俏. 中国人口空间流动格局与省际流动影响因素研究[J]. 人口研究, 2014, 38(5): 54-71.

[3] 邓楚雄, 李民, 宾津佑. 湖南省人口分布格局时空变化特征及主要影响因素分析[J]. 经济地理, 2017, 37(12): 41-48.

[4] 王超, 阚瑷珂, 曾业隆, 等. 基于随机森林模型的西藏人口分布格局及影响因素[J]. 地理学报, 2019, 74(4): 664-680.

[5] Lo C P. Modeling the population of China using DMSP operational linescan system nighttime data[J]. Photogrammetric Engineering and Remote Sensing, 2001, 67(9): 1037-1047.

[6] 刘望保, 石恩名. 基于 ICT 的中国城市间人口日常流动空间格局——以百度迁徙为例[J]. 地理学报, 2016, 71(10): 1667-1679.

[7] 齐宏纲, 刘盛和, 戚伟, 等. 广东跨省流入人口缩减的演化格局及影响因素研究[J]. 地理研究, 2019, 38(7): 1764-1776.

[8] 段学军, 王书国, 陈雯. 长江三角洲地区人口分布演化与偏移增长[J]. 地理科学, 2008, 28(2): 139-144.

[9] Creamer D. Shifts of Manufacturing Industries, in Industrial Location and National

Resources[M]. Washington D. C. : Government Printing Office, 1943.

[10] 陈前虎, 司梦祺. 1990—2015 年浙江省人口时空变迁特征与趋势分析[J]. 现代城市研究, 2018(3): 8-14, 38.

[11] 闫东升, 孙伟, 王玥, 等. 长江三角洲人口分布演变、偏移增长及影响因素[J]. 地理科学进展, 2020, 39(12): 2068-2082.

[12] 张家旗, 陈爽, Mapund D W. 坦桑尼亚人口分布空间格局及演变特征[J]. 地理科学进展, 2017, 36(5): 610-617.

[13] 吉亚辉, 张岩. 2000—2010 年甘肃人口分布演变特征分析[J]. 西北人口, 2014, 35(6): 104-109.

[14] 闫东升, 杨槿, 高金龙. 长江三角洲人口与经济的非均衡格局及其影响因素研究[J]. 地理科学, 2018, 38(3): 376-384.

[15] Massey D S, Arango J, Hugo G, et al. Theories of international migration: a review and appraisal[J]. Population and Development Review, 1993, 19 (3): 431-466.

[16] 吴一凡, 刘彦随, 李裕瑞. 中国人口与土地城镇化时空耦合特征及驱动机制[J]. 地理学报, 2018, 73(10): 1865-1879.

[17] 吕晨, 樊杰, 孙威. 基于 ESDA 的中国人口空间格局及影响因素研究[J]. 经济地理, 2009, 29(11): 1797-1802.

[18] 肖周燕. 人口迁移势能转化的理论假说——对人口迁移推—拉理论的重释[J]. 人口与经济, 2010, (6): 77-83.

[19] 闫东升, 杨槿. 长江三角洲人口与经济空间格局演变及影响因素[J]. 地理科学进展, 2017, 36(7): 820-831.

[20] 夏怡然, 苏锦红, 黄伟. 流动人口向哪里集聚?——流入地城市特征及其变动趋势[J]. 人口与经济, 2015, (3): 13-22.

第〈九〉章

长三角一体化的人口增长与集散效应研究

　　作为区域发展重要基础，人口分布、演变深刻影响着区域经济社会格局[1-3]，且这一复杂过程是多重因素综合作用的结果[2-4]。改革开放以来，在区位、禀赋、政策等要素的驱动下，区域发展差距显现带来的大规模人口流动，在推动城镇化快速发展的同时，也深刻影响着中国宏观经济格局。相关研究发现[5]，区域发展过程中的人口不均衡分布格局，一方面，带来要素空间配置不均衡，如人口过多造成资源环境承载压力过大，人口过少则难以满足城市发展需求；另一方面，人口与经济空间分布不一致导致区域发展差距扩大，成为制约区域协调发展的重要因素。中国经济从高速增长转向高质量发展，破解发展中的"不平衡、不充分"难题，成为提升发展质量的重要导向。深入把握人口分布格局及其演变规律、揭示人口时空演变动力机制，对科学引导人口合理布局、实现区域协调、实现高质量发展具有重要现实意义[1,2,5]。

　　城市群作为中国经济发展核心增长极、新型城镇化推进重要载体、参与全球竞争与国际分工的关键单元[3,6,7]，人口集聚能力强，时空演变具有复杂性和典型性，其人口分布及演变成为学者关注的焦点。总体上，城市群人口分布研究主要集中在以下两方面。①时空格局演变特征分析。基于人口普查数据、抽样调查数据、流动人口数据、网络大数据等，引入重心模型[2,5]、空间自相关[2]、集中指数与不均衡指数[4,8]、"偏移–分享"模型[8]、网络分析[9]等方法，探究不同区域、不同尺度人口分布、流动与格局演变特征。研究发现：中国人口分布、流动呈现显著空间集聚性，京津冀、长三角、珠三角等发达城市群始终是重要的人口集聚中心；典型城市群研究表明，核心城市作为人口重要增长极，带来人口分布"核心—边缘"格局的稳态，资源环境承载能力、公共服务供给下的人口分布不均衡现象突出[3,8]。②时空格局演变驱动因素研究。人口时空格局演变是多种因素长期、综合作用的结果[5]。实证研究中，学者基于定性分析[1,4]，或采用多样化模型的定量化探讨[2,5]，发现自然环境奠定人口分布基本格局，经济社会发展因素成为塑造人口分布格局的关键动力[1,4,5]，特别是经济发展水平[8,10]、产业结构[2,10]、就业机会与收入水平[2]、基础设施与公共服务能力[2,8]、市场力量[5]、政府政策与财政干预[1,5]等，是中国人口分布格局演变的关键驱动因素。总体上，多区域、多尺度的丰富研究，为理清中国人口时空演变规律、制定科学政策以优化人口分布格局等提供了科学指导，也为本章提供参考。

理论分析与实践研究均表明，城市群一体化通过缩小区域发展差距、推动区域协同发展，对城市群人口分布格局产生重要影响[11-12]，相关研究仍存在一定的补充空间。一方面，城市群一体化是一个时空动态演变过程，现有研究多将城市群作为静态空间单元处理，对城市群空间动态演变如何影响人口时空格局缺乏深入探讨。另一方面，尽管部分学者意识到一体化进程影响城市群人口分布演变，但对这一效应的定量探讨相对欠缺，这也是本章要解决的核心问题与关键创新点。作为中国经济的重要增长极[6,7]，长三角城市群人口分布不均衡格局已成为制约城市群高质量发展的重要因素。在长三角一体化发展上升为国家战略的宏观背景下，长三角城市群在构建中国新发展格局、率先探索高质量发展路径中必将走在前列，对这一城市群人口时空格局演变进行研究也具有重要现实意义和前瞻性借鉴价值。基于此，本章引入双重差分模型，立足长三角城市群渐次扩容的典型事实，多角度评估一体化进程对长三角城市人口增长的效应，以期拓展人口格局演变规律研究、进一步理清城市群人口空间分布格局的演变特征与发展趋势，为优化人口布局、推动长三角高质量发展提供科学支撑与经验参考。

第一节　理论机制、实证模型与数据来源

一、一体化影响人口分布格局的机制

城市群人口分布格局演变是城市人口差异化增长的结果，并受诸多因素综合作用，其中"推拉理论"成为经典理论之一[13]。现实情况下，迁移行为往往通过多样的外部环境、个体差异与实现渠道完成[14]，即人口分布演变是个体与外部环境复杂博弈的结果，在此过程中，城市发展水平成为人口迁移推拉力对比的关键影响因素。作为一个动态演进过程，一体化进程通过作用于城市发展水平及区域发展差距等，影响城市群人口分布格局及其演变（图9.1）。

城市群一体化旨在推动要素自由流动及产业分工协作，最大化不同城市资源禀赋优势，推动区域协调发展，进而重塑城市群人口分布格局。从拉力角度看，人口与经济活动空间分布的不一致格局是区域差异形成的主要原因[15]，在经济发展水平差距驱动的人口向发达城市快速集聚的背景下[10,14]，一体化通过影响区域发展格局作用于人口分布演变。一方面，一体化通过促进城市经济增长吸引人口流入[11,16]。相关研究发现，一体化能够促进生产要素自由流动，实现要素优化配置并提高经济效率[17]，效率提升对产业空间再分布具有显著影响，特别是促进产

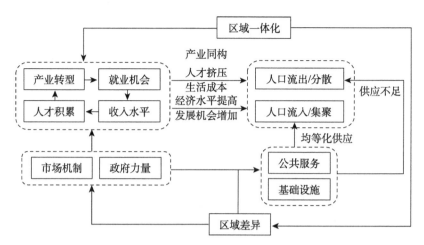

图 9.1　长三角人口增长一体化驱动机制

业在城市群内向收益最大化区域转移[18]，从而提升地区专业化水平。在此过程中，一部分城市通过承接产业转移实现经济快速增长，劳动密集型产业往往能创造大量就业机会。产业升级过程中第三产业的快速崛起也成为吸引劳动力进入的重要动力[14]，特别是知识密集型服务业在中心城市高度集中，进一步强化了该区域的经济发展水平。因此，城市经济发展水平提高在整体上增加了就业机会、提高了收入水平，带来人口吸引力的增强。另一方面，一体化促进了基础设施与公共服务的建设与完善，减弱了人口流动障碍，特别是政府力量在引导一体化深入推进、配置公共资源、保障服务能力等方面发挥了重要作用[5]。

从推力角度看，一体化进程中产业转移加快，通过影响经济增长、就业机会等制约城市人口增长。一方面，城市群一体化过程带来的市场规模扩大、要素流动自由化等是促进产业分工的重要基础，作为生产要素的人口资源伴随城市产业再分工进行流动，如一体化的产业升级效应，促进部分劳动密集型产业等低端产业加快转移，产业转移带动就业机会外迁，加之在创新驱动过程中，产业结构差异导致不同城市对人力资本需求存在显著差异[19]，高端要素的向心集聚降低了就业吸纳能力，并对部分低技能劳动者产生"挤压"效应。另一方面，在一体化扩容过程中，部分城市忽视自身产业基础和优势，盲目追求不符合城市发展道路的产业，带来区域产业同构、恶性竞争等负面影响，破坏了一体化产业分工机制，一定程度上不利于城市经济增长[11]。此外，一体化带来的经济发展伴随着要素成本上升，过高的生活成本与竞争压力也成为驱使人口"出逃"的重要因素。

总之，在外界环境变化、个人流动的"成本-收益"对比综合影响下，一体化进程中发达城市与欠发达城市、一体化城市与非一体化城市复杂对比下的双重"核心-边缘"差距成为影响城市人口差异化增长、集散的重要动力，进而带来城市群人口分布格局的复杂演变特征，因此科学、定量地评估一体化的人口集散效应，不仅能够拓展人口分布演变研究视角，还对于更好地把握人口集散趋势、支撑科学政策制定等具有重要现实意义。

二、模型构建

DID 模型作为政策评价常用方法[16,20]，能够剔除时间效应与个体效应造成的误差，得到更为准确的政策效应结果。鉴于城市纳入协调会是一个渐进过程，采用多期 DID 模型以得到更可靠的结论[21-22]。基准计量模型如下：

$$y_{it} = \beta_0 + \beta_1 policy_{it} + \beta_2 X_{it} + \alpha_i + \mu_t + \varepsilon_{it} \qquad (9.1)$$

式中，y_{it} 为被解释变量，以某城市 i 在 t 年的常住人口数量表示；$policy_{it}$ 为核心解释变量，其系数 β_1 为政策实施净效应；X_{it} 为模型的控制变量，即影响人口分布的一系列因素；α_i 为城市固定效应；μ_t 为时间固定效应；ε_{it} 为随机扰动项。解释变量构建规则为：城市 i 在 t 年是否加入长三角城市经济协调会，如果是为 1，否则为 0。

三、指标选取与数据说明

政府作用在长三角城市群发展演变中发挥得尤为显著[23-24]：一方面，作为宏观政策制定者的中央政府，通过主导城市群规划推动中央和地方利益关系协调、引导制度完善，同时肩负一体化监督、管理重任[23,25]；另一方面，地方政府在"成本–收益"权衡中，推动城市间的关系从竞争转向竞合[16,25-26]。对于中央主导的城市群发展而言，城市群范围存在非连续性错乱演变；相比而言，城市间基于长三角城市经济协调会的合作，通过分步扩容至江浙沪皖三省一市全域，为研究提供了较好视角[11,16,24]。

长三角城市经济协调会于 1997 年由上海、南京、无锡、常州、苏州等 15 个城市联合成立，2003 年吸纳台州进入，16 个城市成为后续长三角一体化的核心，在城市发展的多个领域展开交流合作，率先建立起长三角地区城市间的合作协商机制，这是一体化政策的积极探索与实践基础。随着区域合作的不断深化，长三角城市经济协调会在 2010 年、2013 年进行两次扩容，吸纳合肥、盐城、马鞍山等城市加入。这种基于市场规律与城市间自然联系的合作机制既扩大了长三角城市群的规模，也大大强化了城市群竞争力，其演变历程较好地表征了长三角一体化本质，这一界定方法也得到诸多实证研究的支持[11,16]。

本章以城市为研究基本单元，研究期限为 1990～2017 年，数据来源于各省（直辖市）统计年鉴、统计公报、《中国城市统计年鉴》等。综合已有研究成果、数据可得性、指标共线性等[1,2,5,8]，选择经济发展水平、社会发展水平、政府影响等控制变量，以进一步科学测度一体化进程对长三角人口分布格局的影响。对相关数据进行如下处理。①以 2010 年行政区划为基准，对涉及区划变化的相关数据进行调整。②为剔除价格因素的影响，调整为以 1990 年为基期的可比价格数据。③考虑到长周期、连续年份相关数据获取的困难性，空缺数据参照往期数据采用年均增长率等方法进行估计补充。此外，基于多重共线性的定量检验表明，VIF值为 1.32，说明相关指标选取不存在多重共线性。长三角 42 个城市的变量统计描述特征见表 9.1。

表 9.1　长三角 42 个城市的变量统计描述特征

指标类型	变量名称	符号	单位	均值	标准差	最小值	最大值
因变量	常住人口	pop	万人	481.33	314.67	61.52	2 425.68
解释变量	虚拟变量	policy	—	0.38	0.48	0	1.00
经济发展水平	地区生产总值	gdp	亿元	730.04	1 235.37	14.58	12 309.02
	就业人口	labor	万人	282.87	175.76	33.70	1 372.65
	产业结构	ind	—	0.79%	0.27%	0.28%	2.34%
	城镇人均可支配收入	per_inc	元	6 488.76	6 172.29	1 121.43	68 034.00
社会发展水平	医疗卫生机构数	hea_ins	个	1 154.03	1 061.22	56.00	7 690.00
	中小学专任教师总数	tec_all	万人	3.35	1.88	0.16	11.19
政府影响	地方财政支出	fin	万元	96.37	260.81	0.94	3 765.44

第二节　实证检验结果与分析

一、基准模型估计结果

基准模型估计结果如表 9.2 所示，表明加入协调会能够显著促进城市人口增长。模型（2）显示了一体化对城市人口增长的平均效应。已有研究发现，由于城市要素禀赋、发展水平、制度环境等的差异，参与一体化的收益也存在明显差距[16]。一体化过程中的人口集聚水平是否存在差距？本章借鉴已有研究[16]，以城市就业人口规模为划分依据，在模型（3）加入解释变量与就业人口（labor）的交互项，考察不同就业人口规模的城市在一体化中的人口增长效应差异。解释变量系数与交互项系数均显著为正，表明一体化过程中城市就业人口规模越大，一体化带来的人口集聚能力越强。相关机制分析如下：一方面，较大就业人口规模能够显著提升人口流动"收益"，且规模经济使得城市分工进一步专业化，从城市群协同发展中获得更大的经济效率提升[16]；另一方面，就业人口规模较大的城市，往往也是经济体量较大的城市，在基于协调会的城市合作、谈判过程中，有更大话语权、自主决定权，以制定出更符合自身发展利益的政策，同时通过对周边城市产生较强的"虹吸效应"、较弱的"扩散效应"[16,19]，进一步稳固自身增长极的地位。但是，这也给部分城市资源环境带来巨大压力，需要引起政策制定者的关注。

表 9.2　基准模型估计结果

变量	模型(1)	模型(2)	模型(3)	模型(4)
policy	20.36** (2.53)	15.85*** (4.37)	17.64*** (4.98)	
policy × labor			0.15*** (7.48)	
$P_{1\sim5}$				19.38*** (3.65)
$P_{6\sim10}$				23.37*** (4.39)
$P_{11\sim15}$				34.58*** (6.74)
$P_{16\sim20}$				−3.61 (−0.62)
gdp		0.038*** (10.97)	0.028*** (7.83)	0.039*** (11.28)
labor		0.44*** (11.80)	0.44*** (12.24)	0.43*** (11.96)
ind		20.17*** (2.59)	20.06*** (2.64)	31.00*** (3.81)
per_inc		−0.000 20 (−0.080)	−0.000 28 (−1.07)	−0.000 21 (−0.80)
tec_all		3.74** (1.97)	4.65** (2.51)	4.77** (2.55)
hea_ins		−0.020*** (−10.04)	−0.021*** (−10.87)	−0.020*** (−10.66)
fin		0.13*** (10.96)	0.12*** (10.63)	0.13*** (10.43)
常数项	425.30*** (37.50)	311.80*** (21.17)	307.80*** (27.46)	304.00*** (26.58)
时间/空间效应	固定	固定	固定	固定
观测量	1 176	1 176	1 176	1 176
R^2	0.18	0.85	0.86	0.86

注：括号内数值为 t 值

、*分别表示在 5%、1%的显著性水平下通过检验

　　作为渐进式一体化过程，基于协调会的一体化呈现"探索—融合—深化"的演变态势[16,25]。为进一步分析加入协调会的人口增长动态效应，自 1997 年协调会成立起，以五年时长作为一个观察单元，测度不同阶段分批次加入协调会的人口增长效应。模型（4）回归结果表明，$P_{1\sim5}$、$P_{6\sim10}$、$P_{11\sim15}$ 的影响系数均在 1%的显著性水平下显著为正，表明一体化带来的人口增长效应伴随一体化合作的深入而增强，第四个五年 $P_{16\sim20}$ 的影响系数已不再显著，究其原因：一方面，随着一体化合作的逐渐深入，长三角形成了较为完整的城市体系，政府合作、区域协同、资源共享等多方面机制进一步完善，人口流动成本降低使得异地通勤成为可能；另一方面，随着城市经济发展、产业结构转型等，特别是 2008 年以来之前依赖要素投入驱动的经济增长模式难以为继，城市转型发展过程中伴随着对创新等高端要素需求的强化，加之合作园区、"飞地园区"等的兴起，成为导致这一阶段影响系数呈现不显著负效应的重要原因。此外，作为一个渐进式合作过程，2010 年后协调会城市的快速增加，带来一体化协商成本的增加、合作深度进展缓慢，一体化红利的弱化也在一定程度上解释了影响系数不再显著这一现象。

控制变量表明城市经济发展、就业机会、产业转型始终是人口增长集聚的重要动力，特别是近年来产业服务化带来较强的就业创造能力，进一步提升了城市人口吸引力[8]。但城镇人均可支配收入影响不显著表明，在工资性等的收入快速增长的同时，也带来了较为明显的生产成本增加。中小学专任教师总数显著为正，印证了城市公共服务特别是教育事业，在集聚人口中的重要作用；但与之不同，户籍制度限制下的医疗服务本地化供给现象，以及医疗设施向部分发达城市高度集聚、人口向部分边缘城市扩散[5,8]的不一致演变导致医疗卫生机构数这一变量呈现显著负效应，具体机制有待后续进一步深入研究。此外，地方财政支出显著为正，表明财政水平提升通过提供基础设施与公共服务、支持政策实施等增强人口集聚能力。

二、不同批次效应异质性分析

长三角城市经济协调会在 1990～2017 年共经历了四次扩容。那么，对于不同批次融入协调会的城市而言，一体化的人口增长效应是否存在差异？本部分借鉴已有研究方法[16]，对不同批次城市加入协调会的人口增长效应进行测度（表 9.3）。结果表明，对于不同批次城市而言，一体化的人口增长效应存在显著差异，特别是第三批次表现为不显著正效应。

表 9.3   分批次回归结果

变量	第一批次	第二批次	第三批次	第四批次
policy	14.01***（2.72）	33.81***（2.79）	0.19（0.033）	27.22***（4.33）
gdp	0.038***（10.51）	0.041***（11.93）	0.041***（11.03）	0.042***（12.33）
labor	0.41***（11.27）	0.40***（11.12）	0.39***（10.86）	0.41***（11.50）
ind	21.18***（2.71）	21.26***（2.72）	21.95***（2.80）	22.46***（2.89）
per_inc	−0.000 22（−0.84）	−0.000 18（−0.66）	−0.000 18（−0.68）	−0.000 088（−0.33）
tec_all	4.19**（2.19）	3.44*（1.81）	3.60*（1.89）	3.42*（1.81）
hea_ins	−0.018***（−9.34）	−0.019***（−9.66）	−0.018***（−9.35）	−0.020***（−10.19）
fin	0.13***（11.07）	0.13***（10.84）	0.13***（10.74）	0.12***（10.29）
常数项	315.10***（27.35）	320.10***（28.15）	320.20***（28.06）	316.50***（27.90）
时间/空间效应	固定	固定	固定	固定
观测量	1 176	1 176	1 176	1 176
R^2	0.85	0.85	0.85	0.85

注：括号内数值为 t 值

*、**、***分别表示在 10%、5%、1%的显著性水平下通过检验

深入分析发现，不同批次效应存在差异的原因主要如下。①第一批次包含城市为长三角核心区，近邻上海的良好区位优势、经济发展水平较高的现实基础、城市合作深化的完善机制等，使城市在一体化过程中获得更多红利，城市经济发

展水平显著提高[11,16]，因此始终是人口强流入地区。②台州作为第二批次中唯一新进城市，受上海、苏南和环杭州湾地区的影响，与核心区城市分工关系良好，人口增长效应显著。③协调会在第三批次逐渐扩容至苏北、浙西南、安徽等地区，新进城市如衢州、金华、马鞍山近邻核心区，但区域发展水平处于核心区发达城市与外围欠发达城市的过渡带，在发挥区域联动"二传手"作用的过程中，城市发展受到核心城市较强的虹吸效应影响，且对欠发达城市的要素集聚能力相对较弱，总体上人口增长效应并不显著。④第四批次边缘城市得益于自身成本优势，通过承接产业转移实现人口集聚[8]。不同城市的差异化效应，不仅与城市区位、发展水平有关，还是经济发展结构差异的表征、区域发展差距的固化，成为城市群一体化发展中的负面效应之一。

三、稳健性检验

（1）政府自选择的控制。现实中，加入协调会并非随机选择，在地方政府申请、协调会审核过程中，当满足一定条件时地方政府才能够加入协调会，即政府自选择也会带来样本选择偏差[12]。已有研究表明，城市能否加入协调会受发展水平这一关键因素的制约，尽管这一制度并未明确写入协调会章程[21]。

政府自选择偏差带来的内生性问题，可能导致结果偏误。对此，参考相关研究方法，采用 Heckman 两步法[12,27]，引入逆米尔斯比率（imr），对地方政府是否选择加入协调会进行控制（表 9.4）。结果表明，逆米尔斯比率在 1% 的显著水平下取值 24.21，即回归模型中确实存在政府自选择问题。但是，控制地方政府自选择后，加入协调会对人口的增长效应仍在 1% 的显著水平下为正，进一步表明模型结果具有较强稳健性。

表 9.4　稳健性检验相关估计结果

变量	Heckman	ldpop	变量	Heckman	ldpop
policy	23.61*** （5.97）	13.28*** （3.27）	hea_ins	−0.018*** （−9.44）	−0.026*** （−11.83）
imr	24.21*** （4.69）		fin	0.11*** （8.88）	0.13*** （9.75）
gdp	0.043*** （11.99）	0.037*** （9.60）	常数项	268.50*** （18.33）	−50.94*** （−3.96）
labor	0.42*** （11.35）	0.18*** （4.39）	时间/空间效应	固定	固定
ind	21.22*** （2.75）	32.16*** （3.68）	观测量	1 176	1 176
per_inc	−0.000 18*** （−0.67）	0.000 98*** （3.31）	R^2	0.86	0.75
tec_all	4.39** （2.33）	0.44 （0.021）			

注：括号内数值为 t 值

、*分别表示在 5%、1% 的显著性水平下通过检验

（2）基于流动人口集散的再检验。流动人口（ldpop）的增长状况已成为塑造经济发展、人口分布格局的重要动力与表征[8]，率先发展的长三角城市群始终是

中国流动人口的重要集聚地。本章将流动人口①这一影响要素作为被解释变量（表9.4），检验加入协调会是否对城市流动人口增长具有促进作用。结果表明，加入协调会的人口增长效应在1%的水平下显著为正，即在将流动人口这一长期具有影响力的变量加入模型后，一体化进程仍然对人口有吸引作用，说明模型结果具有较强可信度。

第三节　一体化影响城市人口增长的机制检验

一、要素集散的中介效应检验

城市经济发展水平提升，是吸引人口集聚的重要因素[10]。区域一体化的本质，在于通过高水平开放促进生产要素自由流动、实现资源优化配置，进而达到整体经济效率提高的目的。在此过程中，要素差异化集散驱动的城市发展差距转变，成为引导区域人口流动、分布格局演变的重要机制。在要素驱动经济增长的过程中，作为先进技术、管理经验等的重要载体之一，外资在推动城市经济增长中发挥着重要作用[28]。对此，本章借鉴已有研究中的中介效应模型，验证加入协调会能否显著提升外资吸引力以带动城市经济增长，进而促进人口集聚水平的提升。借鉴相关研究思路[27]，构建如下中介效应模型：

$$y_{it} = \beta_0 + \beta_1 \, \text{policy}_{it} + \beta_2 X_{it} + \alpha_i + \mu_t + \varepsilon_{it} \tag{9.2}$$

$$\text{Med}_{it} = \varphi_0 + \varphi_1 \, \text{policy}_{it} + \varphi_2 X_{it} + \alpha_i + \mu_t + \varepsilon_{it} \tag{9.3}$$

$$y_{it} = \gamma_0 + \gamma_1 \, \text{policy}_{it} + \gamma_2 \, \text{Med}_{it} + \gamma_3 X_{it} + \alpha_i + \mu_t + \varepsilon_{it} \tag{9.4}$$

式中，Med为中介变量，以实际利用外资流量为表征[26]。

表9.5汇报了中介效应检验结果，式（9.2）、式（9.3）、式（9.4）的解释变量系数均在1%的显著水平下为正，中介变量系数在5%的水平下显著为正，表明中介效应存在，即强化外资吸引能力有助于促进城市经济增长。作为中国改革开放前沿地区的长三角，也是中国利用外资较为集中的区域。在一体化推进过程中，加入协调会带来的城市合作深化、要素自由流动提升与城市发展环境优化等，为外资向"收益最大化"区域集聚提供了可能；对于非协调会成员城市而言，协调会成员城市拥有更加良好的发展环境，成为吸引外资集聚的重要优势，并通过促进经济发展、增加就业岗位等，带来城市人口快速增长。对于欠发达城市而言，更好地提升城市要素集聚能力，成为吸引人口"回流"、增长的重要举措，但随着经济由外资拉动向内需、创新驱动转型，更好地吸引高质量投资也成为城市发展的重要方向之一。

---

① 以常住人口与户籍人口的差值进行测度。

表 9.5　中介效应模型结果

变量	模型（5）	模型（6）	模型（7）
policy	15.85*** （4.37）	1 663.00*** （8.73）	13.66*** （3.65）
Med			0.001 3** （2.30）
gdp	0.038*** （10.97）	0.99*** （5.46）	0.037*** （10.48）
labor	0.44*** （11.80）	4.85** （2.49）	0.43*** （11.61）
ind	20.17*** （2.59）	−495.80 （−1.21）	20.82*** （2.68）
per_inc	−0.000 20 （−0.080）	−0.088*** （6.35）	−0.000 32*** （−1.18）
hea_ins	−0.020*** （−10.04）	−0.58*** （−5.71）	−0.019*** （−9.52）
tec_all	3.74** （1.97）	−212.30 （−2.13）	4.01** （2.12）
fin	0.13*** （10.96）	6.97*** （11.08）	0.12*** （9.69）
常数项	311.80*** （21.17）	−265.60 （−0.44）	312.10*** （27.25）
时间/空间效应	固定	固定	固定
观测量	1 176	1 176	1 176
R^2	0.85	0.74	0.85

注：括号内数值为 t 值

、*分别表示在 5%、1%的显著性水平下通过检验

二、市场化水平的调节效应检验

市场化水平的提升，是城市群一体化深化的重要内涵，也是一体化促进城市经济发展的关键机制。对于较早一体化的长三角区域而言，城市间行政壁垒带来的竞争效应依然显著存在，并在一定程度上抑制了一体化超大规模市场效应的发挥。因此，市场化水平的演变，能够通过影响要素自由流动、城市合作等，带来加入协调会的人口集聚效应差异。为验证这一假设，本部分采用调节效应模型[29]，定量探讨市场化水平在这一过程中的调节效应。参考贺光烨和吴晓刚的研究方法[29]，采用地区私营部门的就业人口占总就业人口比重来衡量市场化进程，数值越大表明市场化水平越高。本部分构建如下回归模型：

$$y_{it} = \omega_0 + \omega_1 \text{policy}_{it} + \omega_2 \text{Reg}_{it} + \omega_3 \text{policy}_{it} \cdot \text{Reg}_{it} + \omega_4 X_{it} + \alpha_i + \mu_t + \varepsilon_{it} \qquad （9.5）$$

式中，Reg_{it} 为调节变量；$\text{policy}_{it} \cdot \text{Reg}_{it}$ 为解释变量与调节变量的交互项。为保证调节效应的准确性，对调节变量及交互项进行中心化处理后纳入回归模型，其余变量含义与前文一致。

相关回归结果如表 9.6 所示。从整体来看，市场化水平对人口增长具有促进作用，但交互项系数显著为负，表明市场化程度削弱了加入协调会对人口增长的正向影响，且在市场化程度较低时，加入协调会所发挥的正向效应比较明显，随着市场化程度的提高，加入协调会的积极作用逐渐降低，显示了市场化水平与加入协调会两者在城市人口增长过程中存在明显替代关系，即政府合作与市场机制在人

口增长中存在替代关系。究其原因为：伴随着市场化水平的提高，要素流动带来的规模报酬效应、城市合作带来的效率提升等，在推动城市经济增长中发挥着越来越重要的作用，特别是发达城市意识到产业转型的迫切性，政府与市场协同引导下产业转移加快成为市场化水平提升过程中的典型现象，通过产业结构优化带来人口结构的优化、人口集聚效应的弱化。一体化的正向效应与市场化水平的负向调节效应，在部分发达城市资源环境承载力压力较大的背景下，有利于城市群人口空间结构的优化，也表明在实现经济更高质量增长的过程中，应重点关注一体化深化过程中的结构转型，特别是通过加强城市群合作等，实现区域协同发展和效率提升。

表 9.6　基于市场化水平的调节效应检验结果

变量	模型（8）	模型（9）	变量	模型（8）	模型（9）
policy	15.06*** （4.19）	13.80*** （3.86）	tec_all	3.94** （2.10）	4.08** （2.19）
Reg	66.18*** （4.54）	118.00*** （6.28）	hea_ins	−0.019*** （−10.00）	−0.019*** （−10.02）
policy · Reg		−104.00*** （−4.32）	fin	0.15*** （11.91）	0.14*** （11.32）
gdp	0.030*** （7.75）	0.033*** （8.43）	常数项	306.40*** （26.79）	307.20*** （27.07）
labor	0.46*** （12.46）	0.47*** （12.63）	观测量	1 176	1 176
ind	17.21** （2.22）	20.42*** （2.65）	时间/空间效应	固定	固定
per_inc	−0.000 16（−0.61）	−0.000 16 （−0.60）	R^2	0.86	0.86

注：括号内数值为 t 值

、*分别表示在 5%、1%的显著性水平下通过检验

第四节　研究结论

人口分布作为区域发展格局的重要表征，深刻影响区域协调发展进程。科学探讨一体化的人口增长效应，优化城市群人口空间布局，对于更好支撑长三角一体化高质量发展具有重要现实意义，主要结论如下。

（1）检验结果表明，加入长三角城市经济协调会能够显著促进城市人口增长。长三角人口集散的马太效应，是城市群人口分布"核心—边缘"差距始终呈现较强稳定性的重要因素[8]。从时间演变看，一体化人口集聚效应的由正转负，表明作为由易入难的渐进式一体化过程，未来城市群发展重点不在于空间范围的持续扩容，而应该通过更深层次的改革、制度协同等，强化一体化质量。

（2）不同批次人口增长效应有所差异，主要表现为解释变量影响系数先增后下降，且第三批次表现为不显著正效应，这是城市间要素竞合作用的结果。总体上，尽管一体化过程能够强化城市要素集聚能力，但在区位条件、发展状况、要素禀赋等的差异基础上，不同城市间的效应也存在明显差距，表明城市融入一体化过程中，应通过强化与其他城市的联系，在区域竞合中实现自身发展质量的

提升。此外，政府应加大对一体化过程中负面效应的关注，通过协调市场机制与政府力量的双重作用，实现产业分工、基础设施互联互通、公共服务共享等一体化目标，进而提高人口分布与经济活动、社会发展的协调度。

（3）城市群一体化渐次扩容过程中，伴随着要素差异化集散带来的城市经济发展水平提高，是推动城市人口更快增长的重要动力。基于外资的中介效应检验表明，一体化过程中的要素集聚，通过发挥促进经济增长、创造就业岗位等效应，能够显著提升城市人口吸引力。因此，对于部分欠发达城市而言，应进一步优化发展环境、提升要素集聚能力，从而吸引人口回流；对于发达城市而言，应发挥自身禀赋优势进行产业结构调整、集聚高端要素，从而推动经济高质量发展。基于市场化水平的调节效应显示，市场化水平的提高有助于优化城市群人口空间结构。未来，在一体化深化过程中，不仅要发挥政府"有形的手"的调节机制，更要注重强化市场"无形的手"的效率最大化机制，更好地均衡市场、政府的力量[25]，采取多样化举措实现精准施策，实现人口布局优化、区域协同发展和经济效率提升。

尽管本章采用 DID 模型，多角度探讨了一体化的人口增长与集散效应，但相关研究依然存在需要进一步完善的内容，如研究忽视了一体化对县域尺度的影响效应，控制变量选择的全面性不足等，这些都是研究亟待深化的方向，未来可通过进一步积累、补充相关数据，对相关问题开展深入探讨。

参 考 文 献

[1] 邓楚雄, 李民, 宾津佑. 湖南省人口分布格局时空变化特征及主要影响因素分析[J]. 经济地理, 2017, 37(12): 41-48.

[2] 贾占华, 谷国锋. 东北地区人口分布的时空演变特征及影响因素[J]. 经济地理, 2016, 36(12): 60-68.

[3] 肖金成, 洪晗. 城市群人口空间分布与城镇化演变态势及发展趋势预测[J]. 经济纵横, 2021, (1): 19-30, 2.

[4] 王书国, 段学军, 姚士谋. 长江三角洲地区人口空间演变特征及动力机制[J]. 长江流域资源与环境, 2007, (4): 405-409.

[5] 闫东升, 孙伟, 孙晓露. 长江三角洲人口时空格局演变及驱动因素研究[J]. 地理科学, 2020, 40(8): 1285-1292.

[6] 樊杰, 王亚飞, 梁博. 中国区域发展格局演变过程与调控[J]. 地理学报, 2019, 74(12): 2437-2454.

[7] 姚士谋, 徐丽婷, 郑涛, 等. 中国城市群快速成长的机理与新理念——以长三角城市群为例[J]. 人文地理, 2020, 35(1): 11-18.

[8] 闫东升, 孙伟, 王玥, 等. 长江三角洲人口分布演变、偏移增长及影响因素[J]. 地理科学进展, 2020, 39(12): 2068-2082.

[9] 朱鹏程, 曹卫东, 张宇, 等. 人口流动视角下长三角城市空间网络测度及其腹地划分[J]. 经济地理, 2019, 39(11): 41-48, 133.

[10] 夏怡然, 苏锦红, 黄伟. 流动人口向哪里集聚?——流入地城市特征及其变动趋势[J]. 人口与经济, 2015, (3): 13-22.

[11] 刘乃全, 吴友. 长三角扩容能促进区域经济共同增长吗[J]. 中国工业经济, 2017, (6): 79-97.

[12] 徐现祥, 李郇, 王美今. 区域一体化、经济增长与政治晋升[J]. 经济学(季刊), 2007, (4): 1075-1096.

[13] Heberle R. The causes of rural-urban migration a survey of German theories[J]. American Journal of Sociology, 1938, 43(6): 932-950.

[14] 肖周燕. 人口迁移势能转化的理论假说——对人口迁移推—拉理论的重释[J]. 人口与经济, 2010, (6): 77-83.

[15] 闫东升, 王晖, 孙伟. 长江三角洲区域发展差距时空演变驱动因素研究[J]. 长江流域资源与环境, 2019, 28(3): 517-529.

[16] 张学良, 李培鑫, 李丽霞. 政府合作、市场整合与城市群经济绩效——基于长三角城市经济协调会的实证检验[J]. 经济学(季刊), 2017, 16(4): 1563-1582.

[17] 王珏, 陈雯. 全球化视角的区域主义与区域一体化理论阐释[J]. 地理科学进展, 2013, 32(7): 1082-1091.

[18] 颜银根, 文洋. 城市群规划能否促进地区产业发展?——基于新地理经济学的研究[J]. 经济经纬, 2017, 34(2): 1-6.

[19] 闫东升, 杨槿. 长江三角洲人口与经济空间格局演变及影响因素[J]. 地理科学进展, 2017, 36(7): 820-831.

[20] 王桂新, 李刚. 生态省建设的碳减排效应研究[J]. 地理学报, 2020, 75(11): 2431-2442.

[21] Beck T, Levine R, Levkov A. Big bad banks? The winners and losers from bank deregulation in the United States[J]. The Journal of Finance, 2010, 65(5): 1637-1667.

[22] 王立勇, 房鸿宇, 谢付正. 中国农业保险补贴政策绩效评估: 来自多期 DID 的经验证据[J]. 中央财经大学学报, 2020, (9): 24-34.

[23] 刘雅媛, 张学良. "长江三角洲"概念的演化与泛化——基于近代以来区域经济格局的研究[J]. 财经研究, 2020, 46(4): 94-108.

[24] 王全忠, 彭长生. 城市群扩容与经济增长——来自长三角的经验证据[J]. 经济经纬, 2018, 35(5): 51-57.

[25] 陈雯, 王珏, 孙伟. 基于成本—收益的长三角地方政府的区域合作行为机制案例分析[J]. 地理学报, 2019, 74(2): 312-322.

[26] 陈乐, 李郇, 杜志威, 等. 长株潭一体化经济增长的空间效应[J]. 经济地理, 2016, 36(8): 64-72.

[27] Heckman J J. Sample selection bias as a specification error[J]. Econometrica, 1979, 47(1): 153-161.

[28] 胡志强, 苗长虹, 华明芳, 等. 中国外商投资区位选择的时空格局与影响因素[J]. 人文地理, 2018, 33(5): 88-96.

[29] 贺光烨, 吴晓刚. 市场化、经济发展与中国城市中的性别收入不平等[J]. 社会学研究, 2015, 30(1): 140-165, 245.

第《十》章

长三角人口与经济协调格局的时空演变研究

人口与经济空间分布的错位，是区域发展差距的重要根源。对这一问题的深入研究，可以为相关政策制定提供科学依据[1-4]。长期以来，学界对人口与经济增长及其相互关系的认识，经历了差异化演变。早期，不同学者对二者关系持有差异化观点，如马尔萨斯陷阱的人口增长抑制经济增长的观点与亚当·斯密等的协同增长观点的对比[5-7]。此后，随着科技发展、生产效率提升等，学者从理论、实践等角度发现人口与经济呈现同步增长的趋势，新古典经济学的索洛增长模型、罗默的内生增长理论等，不仅在理论层面发现了人口对经济的贡献，也致力于寻求二者稳定增长的均衡点，为推动经济发展提供了理论指导[5,8,9]。

相互促进、牵制下的人口与经济协同演变，共同推进城市健康发展，但协同演变是理论上的理想状态，也是区域均衡发展所追求的目标，事实上，在内外部多重因素的综合作用下，二者的差异化演变，带来不同尺度的区域发展差距[2-4]。近年来，随着国家整体发展水平的提高、区域发展差异的显现，政府在关注经济增长的同时，也开始考虑如何推动区域均衡发展，区域差异及其演变也成为国内相关研究的热点。特别地，在国内外发展环境发生重要转变的背景下，通过对全国、城市群或城市人口与经济分布演变格局进行研究以反映区域差异状况的研究逐渐增多[1-4,10-14]。国内学者在不同空间尺度下，利用重心模型、地理集中度、不一致指数、不均衡指数、空间自相关等方法，对人口、经济分布特征及其空间协同格局进行了深入研究[2,12,13]。相关研究发现，人口与经济空间分布作为资源配置引导下的区域差异重要表征，人口与经济之间具有正向反馈作用：人口集中带来的劳动力、市场等，能够显著推动经济增长；经济发展带来的就业、收入等，也是吸引人口流入的重要动力，二者协同推动区域经济发展。但是，人口与经济空间分布的显著不协调，带来如社会成本增加、资源效率损失、部分城市资源环境承载能力较大及区域空间结构优化滞后等问题，进一步制约经济社会的高质量发展[1-4,10,11]。长期以来，随着政策调控、发达地区要素成本上升和我国开放的深化等，人口与经济协同状况表征的区域发展差距有所缩小，但并未从根本上扭转这一态势，即区域发展差距依然主导着我国多重尺度的发展历程[2,11,13]。总体上，相关研究为了解人口与经济分布及区域差异等提供了较好的基础，更为我国制定科学的发展政策提供了依据。

改革开放以来，沿海三大城市群成为我国经济、人口较为集中、活跃的区域。特别地，长三角经济社会快速发展，成为我国经济最发达、具有世界影响力的城市群，但在经济发展带来的人口快速集聚的过程中，部分城市资源环境承载能力面临巨大挑战，区域可持续发展受到严峻考验，因此，对这一区域进行相关研究更为迫切。2018 年 11 月，习近平在出席首届中国国际进口博览会开幕式时宣布，"支持长江三角洲区域一体化发展并上升为国家战略"[15]，进一步提高了这一区域的战略地位。面对内外部发展环境的转变等，对这一区域的人口与经济协同演变的研究，具有更加重要的意义。对此，本章基于重心模型、不一致指数等方法，对 2000～2018 年长三角人口与经济协调格局时空演变进行研究，并对驱动因素进行初步探究。不同学者对长三角城市群范围界定存在一定差异[1,4,14]，依据《长江三角洲区域一体化发展规划纲要》，本章将三省一市作为研究区域，整体呈现以上海为中心的"核心—边缘"发展格局。基于省（直辖市）层面的人口与经济时空格局演变研究影响了分析的准确性，且分析结果无法客观和准确地反映现实；而县级尺度又存在资料搜集困难的困境。因此，本章以 2000 年行政区划为基准，将41 个地级市[①]和 1 个直辖市共 42 个城市作为基本研究单元。

第一节　基于增长弹性的总体状况对比研究

一、人口与经济增长协同状况演变

如表 10.1 所示，2000～2018 年，随着长三角地区生产总值[②]快速增长，人口规模也随之扩大，人口-经济增长弹性约 0.0717。人口-经济增长弹性从 2000 年的 0.170 下降到 2018 年的 0.123，表明经济增长对人口拉动作用的弱化，但也经历了"W"波动的演变历程：2000～2005 年波动下降、2006～2008 年逐年上升、2009～2012 年波动下降、2013～2018 年明显攀升。不同时期增长弹性的差异，表征了内外部因素的综合作用下，经济增长对人口拉动的转变。

2000～2018 年，三省一市的人口-经济增长弹性也呈现显著差异，上海市、浙江省人口-经济增长弹性高于江苏省、安徽省，表明上海市、浙江省的经济增长同时带动了人口快速增长，但人口增长在推动经济增长的同时，也给资源环境造成一定压力，深入调整产业结构、提高生产效率等成为未来发展的重要方向[13]。从

---

① 研究时间范围为 2000～2018 年，以 2000 年行政区划为基准，将巢湖市作为独立地级市。
② 本节数据由三省一市合并获得（以 2000 年为基期）。

表 10.1　2000~2018 年长三角人口增长率、经济增长率及增长弹性系数

年份	长三角			上海市增长弹性	江苏省增长弹性	浙江省增长弹性	安徽省增长弹性
	人口增长率	经济增长率	增长弹性				
2000	1.788%	10.487%	0.170	0.241	0.075	0.415	0.084
2001	1.101%	10.204%	0.108	0.354	0.098	0.099	0.065
2002	0.742%	11.615%	0.064	0.235	0.046	0.080	0.027
2003	1.009%	13.093%	0.077	0.251	0.049	0.115	0.033
2004	1.292%	14.428%	0.090	0.274	0.053	0.097	0.079
2005	0.382%	12.957%	0.029	0.262	0.060	0.104	−0.158
2006	1.027%	13.897%	0.074	0.305	0.059	0.117	−0.013
2007	1.242%	14.821%	0.084	0.333	0.059	0.111	0.009
2008	0.975%	11.339%	0.086	0.385	0.055	0.110	0.022
2009	0.812%	10.667%	0.076	0.387	0.045	0.136	−0.005
2010	0.667%	12.204%	0.055	0.410	0.054	0.272	−0.195
2011	0.541%	10.227%	0.053	0.234	0.051	0.034	0.014
2012	0.426%	9.321%	0.046	0.187	0.031	0.032	0.028
2013	0.543%	9.010%	0.060	0.185	0.027	0.047	0.067
2014	0.428%	8.172%	0.052	0.061	0.029	0.024	0.096
2015	0.455%	8.159%	0.056	−0.061	0.027	0.070	0.115
2016	0.574%	7.679%	0.075	0.027	0.031	0.121	0.098
2017	0.681%	7.471%	0.091	−0.008	0.046	0.154	0.113
2018	0.854%	6.966%	0.123	0.034	0.068	0.199	0.137

时间演变看，除上海市、安徽省部分年份外，多数年份经济增长都在不同程度上带动了人口增长。从人口−经济增长弹性演变看，上海市呈现波动下降态势；江苏省人口−经济增长弹性波动较小，但也出现了一定下降；浙江省 2001~2018 年人口−经济增长弹性呈波动上升态势，2018 年远高于其他地区；安徽省人口−经济增长弹性呈 "W" 形波动态势，特别是 2012 年后增长较为明显。2018 年区域人口−经济增长弹性，浙江省最高、安徽省和江苏省次之、上海市最低，与 2000 年相比变化较为明显。不同区域人口−经济增长弹性的差异化演变，既是区域发展格局转变的表征，也反映了不同地区发展状况的差异。此外，2000 年、2005 年、2010年等的增长弹性明显的不连续，可能与相应年份人口统计带来的波动有一定关系。

二、人口与经济增长的空间分异状况

2000~2018 年，由于产业结构、生产效率等的差异，长三角不同城市之间的人口−经济增长弹性也有所不同。在以经济增长为前提的人口规模调控的导向

下，基于经济增长率、人口-经济增长弹性的差异，将长三角 42 个城市分为四类
（表 10.2），对比分析不同类型城市人口增长与经济增长的协调关系[13]。

表 10.2   长三角各城市人口增长与经济增长协调发展分类

城市	类型	城市	类型	城市	类型
苏州	经济增速高、弹性大	蚌埠	经济增速高、弹性小	淮北	经济增速低、弹性大
杭州	经济增速高、弹性大	丽水	经济增速高、弹性小	淮南	经济增速低、弹性大
南京	经济增速高、弹性大	连云港	经济增速高、弹性小	台州	经济增速低、弹性大
嘉兴	经济增速高、弹性大	扬州	经济增速高、弹性小	绍兴	经济增速低、弹性大
合肥	经济增速高、弹性大	徐州	经济增速高、弹性小	湖州	经济增速低、弹性大
无锡	经济增速高、弹性大	淮安	经济增速高、弹性小	安庆	经济增速低、弹性小
常州	经济增速高、弹性大	宿迁	经济增速高、弹性小	亳州	经济增速低、弹性小
马鞍山	经济增速高、弹性大	南通	经济增速高、弹性小	宿州	经济增速低、弹性小
芜湖	经济增速高、弹性大	泰州	经济增速高、弹性小	滁州	经济增速低、弹性小
舟山	经济增速高、弹性大	盐城	经济增速高、弹性小	阜阳	经济增速低、弹性小
镇江	经济增速高、弹性小	温州	经济增速低、弹性大	黄山	经济增速低、弹性小
铜陵	经济增速高、弹性小	上海	经济增速低、弹性大	六安	经济增速低、弹性小
池州	经济增速高、弹性小	宁波	经济增速低、弹性大	宣城	经济增速低、弹性小
衢州	经济增速高、弹性小	金华	经济增速低、弹性大	巢湖	经济增速低、弹性小

空间格局上，集中在东南片区、较为发达的城市多属于经济增速高-弹性大、
经济增速低-弹性大的类型；苏中、苏北及安徽省的大部分城市人口增长缓慢甚至
负增长，属于经济增速高-弹性小、经济增速低-弹性小的类型。这不仅体现了区
域显著的发展差距，也对未来的城市发展提出了差异化需求：①杭州、南京、合
肥等 10 个城市经济增速高，经济对人口的拉动作用较为明显，对这些城市而言，
后续发展中应注重生产率的提升，加快城市经济增长模式的转变；②集中在发达
城市附近或具有良好区位的镇江、衢州、蚌埠等 14 个城市，接受发达城市辐射而
实现较快经济增长，但人口吸引力并不高，未来发展中吸引高端人才成为进一步
提高经济发展的重要方向；③上海、宁波、淮南等 9 个城市经济增速低、人口-
经济增长弹性大，呈现明显的人口增长、经济增长不协调态势，特别是在转型发
展中经济增速放缓但人口流入依然显著，未来发展中应加快产业转型升级，引导
适合产业发展需求的人口合理增长；④安庆、阜阳、黄山等 9 个城市的经济增速
低、人口-经济增长弹性小，即经济增速低且对人口的吸引力较弱，未来发展中需
要通过促进经济快速增长、吸引人口回流等加快城市发展。

第二节　人口与经济的时空演变及协调性状况研究

一、基于重心与集中度的时空演变研究

（1）人口时空格局演变

2000～2018年，长三角人口重心先稳步向东南方向迁移，而后在波动中向西南方向迁移（图10.1）。2000～2012年人口重心向东南方向迁移了15.81千米；2013～2018年向西南方向迁移了1.09千米，但2013～2016年向西北方向迁移了1.63千米、2017～2018年向西南方向迁移了0.82千米，且迁移速度有所放缓。人口重心迁移方向转变，表明区域人口集聚格局开始发生转变，即从向核心区集聚到向边缘区扩散的趋势开始显现，迁移速度的放缓也表明人口格局进入相对稳定的阶段。

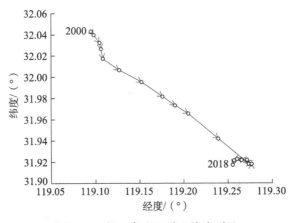

图10.1　长三角人口重心演变对比

计算人口地理集中度，具体结果见表10.3。总体上，长三角人口地理集中度呈现北高南低的格局；影响不同城市人口地理集中度较高的因素有所差异，如上海市较强人口引力与阜阳市较高户籍人口。从时空演变看，2000～2018年人口地理集中度增减比为18∶24，主要表现为上海、南京、无锡、苏州、杭州、宁波、绍兴及合肥等发达城市的提高，以及苏中、苏北及安徽的大部分城市的下降，但不同时期演变有所不同：2000～2012年人口地理集中度增减比为16∶26，主要表现为上海、南京、无锡、苏州、杭州、宁波、绍兴等城市的显著增长及苏中、苏北、皖北的连云港、阜阳等城市的下降，这印证了重心迁移表征的人口向东南集聚的态势；2012～2018年人口地理集中度增减比为20∶22，增加的城市在核心区如杭州、宁波等及边缘区的阜阳、淮北、蚌埠等均有分布，下降的城市主要在核

心区特别是苏州等加工制造业城市，但总体上空间格局变化并不显著，这在印证了人口集聚格局转变的同时，也表明了人口分布格局趋于稳定。总之，在自然环境等长期因素的作用下，经济、政策等因素综合作用，推动区域人口集聚态势在2012 年发生转变，但核心区特别是沿江部分城市依旧保持强劲的人口集聚能力，区域人口集聚空间差异依然稳定。

表 10.3　长三角人口地理集中度演变格局

人口地理集中度	2000 年	2012 年	2018 年
<0.5	丽水 黄山 池州 宣城 铜陵 衢州	丽水 黄山 池州 宣城 铜陵 衢州 滁州	丽水 黄山 池州 宣城 铜陵 衢州 滁州
0.5~1.0	滁州 安庆 六安 金华 杭州 巢湖 湖州 盐城 淮安 绍兴	安庆 六安 巢湖 盐城 淮安 金华 湖州 杭州 蚌埠 宿州 宿迁 连云港 亳州 绍兴	安庆 六安 巢湖 盐城 淮安 金华 湖州 蚌埠 宿州 宿迁 杭州 连云港 绍兴 亳州
1.0~1.5	台州 蚌埠 宿州 宿迁 连云港 宁波 亳州 芜湖 合肥 温州 淮北 扬州 舟山 南通 马鞍山 镇江 徐州 淮南 苏州 阜阳	台州 芜湖 扬州 南通 徐州 马鞍山 淮北 宁波 温州 阜阳 舟山 泰州 合肥 镇江 淮南	台州 扬州 南通 徐州 芜湖 温州 泰州 舟山 淮北 宁波 镇江 阜阳 马鞍山 合肥 淮南
1.5~2.0	泰州 常州 嘉兴 南京	常州 嘉兴 苏州	常州 嘉兴 苏州
≥2.0	无锡 上海	南京 无锡 上海	南京 无锡 上海

（2）经济时空格局演变

与人口重心演变有所差异，经济重心呈现先向东南方向、而后向西北方向迁移的趋势（图 10.2）。2000~2003 年经济重心向东南方向迁移了 5.66 千米，2004~2018 年经济重心向西北方向快速迁移，整体上移动了 13.65 千米，但近年来重心迁移速度同样有所放缓。人口、经济重心迁移对比发现，经济重心迁移幅度显著大于人口重心，造成这种现象的主要原因是，人口流动受到更多约束，如现行户

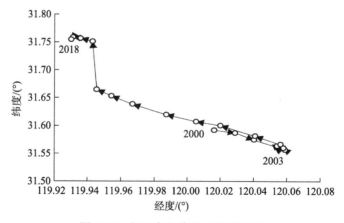

图 10.2　长三角经济重心演变对比

籍制度带来的阻碍、就业歧视及环境适应等[1]。但 2015 年经济重心迁移的显著跃迁，可能与行政区划调整带来的数据估计误差有关，但仍未改变区域经济重心迁移的趋势。

长三角经济集中度呈现"核心—边缘"格局，发达核心城市经济集中度显著高于边缘城市（表 10.4）。从时空演变看，2000～2018 年经济集中度增减比为 22∶20，但增减城市在核心区、边缘区均有分布，不同时期时空演变也有所不同：2000～2003 年经济集中度增减比为 18∶24，苏州、嘉兴等核心区城市及合肥等有所增加，温州、上海等发达城市及阜阳、亳州等欠发达城市有所下降，增长最显著的为苏州、下降最显著的为温州；2003～2018 年经济集中度增减比为 27∶15，多数核心区城市及合肥、马鞍山、徐州等边缘城市明显增加，而上海、宁波等核心区城市及淮北、淮南等边缘城市有所下降，这一时期增长最显著的为合肥、下降最显著的为上海。总体上，随着区域一体化进程推进、产业转移加快等，长三角经济集聚格局处在复杂调整的过程中，边缘城市依靠园区共建、承接产业转移等，经济增速明显加快、经济集中度有所提高，上海、浙东北的部分城市随着产业结构调整，经济集中度有所下降，但区域经济集聚差异态势依然显著。

表 10.4　长三角经济集中度演变格局

经济集中度	2000 年	2003 年	2018 年
<0.3	池州　丽水　黄山　六安　宣城　安庆　宿州　衢州	池州　黄山　丽水　六安　宣城　安庆　宿州　亳州　滁州　阜阳　巢湖	宣城　池州　黄山　丽水　六安　安庆　亳州　宿州　阜阳　滁州　巢湖
0.3～0.6	亳州　滁州　巢湖　阜阳　铜陵　宿迁　蚌埠　淮安　盐城　淮北	衢州　铜陵　宿迁　蚌埠　淮安　盐城　淮北　连云港	衢州　蚌埠　宿迁　铜陵　淮北　淮安　盐城
0.6～1.5	连云港　合肥　淮南　金华　徐州　芜湖　湖州　南通　泰州　台州　扬州　马鞍山　温州　舟山　杭州　绍兴	淮南　金华　合肥　徐州　芜湖　湖州　南通　扬州　泰州　温州　台州　马鞍山　舟山　杭州	淮南　连云港　金华　徐州　湖州　温州　台州　合肥　南通　芜湖　扬州　泰州　杭州　绍兴
1.5～2.0	镇江　宁波	绍兴　镇江　宁波	舟山　马鞍山　宁波
≥2.0	常州　嘉兴　南京　苏州　无锡　上海	常州　嘉兴　南京　苏州　无锡　上海	镇江　嘉兴　常州　南京　苏州　无锡　上海

重心迁移的转变，表征了长三角人口、经济集聚格局的变迁。在内外部因素的综合驱动下，区域人口、经济都经历了从核心区集聚到边缘区扩散的历程，但经济集聚格局转变较早且更为复杂，人口集聚格局变化较为规律，但边缘区部分城市人口、经济集聚度的提高，并未从根本上改变区域分布不均衡的态势。

二、基于不一致指数的协调性演变研究

不一致指数表征了相互牵引下，人口与经济的局部非均衡格局（表 10.5）。总

体上，长三角不一致指数呈现显著的"核心—边缘"空间格局：核心区多为经济聚集超前人口聚集，边缘区主要是经济聚集滞后人口聚集，这表明在经济格局的驱动下，区域差距始终主导长三角的发展格局。2000～2018 年，长三角不一致指数的变化，主要表现为多数核心区城市、欠发达边缘城市的明显上升，前者受人口集聚影响、后者源于相对明显的经济集中度下降；靠近核心区的部分城市有所下降，这更多受到经济快速增长的驱动。差异化演变格局表明，在经济向外围扩散、人口向核心区集聚等格局下，区域人口、经济的演变并未出现同步的协调。为进一步了解人口与经济协调格局演变规律，基于二者重心演变趋势，对不同时期进行对比分析。

表 10.5　不一致指数

城市	2000 年	2003 年	2012 年	2018 年	城市	2000 年	2003 年	2012 年	2018 年
安庆市	2.40	2.78	2.44	2.41	南京市	0.70	0.69	0.73	0.69
蚌埠市	2.41	2.59	2.25	2.12	南通市	1.22	1.17	0.94	0.84
亳州市	3.72	4.63	4.19	4.09	宁波市	0.59	0.59	0.69	0.73
常州市	0.74	0.77	0.72	0.67	衢州市	1.54	1.47	1.24	1.30
巢湖市	2.57	2.72	2.36	2.34	上海市	0.39	0.42	0.60	0.62
池州市	2.80	3.21	2.47	2.51	绍兴市	0.65	0.60	0.68	0.70
滁州市	1.83	2.27	1.97	1.82	苏州市	0.52	0.47	0.59	0.59
阜阳市	4.68	6.26	5.45	5.31	台州市	0.89	0.87	0.96	0.97
杭州市	0.58	0.53	0.65	0.69	泰州市	1.38	1.41	1.05	0.94
合肥市	1.61	1.50	1.15	1.10	铜陵市	1.09	1.13	0.89	0.87
湖州市	0.81	0.86	0.83	0.82	温州市	1.07	1.35	3.62	4.64
淮安市	2.03	1.97	1.55	1.45	无锡市	0.50	0.52	0.50	0.50
淮北市	2.22	2.49	2.41	2.69	芜湖市	1.24	1.26	0.90	0.92
淮南市	1.90	2.07	1.88	2.26	宿迁市	2.96	2.84	2.22	2.05
黄山市	1.97	2.12	1.89	1.94	宿州市	3.63	4.29	3.77	3.60
嘉兴市	0.78	0.74	0.84	0.86	徐州市	1.62	1.57	1.23	1.18
金华市	0.98	0.97	1.01	1.06	宣城市	1.94	2.55	4.43	6.18
丽水市	1.85	1.67	1.47	1.53	盐城市	1.70	1.64	1.25	1.14
连云港市	1.84	1.84	1.47	1.40	扬州市	1.14	1.09	0.90	0.82
六安市	4.08	4.64	3.75	3.88	镇江市	0.74	0.69	0.64	0.60
马鞍山市	1.11	1.06	0.84	0.86	舟山市	1.03	0.93	0.87	0.83

（1）2000～2003 年，核心区除上海、无锡、泰州与常州外均有所下降，其余城市不一致指数有所增加，且以皖北增长最为显著。这一时期经济增长主导区域不一致格局，在全球经济形势向好、经济处于快速增长的黄金期，核心区经济增长显著快于边缘区，尽管人口也向核心区集聚，但相比而言核心区经济增长更为

显著，推动了多数核心区城市不一致指数的下降、边缘城市不一致指数的增加。

（2）2003～2012 年，除核心区上海、南京、杭州等八市及边缘区的金华、温州等有所增加外，多数城市不一致指数有所下降，且以安徽、苏北等地区的城市下降最为明显。在政府对区域发展格局调控、部分城市要素成本上升及全球金融危机冲击等的综合作用下，产业转移逐渐兴起，并成为推动区域发展格局转变的重要力量。发达城市通过产业转移，在实现城市产业转型、新旧动能转换的同时，带动欠发达城市经济增长和区域经济格局转变。但是，区域发展差异并不能在短期内消除，人口依然呈现向东南集聚的惯性；在部分发达城市人口增长、经济放缓及欠发达城市经济增长加快等影响下，区域不一致指数的变化也呈现出核心、边缘内部的显著差异。

（3）2012～2018 年，尽管不一致指数增减城市在核心区、边缘区均有分布，但核心区城市变化微弱，欠发达的淮安、宿迁、阜阳、丽水等城市之间呈现两极分化态势。在政策作用、市场力量等的共同作用下，边缘区部分城市经济增速明显加快、核心区多数城市则有所放缓，在产业转移等的影响下人口集聚格局开始转变，但人口向边缘区转移的现象主要集中在皖江城市带等区位好、资源优势明显的部分城市；此外，核心区部分城市如上海人口集聚力依旧较强、杭州经济增速依旧较快等现象，依然影响着区域发展格局，从而带来不一致指数演变的复杂格局。

三、基于不均衡指数的区域人口-经济协调性研究

与不一致指数有所差异，不均衡指数反映了区域人口与经济协调的总体状况（表 10.6）。2000～2018 年，长三角人口与经济不均衡指数呈下降趋势，表明在人口与经济分布呈显著差异的基础上，人口与经济总体分布向均衡态势转变，即区域发展差异也呈现总体缩小的趋势。2013～2018 年与 2000～2012 年对比发现，不均衡指数的变化明显较小，表明区域格局趋于稳定的态势，特别是 2016 年后人口、经济重心的演变明显趋缓，与重心迁移的趋缓相一致。

表 10.6　人口与经济不均衡指数

年份	2000	2001	2002	2003	2004	2005	2006	2007	2008	2009
不均衡指数	0.0171	0.0170	0.0169	0.0169	0.0167	0.0162	0.0157	0.0153	0.0147	0.0140
年份	2010	2011	2012	2013	2014	2015	2016	2017	2018	—
不均衡指数	0.0131	0.0126	0.0122	0.0120	0.0118	0.0117	0.0117	0.0116	0.0116	—

2000～2018 年，长三角人口与经济集聚格局出现了一定转变，但核心区人口集中度的增加、皖北等边缘区人口集中度的显著下降、核心区部分城市经济集中度的下降和部分边缘城市经济集中度的增加，并未显著改变区域人口与经济不一

致指数"核心—边缘"的集聚格局。基于不均衡指数的测度发现,人口与经济的同步集聚、经济向边缘区的扩散、人口向核心区的集聚、人口向边缘区的回流等,都在一定程度上带来区域人口与经济不均衡指数的缩小,即在经济主导且受部分城市影响较大的基础上,区域人口与经济的总体协调度有了明显的提升,但未来在更深层次制定针对性政策,引导人口与经济的协同演变,成为推动区域均衡发展的重要方向。

第三节　人口与经济分布格局演变的驱动力分析

一、居民收入差距的影响

居民收入增长是经济发展的结果,也是区域人口流动的重要驱动因素。在我国人口主要向城镇流动的过程中,对 2000~2018 年长三角城市人口密度、城镇居民可支配收入进行相关性分析发现,在 0.01 的置信水平下,二者的相关系数为 0.330,即收入增长是人口格局演变的重要驱动力;此外,2000~2012 年相关系数为 0.355、2013~2018 年相关系数为 0.473,这表明居民收入增长对人口吸引力的增强。从城镇居民可支配收入区域格局看,2000 年除苏中外的核心区均值为 9168.08 元、其余城市均值为 6179.09 元,二者比值为 1.484∶1;2012 年演变为 27 342.47 元、17 867.21 元,比值为 1.530∶1;到 2018 年变为 39 517.88 元、25 418.32 元,比值为 1.555∶1,即区域间居民收入差距是边缘城市经济增长并未带来人口同步增长的重要因素。因此,未来加快经济增长的同时,推动居民收入增长,是实现人口、经济协同演变的重要方向。

二、就业格局的演变

在工资性收入占可支配收入较高比重的当下,经济发展带来的就业岗位是吸引人口的重要动力[4]:在 0.01 的置信水平下,就业人口、地区生产总值的相关系数为 0.778,表明经济增长是就业人口增长的重要驱动力;人口密度、就业人口的相关系数为 0.674,表明就业人口是人口集聚的重要驱动力。2000~2018 年,除苏中外的核心区 13 市就业占比从 2000 年的 34.69%持续增长到 2018 年的 41.29%,其余城市则从 2000 年的 65.31%持续下降到 2018 年的 58.71%。随着经济发展格局的转变,区域就业人口分布的"核心—边缘"格局并未发生改变,这也是导致人口、经济不协调的重要因素之一。

产业结构是城市经济发展水平的重要指标,且第三产业就业吸纳能力最强,因此,第三产业比重越大,城市经济发展水平越高,对人口吸引力也越强[1,4]。产业结构与人口密度的相关性结果表明,在 0.01 的置信水平下,2000~2018 年城市人口密度与第二产业比重、第三产业比重的相关系数分别为-0.240、0.499。从长三角发展状况看，苏中外的核心区第三产业比重呈现快速增长趋势，从2000年的0.42增加到2018年的0.57；其余城市的第三产业比重从2000年的0.35增加到2018年的0.47。区域第三产业比重的不同、2012~2018年边缘区第三产业比重的显著提高等，在一定程度上解释了人口重心迁移的转变及区域格局的稳态。

三、区域一体化的推进

21世纪以来，区域一体化逐渐成为推动区域协调发展的重要动力。在区域一体化进程中，交通基础设施的完善、行政壁垒的弱化等都为人口等要素流动提供了便利，特别是区域交通基础设施的完善，成为人口集散的重要动力[1,4]。区域一体化进程在推动区域经济发展的同时，也可能带来人口流动、经济增长的差异，如综合交通运输网的完善，为城市间联系加强及人口、资源等要素快速流动提供了便利，处于区域交通轴线及交通枢纽的城市对人口的集聚能力有所提升，而边缘区人口等要素向核心区的流动也趋于频繁，导致在边缘区更容易获得承接核心区产业转移的机会、提高经济增长的同时，核心区对人口的吸引力也有所增强。近年来，随着一体化效应的显现、区域交通便利度差异的缩小等，人口向边缘区的回流开始显现，但高度发达城市的人口集聚态势并未停止。

四、其他因素

人口分布也受到非经济因素的较大影响，自然因素作为区域发展的基础，对人口集聚具有显著的影响，如与皖南、浙西南等的山区相比，核心区优越的自然地理条件对人口吸引力明显较强。从距离核心区远近的区位条件来看，离核心区较近的城市更易接受其辐射，市场潜力也较大，从而带动人口进一步集聚。作为区域经济、行政中心的城市集聚了较多的教育、科研、信息等资源，对人口吸引力较其他城市自然也大得多，这也是人口向少数核心城市集聚明显的原因之一。不同城市的差异化政策、发展战略等，也会带来差异的经济、人口集聚模式，这也是引起人口和经济偏离的原因，如苏南自下而上的经济发展模式与浦东自上而下的经济发展驱动力的差异。总之，非经济因素能弥补经济因素在集聚人口方面的不足，二者有机结合、共同塑造长三角人口与地区生产总值空间分布格局[1,4,11]。

第四节　结论与讨论

本章以长三角42个城市为研究对象，以人口与经济的协调关系为切入点，分别从总体格局、时空演变等方面分析二者的协调状况，并简要探讨二者演变的驱动因素。研究的主要结论如下。

（1）2000～2018 年长三角人口与经济均呈现稳步增长趋势，但人口-经济增长弹性的"W"演变趋势表明不同时期经济增长对人口吸引力的差异。此外，三省一市及城市层面的人口与经济协调状况也存在显著差异，特别是较发达城市的人口-经济增长弹性明显高于欠发达城市，表明城市经济发展的差异和未来区域均衡发展政策的差异化需求。

（2）长三角人口与经济集聚的差异演变，推动了二者分布总体格局向均衡态势的转变，也表征了区域发展差距的缩小。但从各市空间格局看，差异化集聚态势表明人口与经济协同程度并不高：①经济发展格局是二者协同演变的主导者，尽管 2000～2018 年区域人口、经济均出现了从核心区集聚到边缘区扩散的转变，但基于人口地理集中度的空间格局表明，人口的北高南低、经济的"核心—边缘"差异状况并未发生根本性改变，且伴随着人口向部分边缘城市的扩散，核心区多数城市人口依然有所增长；②基于不一致指数的分析发现，不一致指数始终呈现相对稳定的"核心—边缘"格局，空间演变也主要表现为不一致指数部分发达城市的增长和多数城市的下降。这些都表明，经济的扩散并未带来同步的人口集聚，但重心迁移的趋缓和不均衡指数的相对稳定，都表明长三角区域格局趋于稳定的现象。

（3）长三角人口与经济协调状况的演变，是多种因素共同作用的结果。总体上，人口与经济的协调状况和居民收入差距、就业格局、产业结构的调整、区域一体化进程等密切相关：在区域自然环境等长期因素带来的差异下，居民收入差距是经济发展的结果，也是吸引人口差异化流动的重要因素；产业结构的调整带来就业容纳力的差异，导致人口吸引力的不同；政策决策通过影响区域宏观发展格局等，对区域经济发展与人口流动等都有不同的影响。

在长三角区域合作深化、产业转移加快等背景下，欠发达城市能否随着经济快速增长以实现人口的同步集聚，一方面关系到区域产业转移、产业结构升级转换能否真正得到实现，另一方面也影响区域均衡发展的进程。因此，应构建城市错位发展机制，通过产业合作等促进协同发展，引导区域产业功能空间布局合理化，如对于人口聚集过多的城市，引导人口流出的同时，加快产业聚集和经济发展；对于经济聚集程度偏高的城市，通过产业调整等加快人口聚集，从而推动人口与经济协调度的提高。在此过程中，各城市在关注自身要素禀赋提升、经济发展的同时，充分发挥政府协调作用，通过加强顶层设计和健全保障机制，消除要素流动障碍，充分利用空间溢出效应等地理条件，促进生产要素的跨区域、跨行业流动与集聚，提高区域发展的联动效应，推动区域一体化的深化和协同发展。此外，本章仍存在提升空间，如对人口地理集中度的分析中，并未考虑如太湖流域等大片水面、皖南山地等非宜居面积的影响，在长三角流动人口比重较高且对经济发展具有一定影响的情况下，由于数据难以获得等因素，并未将流动人口考虑在内，这些都可能对研究结果产生影响；在驱动因素的分析中，主要采用定性方法进行研究。未来，基于更加科学的数据，采用定量的方法等，对这些问题进行深入讨论，是进一步研究的方向。

参 考 文 献

[1] 王磊，段学军，田方，等. 长江三角洲人口与经济的空间分布关系研究[J]. 经济地理, 2009, 29(10): 1619-1623.

[2] 肖周燕. 中国人口与经济分布一致性的空间效应研究[J]. 人口研究, 2013, 37(5): 42-52.

[3] 官冬杰，谭静，张梦婕，等. 重庆市人口与经济发展空间耦合分布研究[J]. 人文地理, 2017, 32(2): 122-128.

[4] 闫东升，杨槿，高金龙. 长江三角洲人口与经济的非均衡格局及其影响因素研究[J]. 地理科学, 2018, 38(3): 376-384.

[5] Razin A, Sadka E. Population Economics[M]. Cambridge: The MIT Press, 1994.

[6] 亚当·斯密. 国富论[M]. 郭大力，王亚南，译. 南京: 译林出版社, 2011.

[7] 托马斯·马尔萨斯. 人口原理[M]. 陈小白，译. 北京: 华夏出版社, 2012.

[8] Romer P M. Increasing returns and long-run growth[J]. Journal of Political Economy, 1986, 94(5): 1002-1037.

[9] 戴维·罗默. 高级宏观经济学(第四版)[M]. 王根蓓，译. 上海: 上海财经大学出版社, 2014.

[10] 孙文生，靳光华. 河北省人口与经济协调发展的定量分析[J]. 人口与经济, 1997, (1): 57-59.

[11] 闫东升，何甜，陈雯. 人口聚集、经济扩散及其不一致状况——来自长江三角洲的经验研究[J]. 经济地理, 2017, 37(9): 47-56.

[12] 蒋子龙，樊杰，陈东. 2001—2010 年中国人口与经济的空间集聚与均衡特征分析[J]. 经济地理, 2014, 34(5): 9-14.

[13] 李国平，罗心然. 京津冀地区人口与经济协调发展关系研究[J]. 地理科学进展, 2017, 36(1): 25-33.

[14] 沈惊宏，余兆旺，石张宇，等. 多尺度的泛长江三角洲经济空间格局演变[J]. 经济地理, 2016, 36(2): 19-26.

[15] 习近平. 共建创新包容的开放型世界经济——在首届中国国际进口博览会开幕式上的主旨演讲[J]. 中华人民共和国国务院公报, 2018, (33): 5-8.

第四篇

典型城市篇：以无锡为例

第《十一》章

无锡市人口发展特征及成因

无锡市，工业化和城市化水平较高，人口较为密集。根据统计部门数据，无锡市 2015 年常住人口为 650.1 万人，其中，户籍人口为 480.9 万人，外来常住人口为 169.2 万人。根据卫生计生部门数据，2015 年全市总人口（与服务人口内涵基本相同，包含常住人口和停留三天以上、半年以内的短期暂住人口，是沿海城市在特定时期城市设施配置的基础依据之一）为 799.95 万人，除常住人口为 650.1 万人外，短期暂住人口为 149.85 万人。

第一节 总 体 特 征

一、人口规模[①]

（1）人口总量持续增长，但增长率变化明显。2015 年，全市总人口达到 799.95 万人，较 2001 年增长 289.41 万人，年均增长率约为 3.26%。但是，总人口的增长率波动较大，尤其是 2007 年以后，虽然总人口仍呈现增长的态势，但是部分年份的总人口也有下降（图 11.1）。市区总人口仍然持续增加，2015 年约为 442.91 万人（图 11.2），占全市的 55.37%，较 2010 年比重增长 2.19 个百分点。

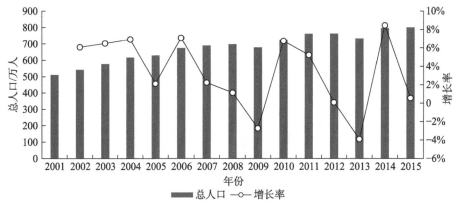

图 11.1 无锡市总人口及增长情况

---

① 除服务人口外，人口规模分析的数据以统计部门的为准。

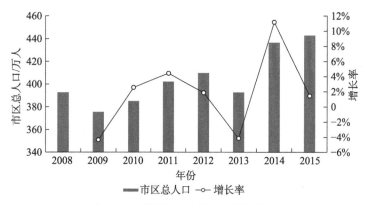

图 11.2　无锡市区总人口及增长情况

（2）常住人口逐年增长，但是增速趋缓。2000～2015 年，全市常住人口增长141.45 万人，年均增长 1.65%。其增长呈现明显的阶段化特征，2006 年之前增长率快速上升，至 2006 年约为 4.85%，当年全市常住人口增长约 27 万人（图 11.3）。2007～2010 年增长率有所波动，之后降至 1% 以下，2015 年常住人口基本没有增长。与全市相比，无锡市区常住人口增长格局类似，但 2010 年后全市的波动下降与市区的波动增长，显示了市区更强的人口吸引力（图 11.4）。

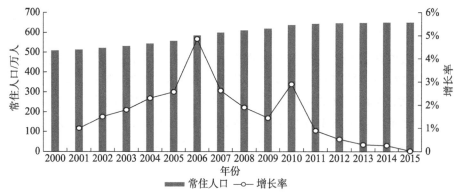

图 11.3　无锡市常住人口及增长情况

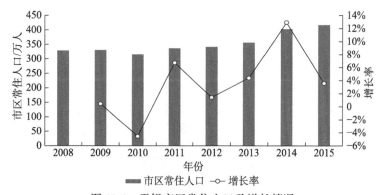

图 11.4　无锡市区常住人口及增长情况

（3）户籍人口增长相对稳定，机械增长逐渐占据主体。1990～2015 年，无锡市户籍人口稳定增长，但增量较少，平均每年增加约 2.53 万人，年增长率约为 5.65‰。2000 年及以前，户籍人口的增长以自然增长为主；2001 年后，机械增长超过自然增长，成为户籍人口增量的主体。其中，2005 年前后的机械增长率远高于自然增长率，2010 年以后，虽然两者的差距有所下降，但是机械增长率仍然明显高于自然增长率（图 11.5）。无锡市区的情况与全市基本类似，但其机械增长率一直高于自然增长率，尤其是 2005 年左右，受户籍政策调整的影响，市区户籍人口机械增长率较高；近年来，受"人口市民化"政策影响，机械增长率有上升的态势（图 11.6）。

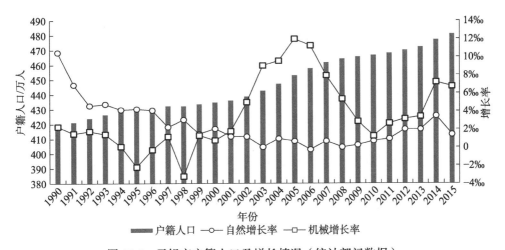

图 11.5　无锡市户籍人口及增长情况（统计部门数据）

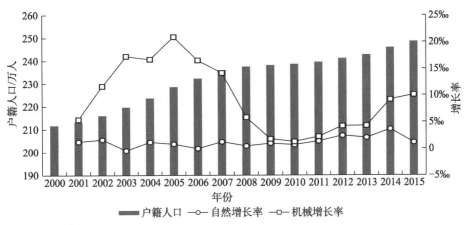

图 11.6　无锡市区户籍人口及增长情况（统计部门数据）

（4）市区常住人口占比最高，户籍人口占比增长明显。2015 年，无锡市区总人口、常住人口、户籍人口占全市的比重分别为 55.37%、55.70% 和 51.68%。其中，常住人口占比基本稳定，总人口占比较 2010 年增长 2.19 个百分点，户籍人口占比较 2010 年增长 0.54 个百分点。

（5）外来人口波动式增加并趋于稳定，但外来常住人口略有下降。2015 年，全市总人口为 799.95 万人，较常住人口多 149.85 万人，是常住人口总量的 1.23 倍；较户籍人口多 319.05 万人，是户籍人口总量的 1.66 倍。2005～2015 年，外来人口呈现波动式上升的趋势，从 2005 年的 177.06 万人增长至 2015 年的 319.05 万人；外来常住人口先增后降，从 2005 年的 104.16 万人增长至 2012 年的 176.48 万人，之后缓慢降至 2015 年的 169.2 万人。无锡市区呈现类似的格局，2015 年，总人口约为 442.91 万人，分别是常住人口和户籍人口的 1.22 倍和 1.78 倍。外来人口数量波动增长，但外来常住人口规模趋于下降。

（6）常住人口外的其他服务人口规模较大，较常住人口高出 20%以上[①]。按照节点和人口发展实际，城市服务人口不仅包括常住人口，还包括半年以下暂住人口、跨市域通勤人口、短期游客等在内的实际服务人口。城市服务人口随着人口流动性的不断提高而明显增长，城市常住人口与城市外服务人口一起，构成了本地的城市服务人口。地处交通设施连通便捷、经济社会联系密切的长三角地区，加上旅游休闲、餐饮娱乐等产业发达，无锡市存在大量的半年以下暂住人口、跨市域通勤人口、短期游客等其他服务人口。2015 年，无锡市总人口为 799.95 万人，其中其他服务人口为 149.85 万人，总人口高出常住人口约 23%，常住人口外的其他服务人口约占总人口的 19%。其他服务人口规模不断增加，总人口高出常住人口的比例也呈现增长态势（图 11.7）。

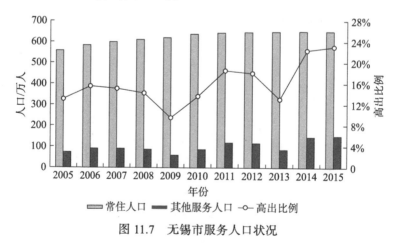

图 11.7　无锡市服务人口状况

市区其他服务人口的规模 2008～2015 年先增后降，尤其是 2013 年及以后急剧下降，这一格局可能与实际情况存在一定差距，因为交通更加便捷、旅游资源

---

　　① 服务人口的分析采用了公安部门的数据。

更加丰富、公共服务设施更加优质的市区应该是其他服务人口的重点分布区域（表11.1）。因此，以人口数据准确度较高的普查年份 2010 年的数据作为基准，当年总人口为 385.17 万人，常住人口为 315.72 万人，其他服务人口为 69.45 万人，总人口较常住人口约高出 22.00%，其他服务人口占总人口的 18.03%。

表 11.1　无锡市区服务人口状况

年份	总人口/万人	常住人口/万人	其他服务人口/万人	较常住人口高出比例	占总人口比重
2008	392.66	329.30	63.36	19.24%	16.14%
2009	375.58	330.79	44.79	13.54%	11.93%
2010	385.17	315.72	69.45	22.00%	18.03%
2011	402.15	336.98	65.17	19.34%	16.21%
2012	409.64	341.77	67.87	19.86%	16.57%
2013	391.15	356.82	34.33	9.62%	8.78%
2014	433.44	402.91	30.53	7.58%	7.04%
2015	442.91	417.35	25.56	6.12%	5.77%

二、人口结构[①]

（1）年龄结构趋于老化，户籍人口老龄化率更高。根据无锡市原人口和计划生育委员会的《无锡人口动态》（结合公安局数据得出的），2014 年户籍人口中，36～59 岁、19～35 岁所占比例较高，但是与 2010 年相比，占比分别下降了 1.16 个百分点和 2.81 个百分点；2014 年，60 岁及以上人口占比明显增加，提高了 3.83 个百分点（表 11.2）。2010～2014 年，户籍人口老龄化率明显提升的同时，外来人口的年龄也趋于老化，表现为低年龄段外来人口减少、高年龄段外来人口增加，其中 36～59 岁、60～79 岁、80 岁及以上分别增长了 1.73 个百分点、1.62 个百分点和 0.09 个百分点，同期 19～35 岁阶段的外来人口占比则下降了 2.18 个百分点。与户籍人口相比，外来人口的平均年龄和老龄人口占比明显低，表明外来人口的进入对于提高区域经济活力、减轻老龄化威胁等具有积极意义（表 11.3）。以 60 岁及以上老龄人口的占比来看，2014 年，户籍人口中占比为 24.13%，而常住人口中占比仅为 16.08%（表 11.4）。

表 11.2　2010 年和 2014 年户籍人口年龄分布

年份	0～6 岁	7～18 岁	19～35 岁	36～59 岁	60～79 岁	80 岁及以上
2010	4.67%	9.22%	26.50%	39.32%	17.40%	2.90%
2014	5.57%	8.46%	23.69%	38.16%	20.73%	3.40%

注：数据由于经过四舍五入，合计可能不等于 100%

---

① 人口结构分析以公安部门的数据为基础。

表 11.3　2010 年和 2014 年外来人口年龄分布

年份	0~6 岁	7~18 岁	19~35 岁	36~59 岁	60~79 岁	80 岁及以上
2010	3.89%	7.80%	49.88%	36.65%	1.72%	0.06%
2014	3.57%	6.86%	47.70%	38.38%	3.34%	0.15%

表 11.4　2014 年户籍人口和常住人口年龄分布比较

项目	0~6 岁	7~18 岁	19~35 岁	36~59 岁	60~79 岁	80 岁及以上
户籍人口	5.57%	8.46%	23.69%	38.16%	20.73%	3.40%
常住人口	4.79%	7.83%	33.05%	38.24%	13.95%	2.13%

注：数据由于经过四舍五入，合计可能不等于100%

（2）各区年龄结构存在明显差异，新吴区人口结构"最年轻"。2014 年，各区户籍人口老龄化率均在 22%以上，崇安区、南长区、北塘区均超过 25%，外围四区在 25%以下；从常住人口口径看，崇安区、南长区、北塘区的老龄化率也较高，在 20%左右（图 11.8）。从各区的年龄结构看，新吴区老龄化率最低，仅为 12.02%；中青年人口占比最高，其中 19~35 岁人口的占比达到了 45%，远高于其他区（图 11.9）。

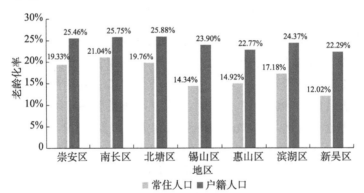

图 11.8　2014 年各区户籍人口与常住人口口径的老龄化率

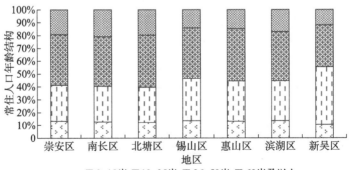

图 11.9　2014 年各区常住人口年龄结构

（3）外来就业人口以务工为主，主要分布在新吴区、锡山区、惠山区等外围产业区。2014 年，市区外来就业人口为 152.12 万人，其中务工人员为 122.84 万人，约占 81%，与无锡市工业城市的特征高度契合；建筑、服务、经商的外来人员分别约占 9%、7% 和 3%。从空间分布看，新吴区外来就业人口最多，超过 40 万人；其次为锡山区和惠山区，均为 32 万人左右（表 11.5）。

表 11.5　2014 年外来就业人口从业情况　　　　单位：万人

地区	合计	从业情况			
		务工	建筑	服务	经商
市区	152.12	122.84	13.96	10.13	5.19
锡山区	31.94	28.26	1.51	1.43	0.75
惠山区	31.85	25.38	3.65	2.05	0.77
滨湖区	24.28	17.34	4.10	1.61	1.22
崇安区	6.20	3.20	0.35	1.11	1.54
南长区	7.23	5.46	0.71	0.96	0.10
北塘区	10.07	7.55	0.76	1.39	0.36
新吴区	40.56	35.66	2.88	1.58	0.44

注：表中数据因进行四舍五入修约，分项数据与合计数据部分存在误差

（4）外来劳动年龄人口以初中学历为主，近年来受教育状况有所改善。2014 年，市区外来劳动年龄人口中，初中学历人口占比最高，接近 66%，而大专及本科、研究生及以上学历者分别仅占 8.37% 和 0.21%。但是，与 2010 年相比，外来劳动年龄人口的受教育状况有明显的改善，大专及本科、研究生及以上学历者分别提高了 3.84 个百分点和 0.12 个百分点，而小学及以下、初中学历者分别下降了 2.48 个百分点和 3.59 个百分点（表 11.6）。这与无锡市推进人才引进和产业转型升级相关。

表 11.6　2010 年和 2014 年外来劳动年龄人口受教育情况

年份	小学及以下	初中	高中及中专	大专及本科	研究生及以上
2010	14.72%	69.57%	11.08%	4.53%	0.09%
2014	12.24%	65.98%	13.19%	8.37%	0.21%

注：数据由于经过四舍五入，合计可能不等于100%

三、空间分布

（1）城镇化水平快速提高，处于初步稳定增长和质量提升阶段。从统计部门的常住人口数据看，2015 年，无锡全市城镇化率达到 75.40%，其中市区城镇化率达到 81.79%（图 11.10），进入稳定增长阶段。按照公安部门数据和人口城镇化率的核算方式（即市区常住人口为 442.91 万人，将街道人口统计为城镇人口，乡

镇人口统计为乡村人口），2015 年无锡市区城镇化率为 84.69%（图 11.11），略高于统计部门的城镇化率。本书以公安部门数据为准，按照比例关系将 2010～2015 年无锡市区的城镇化率进行校正，城镇化率年均增长 0.822 个百分点。

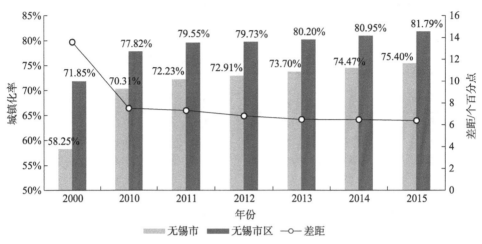

图 11.10　无锡市和无锡市区城镇化率变化①

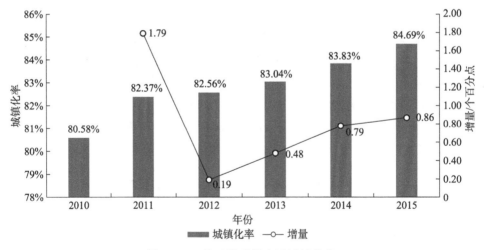

图 11.11　修正的无锡市区城镇化率

（2）户籍人口区域分布差异明显，老城区略有下降。江阴市和宜兴市户籍人口规模较高，远远高于其他各区。在七个区中，外围四区（滨湖区、惠山区、锡山区、新吴区）人口规模较大，而老城三区（南长区、北塘区、崇安区）户籍人口较少。2008～2015 年户籍人口格局相对稳定，但外围四区均略有增长，惠山区、新吴

---

① 统计局常住人口口径，数据来源于《江苏统计年鉴》以及无锡市、江阴市、宜兴市的统计年鉴和统计公报。

区等增速较快，分别增长了 4.98 万人、3.60 万人，锡山区、滨湖区分别增长了 2.91
万人、1.11 万人；相比之下，老城三区户籍人口总量有小幅下降，南长区、北塘区、
崇安区 2015 年分别比 2008 年减少了 1.1 万人、0.26 万人和 0.16 万人（表 11.7）。

表 11.7　各区、市户籍人口规模及变化（公安部门数据）　单位：万人

地区	2008 年	2009 年	2010 年	2011 年	2012 年	2013 年	2014 年	2015 年
崇安区	18.80	18.70	18.55	18.51	18.53	18.53	18.53	18.64
南长区	33.55	33.58	33.21	32.87	32.65	32.65	32.45	32.45
北塘区	25.87	25.69	25.47	25.43	25.48	25.48	25.45	25.61
锡山区	40.60	41.06	41.41	41.81	42.30	42.30	42.66	43.51
惠山区	40.70	41.17	41.81	42.54	43.19	43.19	43.88	45.68
滨湖区	46.83	46.59	46.25	46.03	46.15	46.15	46.36	47.94
新吴区	31.08	31.33	31.90	32.28	32.79	32.79	33.28	34.68
江阴市	120.00	120.35	120.71	120.88	121.26	121.26	121.73	124.10
宜兴市	106.78	107.18	107.24	107.61	107.73	107.73	107.88	108.29

（3）流动人口变化较大，老城区流动人口规模较小，且增量不大。江阴市流
动人口规模较高，第二层次的是新吴区、锡山区、惠山区、滨湖区和宜兴市，较
低的是北塘区、南长区和崇安区。2008～2015 年，各区、市流动人口均有增加，
其中江阴市最多，增长了 43.54 万人；其次为新吴区、惠山区和锡山区，分别增
长了 11.77 万人、10.02 万人和 8.84 万人；再次为滨湖区、宜兴市和北塘区，分别
增长了 4.82 万人、3.08 万人和 2.36 万人；较少的是崇安区和南长区，分别增长了
0.81 万人和 0.56 万人（表 11.8）。

表 11.8　各区、市流动人口规模及变化（卫生和计划生育部门数据）　单位：万人

地区	2008 年	2009 年	2010 年	2011 年	2012 年	2013 年	2014 年	2015 年
崇安区	8.23	8.25	8.49	9.13	9.22	8.39	8.95	9.04
南长区	10.35	8.87	9.89	11.13	11.27	9.70	11.14	10.91
北塘区	11.45	10.50	10.73	11.23	11.07	10.25	12.93	13.81
锡山区	31.42	30.14	30.37	28.98	33.95	33.15	38.88	40.26
惠山区	29.59	27.84	27.44	33.46	31.05	26.84	38.24	39.61
滨湖区	27.73	25.37	25.04	28.50	30.06	26.18	33.15	32.55
新吴区	36.47	26.51	34.62	40.25	41.94	35.56	47.54	48.24
江阴市	55.17	55.65	88.93	99.41	98.67	86.36	99.01	98.71
宜兴市	22.85	19.70	22.23	32.17	25.66	24.63	28.40	25.93

（4）常住人口均有增长，但江阴市和外围四区增量较大。从总规模看，2010
年江阴市和宜兴市较多，均超过 100 万；其次为外围四区，即滨湖区、新吴区、
锡山区、惠山区，均超过 50 万；老城三区较少，均低于 40 万。2000～2010

年，各区、市常住人口均有增长，其中新吴区增量最大，其次为江阴市和惠山区，而老城三区增量较小（表 11.9）。

表 11.9　2000 年、2010 年人口分布（五普和六普数据）

区域	2000 年		2010 年		2000~2010 年增量/万人
	常住人口/万人	比重	常住人口/万人	比重	
全市	507.18		637.44		130.26
崇安区	21.39	4.2%	22.90	3.6%	1.51
南长区	34.84	6.9%	37.85	5.9%	3.01
北塘区	30.42	6.0%	33.69	5.3%	3.27
滨湖区	55.09	10.9%	68.91	10.8%	13.82
新吴区	22.63	4.5%	53.77	8.4%	31.14
锡山区	49.01	9.7%	68.14	10.7%	19.13
惠山区	45.83	9.0%	69.11	10.8%	23.28
江阴市	131.55	25.9%	159.51	25.0%	27.96
宜兴市	116.43	23.0%	123.55	19.4%	7.12

四、人口空间分布（分乡镇、街道）

（1）人口呈现明显的圈层式特征，老城区密度最高。户籍人口、常住人口和总人口的空间分布呈现类似的特征，以老城区、江阴城区、宜兴城区为中心，人口密度呈现从中心向外围依次递减的圈层式分布格局。其中，老城区的户籍人口密度、常住人口密度和总人口密度均在 10 000 人/千米^2 以上（表 11.10~表 11.12）。

表 11.10　2015 年户籍人口密度

密度	区域
≤1 000 人/千米^2	太湖街道、湖父镇、太华镇、西渚镇、张渚镇、新街街道、高塍镇、杨巷镇、徐舍镇、新建镇、芳桥镇、马山街道、万石镇、和桥镇、官林镇、新庄街道、胡埭镇、丁蜀镇、周铁镇、屺亭街道、璜土镇、临港街道、羊尖镇、鹅湖镇、锡北镇、雪浪街道、东港镇、安镇（厚桥）街道、徐霞客镇
1 000~2 000 人/千米^2	鸿山街道、祝塘镇、青阳镇、洛社镇、长泾镇、硕放街道、玉祁街道、南闸街道、顾山镇、月城镇、云亭街道、阳山镇、华士镇、新安街道、新桥镇、东北塘街道、周庄镇、华庄街道、前洲街道、钱桥街道、梅村街道、旺庄街道、堰桥街道
2 000~5 000 人/千米^2	长安街道、蠡园街道、城东街道、荣巷街道、太湖街道、东亭（云林）街道、宜城街道、蠡湖街道、江溪街道、扬名街道、广益街道、黄巷街道
5 000~10 000 人/千米^2	金匮街道、山北街道、通江街道
>10 000 人/千米^2	河埒街道、广瑞路街道、惠山街道、上马墩街道、清名桥街道、迎龙桥街道、金星街道、崇安寺街道、北大街（五河）街道、南禅寺街道、江海街道

表 11.11　2015 年常住人口密度

密度	区域
≤1 000 人/千米²	湖父镇、太湖街道、新街街道、太华镇、西渚镇、张渚镇、杨巷镇、徐舍镇、芳桥镇、高塍镇、新建镇、新庄街道、周铁镇、官林镇、万石镇、和桥镇、马山街道
1 000～2 000 人/千米²	胡埭镇、丁蜀镇、羊尖镇、璜土镇、安镇（厚桥）街道、鹅湖镇、徐霞客镇、月城镇、鸿山街道、临港街道、青阳镇、锡北镇、阳山镇、长泾镇、东港镇、南闸街道、祝塘镇、顾山镇、云亭街道、新安街道、雪浪街道、华士镇、玉祁街道、屺亭街道、周庄镇、前洲街道、硕放街道、洛社镇、新桥镇
2 000～5 000 人/千米²	华庄街道、长安街道、梅村街道、东北塘街道、钱桥街道、堰桥街道、城东街道、旺庄街道、蠡园街道、荣巷街道、太湖街道、宜城街道、蠡湖街道、金匮街道
5 000～10 000 人/千米²	江溪街道、通江街道、东亭（云林）街道、山北街道、广益街道、黄巷街道
>10 000 人/千米²	惠山街道、河埒街道、清名桥街道、金星街道、崇安寺街道、迎龙桥街道、扬名街道、上马墩街道、广瑞路街道、北大街（五河）街道、南禅寺街道、江海街道

表 11.12　2015 年总人口密度

密度	区域
≤1 000 人/千米²	湖父镇、太华镇、太湖街道、西渚镇、张渚镇、杨巷镇、徐舍镇、芳桥镇、新街街道、新建镇、高塍镇、新庄街道、和桥镇、官林镇、周铁镇、马山街道
1 000～2 000 人/千米²	万石镇、丁蜀镇、胡埭镇、羊尖镇、屺亭街道、鹅湖镇、临港街道、月城镇、徐霞客镇、青阳镇、东港镇、璜土镇、雪浪街道、阳山镇、南闸街道、锡北镇、长泾镇、玉祁街道、安镇（厚桥）街道、洛社镇
2 000～5 000 人/千米²	鸿山街道、顾山镇、云亭街道、硕放街道、长安街道、祝塘镇、新安街道、前洲街道、周庄镇、钱桥街道、华士镇、东北塘街道、华庄街道、新桥镇、宜城街道、蠡园街道、堰桥街道、荣巷街道、城东街道
5 000～10 000 人/千米²	蠡湖街道、旺庄街道、太湖街道、梅村街道、东亭（云林）街道、金匮街道、扬名街道、黄巷街道、江溪街道、山北街道、广益街道
>10 000 人/千米²	通江街道、河埒街道、迎龙桥街道、清名桥街道、广瑞路街道、上马墩街道、金星街道、崇安寺街道、北大街（五河）街道、惠山街道、南禅寺街道、江海街道

（2）流动人口主要分布在主城周边的产业园区和滨江地区，新吴区和江阴东南部占比较高。2015 年，流动人口超过 10 万人的地区主要集中在市区东南和江阴的滨江及东部地区，这些地区也是流动人口占比较高的地区，超过所在乡镇、街道人口总量的 55%。宜兴市、江阴东南部和老城区流动人口的规模和占比均较少（表 11.13）。

表 11.13　2015 年流动人口规模和占比情况

项目		区域
规模	≤2 万人	湖父镇、杨巷镇、西渚镇、太华镇、芳桥镇、新建镇、通江街道、新庄街道、徐舍镇、周铁镇、崇安寺街道、长安街道、江海街道、月城镇、广瑞路街道、上马墩街道、金匮街道、张渚镇、南禅寺街道、马山街道、迎龙桥街道、阳山镇、蠡湖街道、蠡园街道、和桥镇、清名桥街道、官林镇、万石镇
	2 万～4 万人	新街街道、高塍镇、羊尖镇、扬名街道、鹅湖镇、胡埭镇、南闸街道、金星街道、屺亭街道、荣巷街道、玉祁街道、新安街道、北大街（五河）街道、青阳镇、东北塘街道、新桥镇
	4 万～6 万人	前洲街道、宜城街道、山北街道、云亭街道、广益街道、河埒街道、长泾镇、顾山镇、雪浪街道、璜土镇、徐霞客镇、硕放街道、黄巷街道、东港镇、太湖街道、太湖街道、锡北镇、丁蜀镇、鸿山街道
	6 万～10 万人	华庄街道、钱桥街道、惠山街道、临港街道、安镇（厚桥）街道、洛社镇、祝塘镇、堰桥街道
	>10 万人	梅村街道、周庄镇、华士镇、江溪街道、旺庄街道、东亭（云林）街道、城东街道
占比	≤10%	杨巷镇、徐舍镇、湖父镇
	10%～25%	西渚镇、芳桥镇、太华镇、周铁镇、崇安寺街道、长安街道、新建镇、新庄街道、张渚镇、南禅寺街道、迎龙桥街道、宜城街道、官林镇、清名桥街道、月城镇、和桥镇、通江街道、新街街道
	25%～40%	高塍镇、阳山镇、河埒街道、金星街道、丁蜀镇、北大街（五河）街道、荣巷街道、上马墩街道、江海街道、徐霞客镇、青阳镇、广瑞路街道、羊尖镇、鹅湖镇、蠡湖街道、金匮街道、马山街道、南闸街道、临港街道、屺亭街道、山北街道、蠡园街道
	40%～65%	玉祁街道、东港镇、城东街道、长泾镇、前洲街道、万石镇、胡埭镇、雪浪街道、黄巷街道、洛社镇、云亭街道、顾山镇、太湖街道、太湖街道、璜土镇、锡北镇、钱桥街道、扬名街道、鸿山街道、广益街道、安镇（厚桥）街道、新安街道、硕放街道、周庄镇、堰桥街道、东北塘街道、华庄街道、华士镇、江溪街道、惠山街道、祝塘镇、新桥镇、东亭（云林）街道
	>65%	旺庄街道、梅村街道

（3）人口变化的区域差异明显，老城区和宜兴山区人口密度明显下降，而老城周边街道密度增长较快。2000～2010 年，市辖区的崇安寺、南禅寺等街道人口密度降低了 1000 人/千米 ^{2} 以上；周边的广瑞路、上马墩、扬名、山北、东亭、江溪等街道人口密度提高了 2000 人/千米 ^{2} 以上，蠡园、旺庄、太湖、梅村等街道人口密度提高值也在 1000 人/千米 ^{2} 以上。人口增长的热点主要在近郊区的新城，其中锡山新城靠近城区的部分增长最快，惠山新城、太湖新城和产业新城也有明显的增长（表 11.14）。

表 11.14　2000~2010 年常住人口密度变化

密度	区域
≤–1000 人/千米²	南禅寺街道、崇安寺街道、北大街街道、金星街道、惠山街道
–999～0 人/千米²	江海街道、蠡湖街道、南闸街道、芳桥镇、徐舍镇、张渚镇、杨巷镇、周铁镇、湖㳇镇、西渚镇、太华镇、新建镇
1～100 人/千米²	月城镇、和桥镇、华庄街道、官林镇、新庄街道、新街街道、利港镇、丁蜀镇
101～200 人/千米²	长泾镇、通江街道、马山街道、万石镇、荣巷街道、青阳镇、高塍镇、阳山镇、羊尖镇、清名桥街道、徐霞客镇
201～500 人/千米²	顾山镇、安镇街道、周庄镇、鹅湖镇、申港街道、胡埭镇、璜土镇、华士镇、锡北镇、祝塘镇、澄江街道、鸿山街道、东港镇、云亭街道、洛社镇、前洲街道、新桥镇、河埒街道、玉祁街道、屺亭街道
501～1000 人/千米²	雪浪街道、硕放街道、新安街道、夏港街道
> 1000 人/千米²	金匮街道、梅村街道、宜城街道、堰桥街道、长安街道、钱桥街道、东北塘街道、迎龙桥街道、旺庄街道、太湖街道、蠡园街道、江溪街道、广益街道、东亭街道、山北街道、黄巷街道、上马墩街道、广瑞路街道、扬名街道

第二节　成　因　分　析

　　人口发展和空间布局受到资源环境、产业发展、基础设施建设、政策等因素的影响。具体而言，无锡人口状况特征同样也受到经济、社会、资源、环境等各方面的影响（图 11.12）。

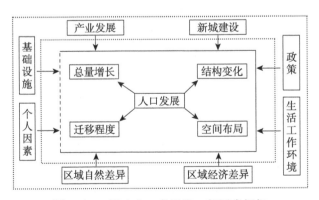

图 11.12　影响人口发展的一般因素框架

　　（1）无锡所在的江南地区是全国较适宜人居的地区之一。江南地区自然地理禀赋优越，水网密集，雨热同期，气候宜人，历史上就是非常适合人居的地区。近现代以来，民族工业、乡镇企业、外向型经济等加速发展，带来了充足的就业岗位，不仅大幅改变了本地人的生活方式、提升了本地人的生活水平，也为外来人口提供了充足的、多样的工作岗位，使得人口快速向包括无锡在内的江南地区集聚。对于无锡而言，本身地处太湖之滨的江南核心地区，交通条件日趋改善，区外通达性、区内便捷性不断增强，人口密度仍然较低，就业岗位较为充足，生态环境相对较好，大城市习以为常的"城市病"并没有出现，适宜人居的本底条件没有出现本质变化，是江南地区仍然较为适合人居的地区之一。

（2）长三角一体化带来的要素流动性增强促进了无锡的人口集聚。随着长三角一体化发展、苏南现代化建设示范区规划等一批国家和区域发展战略的实施，苏南地区的基础设施建设不断完善。尤其高速铁路、城际铁路、轨道交通、高速公路等网络化交通设施建设，极大地改善了长三角、苏南地区的交通联系，推动区域形成了一个更加紧密联系的有机统一体。在这样的大背景下，无锡市与周边主要城市之间的联系更加便利，作为上海、南京等区域中心城市 1 小时交通圈内的城市，无锡已经成为长三角要素流动网络上的一个重要节点。无锡市抓住要素流动，尤其是人口流动的机遇，通过完善自身产业集聚、居住配套、创新创业等功能，增强对包括人流在内的各类要素的"黏性"，提高在网络系统中的能级，从而实现产业集聚、人口集聚和功能提升。

（3）产业发展带动人口规模增加和结构调整。从《无锡统计年鉴》（2001～2013 年）可以发现，2000～2012 年无锡市地区生产总值从 1200 亿元增加到 7568 亿元，同期就业人口从 221 万人增加到 389 万人，即地区生产总值每增加 1 亿元，就业岗位增加 0.026 万个。就业人口逐渐向第二产业、第三产业转移，就业结构从 2000 年的 23：48：29 调整为 2012 年的 5：57：38。近年来高技术产业和服务业的发展带动了人口素质结构的明显提升，2000～2010 年，大专和本科及以上学历人口分别增长了 33.45 万人和 22.08 万人，2010 年占常住人口的比例分别达到 8.20%和 5.23%，其中研究生及以上学历为 2.05 万人。高层次人才主要分布在高技术和现代服务业领域，其中在物联网、新能源和新能源汽车、生物医药、微电子、软件和服务外包、工业设计和文化创意等产业领域最为集中。良好的经济发展态势也有助于增加就业岗位供给、优化就业岗位结构，吸引更大规模、更高层次的人力资源进入无锡。

专栏 11-1　2017 年城市竞争力报告

中国社会科学院财经战略研究院与经济日报 2017 年在北京共同发布"中国社会科学院创新工程重大成果《中国城市竞争力报告 No.15》"。报告构建了城市综合经济竞争力指数、宜居竞争力指数、可持续竞争力指数，对 2016 年中国两岸四地 294 个城市的综合经济竞争力和 289 个城市的宜居竞争力、可持续竞争力进行了实证研究。报告指出，2016 年宜居竞争力指数十强城市分别为香港、无锡、广州、澳门、厦门、杭州、深圳、南通、南京、上海。其中，无锡跃居内地城市第一位，在教育环境、医疗环境、经济环境等方面表现突出。

（4）新城建设和新产业空间的出现改变了人口分布格局。2000年以来，为了缓解老城区过重的人口压力、拓展城市发展空间，分别规划建设了太湖新城、科技新城、惠山新城、锡西新城、锡东新城等五大新城区和一批重点城镇族群，江阴和宜兴也在城区周边敔山湾、新街街道等开发建设新城区，在疏散老城区人口的同时也整合了城郊分散的农村居民点，原地安置了大量的失地农民。此外，大规模的开发区建设使周边地区出现了大量的配套生活空间，推动就业人口集聚。目前，无锡正在向以高技术和服务业为主的创新经济转型，科技创新园区和服务业集聚区等新产业空间不断涌现，并呈现与居住空间融合的态势，成为人口集聚的潜在增长点。

（5）城市网络通勤化交通重塑人口空间分布格局。随着交通设施的完善和网络化通勤格局的逐步形成，老城区与新城、外围乡镇的联系越发便捷，从而推动人口向老城区以外地区疏散。2008年，由江海路、金城路、青祁路、惠山隧道和凤翔路构成的快速内环建成通车，将老城区与堰桥、山北、新区和太湖新城等便捷相连；江海路西延伸、凤翔路北延伸、通江大道、金城东路、机场路、中南路、蠡湖大道和梁青路等使中心城区与江阴和宜兴的通勤也更为便捷。同时，无锡加快推进"公交优先"体系建设，每年新辟和调整的线路在10条以上，公交逐步由老城区向郊区拓展。已建成的地铁线站点及沿线地区成为商品房销售较好的区域之一，在建或规划建设的地铁沿线地区同样有可能成为未来人口集聚的热点区域。

（6）人口政策不断松动增强了区域人口吸引能力。随着全国城镇化进程从"数量增长"进入"质量提升"阶段，完善人口市民化的体制机制、推动人口市民化成为未来新型城镇化的重点方向。围绕"三个1亿人"的布局，实现"促进约1亿农业转移人口落户城镇"，给农业转移人口，尤其是农民工落户城镇提供了机遇。国家在坚持计划生育的基本国策的基础上，完善人口发展战略，先后颁布单独二孩、全面二孩政策。为满足产业发展和城市管理的现实需要，无锡积极推进户籍制度改革，提升了人口吸引能力。2003年，无锡在全国率先建立城乡统一的户口登记管理制度，取消农业户口、非农业户口、自理口粮户口等户口性质，统称为"居民户口"。2008年，又率先提出外来人口暂住证制度改革，建立以居住证为核心的新的人口登记制度，拥有居住证的居民享有户籍人口同等的公共服务待遇。此后，又颁布人才户籍政策和外来务工人员户口迁移政策，放宽外来人才和劳动力落户无锡的限制。随着无锡产业的转型升级，一系列针对性政策吸引了大量高层次人才进入，其中"530"计划仅实施五年，就引进科技型海归创业领军人才1287人。

第 ⟨十 二⟩ 章

无锡市职住空间关系变化及影响因素分析

职住空间，作为人口就业与居住的两大主要功能区，其相互地域组织关系随着城市产业和功能的演化而发生较大变化，进而对城市发展及功能区分布有较大影响[1-3]。《雅典宪章》（1933 年）最早论及职住空间关系，认为城市中"居住、工作、游憩、交通"活动应有合理分区，有计划地确定工业与居住的关系[1,4]。20世纪 60 年代开始，学者从可达性和城市效率角度出发，提出城市居住、就业用地需要"混合"开发[5-6]。1977 年制定的《马丘比丘宪章》也认为不应为了追求分区清楚而牺牲城市的有机构成[7]。另外，由于职住分离在现实中引致了系列问题，促使学者对职住关系组织进行重新思考。最著名的是 Kain 的"空间不匹配"假说[8]，其认为职住空间失配导致弱势群体失业、通勤时间过长等问题。此外，20 世纪 80年代美国的卫星城运动，由于职住分离造成了严重的交通拥堵和大气污染[9]。为缓解这些问题，在新的城市规划中，学者提出了"职住平衡"理念，即尽量让居民的就业地和居住地靠近[10-11]。但是，这种微观上的就业和居住平衡，在现实中较难实现：职住接近会牺牲企业的集聚经济效率，污染或噪声企业还会影响周边居民的生活质量；职住平衡要求一定范围内每个企业和周边劳动者都能互相匹配[12-13]，但这在劳动力市场上难以实现[14-15]。从国内看，2000～2010 年由于土地有偿使用和住房制度改革，传统以单位为基本单元的城市内部空间结构逐渐解体[16]。原本职住接近的空间组织模式在城市空间快速重构的过程中，职住分离的特征日益突出[17-18]，引起了地理学、规划学、社会学等多个领域的关注[19-20]。研究认为，城市职住空间格局的形成是企业和居民选址及其相互作用的结果[21]。

学者大多从通勤角度出发，研究职住空间不匹配对居民出行的影响、职住分离与城市交通的关系等[22-24]。一方面，已有选题侧重于理论引进和现状研究，缺乏系统地从回溯历史的视角研究居住与就业重构的过程与机制[21]；另一方面，研究对职住分离的空间特征及机制分析较弱，特别是定量分析职住分离和相关因素的关系依然缺乏[14]。此外，研究地域集中在北京[1,25]、上海[26,27]、广州[2,20,21]、长春[28,29]等大城市，对同样快速发展且存在类似问题的中等城市的关注较少。事实上，在多种因素的作用下，中国城市空间重构加速，职住空间关系逐渐变化，对城市研究和城市管理都带来了新的挑战。

无锡作为长三角地区重要的区域性中心城市，改革开放以来，工业化和城市化发展迅速，也带来了城市内部居住和就业空间的重组。本章主要采用无锡市第五次和第六次人口普查数据，其他参考资料还包括相关年份的《无锡统计年鉴》[30]及部分实地调研资料，研究 2000～2010 年无锡职住空间格局的变化及其影响因素。为刻画城市内部人口的空间布局，采用街道、乡镇单元作为分析尺度。无锡2000 年后进行了多次区划调整，本章统一按照 2010 年行政区划进行分析，共 47个研究单元。

第一节　无锡市职住空间变动过程

无锡市位于江苏省南部，下辖崇安区、南长区、北塘区、滨湖区、锡山区、惠山区、新区七区，面积为 4627.47 平方千米。无锡市工业化、城市化水平较高，也是人口增长较快的中心城市，根据第五次和第六次人口普查资料，2010 年无锡市常住人口由 2000 年的 261 万人增至 354 万人，年均增长约 3.1%；就业人口由2000 年的 143 万人增至 203 万人，年均增长约 3.6%。

一、居住人口空间格局变动分析

从居住人口密度的空间分布（表 12.1）看，首先，从老城区和外围区的相对变化看，人口密度峰值区集中在老城区，2010 年均在 4000 人/千米^{2}以上，其中江海街道最高，南禅寺街道、北大街街道次之；从人口比重看，崇安区、南长区、北塘区等三个老城区人口占比从 2000 年的 33.4%降到 2010 年的 26.6%，而锡山区、惠山区、滨湖区、新区等四个外围区域占比从 2000 年的 66.6%增长到 2010年的 73.4%。其次，从不同类型乡镇、街道的变化看，工业较发达的洛社镇、钱桥街道、玉祁镇等 10 年来人口密度上升幅度较大，其中新区梅村镇和惠山、钱桥街道人口密度增加了 1000 人/千米^{2}以上；而农业较为发达的羊尖镇、阳山镇、鹅湖镇等乡镇的人口密度相对较低，且 10 年来增加不明显，增幅约为 200 人/千米^2；此外，滨湖中生态较为敏感的乡镇也属于人口密度低值区，如滨湖马山镇，人口密度在 1000 人/千米^{2}以下。从人口密度分布的综合变化情况看，2010 年人口密度低于 1000 人/千米^{2}的地区比 10 年前减少了 90%，人口密度在 10 000 人/千米^{2}以上的高值区域虽然个数不变，但在空间分布上不断从中部老城区向南部转移。人口密度在 4000～10 000 人/千米^{2}的次高区个数进一步增多，2010 年比 10 年前增加了近 70%。

表 12.1 　2000~2010 年无锡市常住人口密度分布　　单位：人/千米²

街道/乡镇	2000 年	2010 年	街道/乡镇	2000 年	2010 年
安镇街道	999.83	1 120.44	梅村镇	1 110.82	2 668.70
北大街街道	27 643.90	23 550.58	南禅寺街道	56 970.75	37 606.49
崇安寺街道	18 354.36	16 166.34	前洲镇	1 355.93	1 775.27
东北塘镇	1 648.23	2 742.39	钱桥街道	1 458.63	2 755.01
东港镇	604.86	1 344.99	清名桥街道	14 456.51	14 615.35
东亭镇	2 281.13	6 857.76	荣巷街道	1 747.39	3 983.55
鹅湖镇	884.56	1 126.85	山北街道	5 924.52	8 452.18
广瑞路街道	17 013.32	21 517.06	上马墩街道	16 122.40	20 033.72
广益街道	5 974.48	9 095.96	硕放街道	956.24	1 809.23
河埒街道	18 794.20	14 031.19	太湖街道	1 745.64	4 063.32
鸿山镇	898.80	1 202.04	通江街道	15 783.60	5 842.98
厚桥街道	999.83	1 120.44	旺庄街道	1 604.42	3 345.55
胡埭镇	780.67	1 029.73	锡北镇	969.81	1 254.80
华庄街道	1 567.24	2 322.19	新安街道	1 091.83	1 665.79
黄巷街道	6 641.67	9 157.31	雪浪街道	1 346.27	1 678.93
惠山街道	19 156.55	14 034.73	堰桥街道	1 871.70	3 071.12
江海街道	127 207.82	124 367.10	扬名街道	5 991.09	18 130.97
江溪街道	3 524.60	5 635.13	羊尖镇	892.27	1 053.50
金匮街道	14 407.84	4 728.31	阳山镇	1 096.65	1 272.05
金星街道	9 918.65	16 043.06	迎龙桥街道	12 625.65	17 240.34
蠡湖街道	5 176.16	4 582.01	玉祁镇	1 275.37	1 742.85
蠡园街道	1 971.77	3 818.45	云林街道	2 281.13	6 857.76
洛社镇	1 416.74	1 817.62	长安街道	1 189.79	2 469.13
马山镇	676.24	812.58			

　　总体看来，无锡市 10 年来居住人口空间格局主要呈市中心向外围递减分布。虽然人口密度高值区仍集中在老城区，但 10 年来人口向外部蔓延扩散的趋势明显。可见，随着新城建设的不断推进，新区、惠山、锡山、滨湖等外围区域的人口集聚效应逐渐显现。

二、就业人口空间格局的变动分析

　　就业人口的空间分布反映了经济活动的集聚程度，不同行业就业人口的密度分布反映各行业经济活动在区域内的集聚特征[31]。从就业人口密度的空间分布（表 12.2）看，2000 年无锡市大部分地区的就业人口密度低于 1000 人/千米²，超过 8000 人/千米² 的就业人口密度高值区仍主要分布在老城区。2010 年，就业人口密度总体水平不断增加，一方面，就业人口密度低值区域不断收缩，市区约 3/4 的街道（乡镇）的就业人口密度在 1000 人/千米² 以上；另一方面，就业人口密度高值区不断扩张。总体看来，2000～2010 年无锡市就业人口的空间分布仍以老城区为主，并沿"西北-东南"方向不断扩展。

表 12.2　2000~2010 年无锡市就业人口密度分布　　　单位：人/千米²

街道/乡镇	2000 年	2010 年	街道/乡镇	2000 年	2010 年
安镇街道	44.95	74.00	梅村镇	64.63	172.00
北大街街道	1334.88	1191.00	南禅寺街道	2626.70	1853.00
崇安寺街道	854.80	794.00	前洲镇	76.08	108.00
东北塘镇	58.56	171.00	钱桥街道	89.44	140.00
东港镇	62.18	90.00	清名桥街道	679.16	638.00
东亭镇	82.97	237.00	荣巷街道	60.19	178.00
鹅湖镇	50.18	74.00	山北街道	311.79	433.00
广瑞路街道	858.36	1165.00	上马墩街道	824.94	1081.00
广益街道	311.38	533.00	硕放街道	57.76	81.00
河埒街道	933.36	697.00	太湖街道	108.85	242.00
鸿山镇	56.07	67.00	通江街道	695.61	352.00
厚桥街道	15.57	34.00	旺庄街道	107.28	225.00
胡埭镇	39.45	63.00	锡北镇	59.93	80.00
华庄街道	134.38	144.00	新安街道	66.71	92.00
黄巷街道	371.40	459.00	雪浪街道	62.13	69.00
惠山街道	945.03	654.00	堰桥街道	107.41	199.00
江海街道	6569.61	6386.00	扬名街道	719.30	957.00
江溪街道	163.91	329.00	羊尖镇	54.92	66.00
金匮街道	333.40	257.00	阳山镇	64.61	84.00
金星街道	440.72	756.00	迎龙桥街道	570.04	813.00
蠡湖街道	299.49	234.00	玉祁镇	73.51	110.00
蠡园街道	115.55	215.00	云林街道	62.99	140.00
洛社镇	80.70	112.00	长安街道	74.74	159.00
马山镇	42.39	50.00			

　　根据就业结构区位商指标测算，2000 年各区第二产业就业区位商均在"1"上下浮动，表明各区工业就业人口较为平均。除崇安区第三产业就业结构区位商高于"1.5"以外，其他各区的第三产业就业结构区位商都在"1"上下波动，这表明除崇安区第三产业就业较为集中外，其他各区相对均匀。2010 年，崇安区、南长区、北塘区等老城区的第二产业就业结构区位商仅为"0.5"左右，而锡山区、惠山区、滨湖区、新区的第二产业就业结构区位商均高于"1"，表明工业就业人口逐步由老城区向外围区域集中，其中以新区最为集聚。从第三产业就业结构区位商的变化看，崇安区、南长区、北塘区等老城区的指标均在"2"左右，表明其就业人口"服务化"的特征明显。这表明，2000～2010 年，无锡市各区产业分工更加鲜明，老城区"服务化"与外围区"工业化"的特征显著。

第二节　无锡市职住空间匹配分析

　　一般认为，职住均衡是指在一个城市的所有区域内，就业集中地附近有足够的房屋满足职工居住[10,13]。本节重点分析 2000～2010 年无锡市职住空间的匹配程度及演变历程，由于本节采用的是以街道/乡镇为单元汇总的人口普查数据，主要分析中观乃至宏观尺度上的总体吻合度，并非微观层面上人群一一对应的吻合。

一、总体职住匹配分析

　　就业–居住偏离度指数（Z_{ij}）[32]测算结果如表 12.3 所示。其中，偏离度指数小于 0.7 表示居住主导、0.7～0.9 表示次级匹配区、0.9～1.1 表示基本匹配区、1.1～1.3 表示次级匹配区、不小于 1.3 表示就业主导区。2010 年无锡市就业–居住偏离度指数的极值和标准差减小、均值更接近于 1；从不同类型的就业/居住区看，2010 年，Z_{ij}<0.7 的居住主导区及 $Z_{ij} \geqslant 1.3$ 的就业主导区个数减少，$0.7 \leqslant Z_{ij} < 1.3$ 的匹配区个数比 2000 年显著增多。这表明总体上看，2000～2010 年无锡市职住空间的匹配程度有所提高。

表 12.3　2000~2010 年无锡市就业–居住偏离度指数

街道/乡镇	2000 年	2010 年	街道/乡镇	2000 年	2010 年
安镇街道	0.84	1.16	梅村镇	1.08	1.13
北大街街道	0.90	0.88	南禅寺街道	0.86	0.86
崇安寺街道	0.87	0.86	前洲镇	1.05	1.07
东北塘镇	0.66	1.09	钱桥街道	1.14	0.89
东港镇	1.92	1.17	清名桥街道	0.88	0.76
东亭镇	0.68	1.09	荣巷街道	0.64	0.78
鹅湖镇	1.06	1.15	山北街道	0.98	0.90
广瑞路街道	0.94	0.95	上马墩街道	0.95	0.94
广益街道	0.97	1.03	硕放街道	1.13	0.79
河埒街道	0.93	0.87	太湖街道	1.16	1.04
鸿山镇	1.16	0.97	通江街道	0.82	1.06
厚桥街道	0.29	1.77	旺庄街道	1.25	1.17
胡埭镇	0.94	1.07	锡北镇	1.15	1.12
华庄街道	1.60	1.09	新安街道	1.14	0.97
黄巷街道	1.04	0.88	雪浪街道	2.58	0.72
惠山街道	0.92	0.82	堰桥街道	1.07	1.13
江海街道	0.96	0.90	扬名街道	2.24	0.92
江溪街道	0.87	1.02	羊尖镇	1.15	1.10
金匮街道	0.43	0.95	阳山镇	1.10	1.15
金星街道	0.83	0.82	迎龙桥街道	0.84	0.82

续表

街道/乡镇	2000 年	2010 年	街道/乡镇	2000 年	2010 年
蠡湖街道	1.08	0.89	玉祁镇	1.07	1.10
蠡园街道	1.09	0.98	云林街道	0.51	1.15
洛社镇	1.06	1.08	长安街道	1.17	1.13
马山镇	1.17	1.08			

二、各区职住匹配分析

根据表 12.3，表征以居住功能为主导的 $Z_{ij}<1$ 的区域主要分布在老城区附近，表征以就业功能为主导的 $Z_{ij}>1$ 的区域主要分布在外围区域，说明老城区城市功能以居住为主，而外围区域的就业功能更加突出。通过计算各区就业-居住偏离度指数，发现无锡就业与居住匹配关系具有较强的片区规律性。崇安区、南长区、北塘区等老城区的就业-居住偏离度指数均小于 1，而锡山区、惠山区、滨湖区、新区等外围区域的就业-居住偏离度指数均大于 1，再次证明了前文结论。从演化过程看，老城区居住功能稳定，且有强化趋势。锡山区就业功能有增强趋势，惠山区与新区虽以就业功能为主，但逐步向职住平衡转化。滨湖区由 2000 年以就业功能主导转型为 2010 年以居住功能主导，这与 2000 年以后太湖新城建设及无锡市政府南迁等城市发展重大事件有关。

三、职住匹配关联分析

居住人口-就业人口空间自相关[33]的分析结果如下。

（1）高居住-高就业的显著 HH 区域，表明该地区职住空间呈高度正相关性。该类区域较少，主要位于城市中心区，2000 年仅有崇安区上马墩街道，2010 年增加了广益街道。

（2）低居住-低就业的显著 LL 区域，主要集中在城郊地带，2000 年包括滨湖区胡埭镇，锡山区羊尖镇、后桥街道，新区鸿山镇、硕放街道等，2010 年该类区域有所减少，主要包括惠山区阳山镇，滨湖区胡埭镇、马山镇，锡山区羊尖镇及后桥街道。

（3）低居住-高就业的显著 LH 区域指居住人口较少但就业人口较多的地区，即职住空间匹配度较低。该类地区分布较分散，2010 年包括锡山区锡北镇、崇安区广益街道、新区江溪街道及滨湖区雪浪街道，2000 年与 2010 年差别不大。而高居住-低就业的 HL 类型并不显著，表明无锡市内居住人口多但周边就业较少的地区较少。

从居住人口-就业人口空间自相关结果看，2010 年居住人口与就业人口均较集中的 HH 地区仍位于城市中心，LL 集聚区主要分布在东部城郊地区，且范围有所减小。表征职住空间匹配度较低的 LH 地区包括锡山区锡北镇、崇安区广益街道、新区江溪街道及滨湖区雪浪街道，与居住人口–就业人口空间自相关分析的结果基本一致。

第三节　无锡市职住空间关系影响因素分析

目前已有研究多采用定性描述的方法讨论职住空间分离的原因，本节试图从职住分离的内涵出发，采用定量分析法揭示影响职住空间关系的相关因素。

研究认为，企业追求利润最大化，在集聚经济、土地和劳动力成本间权衡；居民追求效用最大化，在收入、土地和通勤成本间权衡，二者相互作用，最终形成了城市职住空间格局[11]。企业和居民选址在客观上受多种因素影响，第一，区域经济发展的差异对不同人口集聚有重要影响，选取人均地区生产总值指标进行表征，记作 X_1；第二，城市产业发展与布局对就业人口的集聚具有重要影响，受数据限制，选取人均工业产值及人均第三产业增加值分析产业发展的作用，采用研究区内产业园区个数分析产业空间布局的影响，记作 X_2、X_3、X_4；第三，交通方面，对于交通通达性提高是否会缓解城市职住分离的现象，采用路网密度指标进行分析，记作 X_5；第四，城市空间扩展方面，采用建设用地面积反映城市扩张对不同人口集散的影响，记作 X_6；第五，城市公共服务水平对人口集散有重要影响，采用研究区内医院个数和学校个数进行分析，记作 X_7、X_8。

根据 GWR（geographically weighted regression，地理加权回归）模型[34]估计结果（表 12.4），Residual Squares（残差平方和）值及 Sigma（残差标准差）值较小，R^2 及调整 R^2 均大于 0.5，表明模型较好地拟合了实际数据。

表 12.4　2000~2010 年无锡市职住空间关系影响因素 GWR 估计结果

变量	影响因素	回归系数		诊断指标	
		范围	均值		
X_1	人均地区生产总值/万元	$-0.044 \sim 0.047$	0.020	Residual Squares（残差平方和）	0.046
X_2	人均工业产值/万元	$-0.037 \sim 0.026$	-0.023		
X_3	人均第三产业增加值/万元	$-0.065 \sim 0.261$	-0.026	Sigma（残差标准差）	0.042
X_4	产业园区个数/个	$-0.007 \sim 0.030$	0.001		
X_5	路网密度/（米/千米²）	$0.002 \sim 0.033$	0.014	R^2	0.732
X_6	建设用地面积/千米²	$-0.028 \sim 0.017$	-0.003		
X_7	医院个数/个	$-0.017 \sim 0.014$	-0.006	调整 R^2	0.522
X_8	学校个数/个	$-0.048 \sim 0.022$	-0.003		

（1）区域经济发展差异方面。大部分地区的区域经济系数为正，表明人均地区生产总值对职住空间分离有显著正向影响作用，即随着区域经济不断发展，无锡市大部分地区的职住空间不匹配程度有加剧趋势。这一结果与现实情况基本符

合，目前关于职住空间不匹配的研究多围绕国内经济发达的大都市展开，侧面反映出城市职住分离是随区域经济不断发展而出现的。

（2）产业发展与布局方面。不论工业或服务业，产业发展与职住分离呈显著空间负相关，即随着产业发展，无锡市大部分地区职住分离现象得到了缓解。2005年，无锡市启动产业布局调整，大规模迁出传统工业，吸引人口向新区、东亭片区、蠡溪片区、山北片区等其他城市功能组团转移，有机疏散中心城区密度。老城区内部产业园区个数与职住空间分离呈负相关关系，即产业布局调整后，中心城区的职住分离现象得到了缓解。

（3）交通方面。从 GWR 空间回归结果看，路网密度指标的回归系数全部为正，表明交通通达性的提高会加剧城市职住空间的不匹配程度。近年来，无锡市道路建设加快发展。2008 年，由江海路、金城路、青祁路、惠山隧道和凤翔路构成的快速内环建成通车，将老城区与堰桥、山北、新区和太湖新城等便捷相连；同时，加快推进"公交优先"体系建设，每年新辟和调整的线路在 10 条以上，公交逐步由老城区向郊区拓展。交通通达性的改善，一方面导致了住宅郊区化[3]，另一方面使居民通勤更为便捷，加剧了职住空间的不匹配程度。

（4）城市空间扩展方面。除新区外，无锡市大部分地区建设用地面积与职住空间分离呈负相关关系，即随着城市建设用地扩展，老城区职住空间得到释放，一定程度上缓解了职住空间不匹配的现象。而新区回归结果表明建设用地扩展加剧了分离，这主要是因为新区作为国家级高新技术产业开发区，在城市发展中主要承担了无锡市产业高地的角色，建设用地扩展多用于产业发展和经济建设，导致了新区一定程度上居住功能与就业功能的不匹配。

（5）城市公共服务水平方面。从医院个数和学校个数的 GWR 回归结果看，无锡大部分地区的回归系数为负，表明公共服务设施的建设会缓解职住空间失配。这一结果同理论预期一致，即随着城市公共服务设施的不断建设，城市功能会进一步得到完善，最终实现城市区域平衡发展。

第四节　结论与讨论

本章基于第五次和第六次人口普查数据，探讨了无锡市 2000～2010 年职住空间的匹配、变动情况，并总结了职住空间关系的影响因素。研究结果发现：无锡市居住人口空间格局总体呈市中心向外围递减分布；而就业人口的空间变动并不一致，呈显著的"西北-东南"向扩展。从就业结构的空间变动看，经过 10 年发展，无锡市老城区"服务化"与外围区域"工业化"的特征明显。

根据无锡市职住空间匹配分析的结果，总体上看，无锡市职住空间匹配程度有所提高；从老城区与外围区域的对比看，老城区以居住功能为主导，外围区域的就业功能更为突出；此外，存在部分区域职住空间匹配度较低的情况。究其原因，本章从区域经济发展差异、产业发展与布局、交通、城市空间扩展、城市公共服务水平等五个方面采用定量方法进行考察，结果发现：区域经济发展一定程度上会加剧职住分离；不论工业或服务业，产业发展会缓解城市职住分离；交通通达性的提高会加剧城市职住空间的不匹配程度；随着城市建设用地不断扩展，职住空间不匹配的现象可以得到一定缓解；随着城市公共服务设施的不断建设，城市各项功能会进一步得到完善，进而缓解职住空间的失配现象。

　　根据以上研究结果，本章认为，要评价合理的职住空间组织模式，需要结合经济发展、交通条件、技术进步、公共服务等多方面因素进行综合考虑。在不同的经济社会发展阶段，应采用不同的职住空间组织模式。在经济社会发展初期，城市各项基础设施尚不完善，远距离通行成本较高，采用职住接近的组织模式有利于提高整体社会效率；随着经济社会不断发展，城市规模不断扩张，受郊区化、开发区建设、产业布局调整等因素的影响，职住分离现象逐渐显现，传统职住合一的组织模式逐渐开始解构，需要重新考虑城市功能区的规划布局。本章主要以就业-居住偏离度指数考察城市职住空间的匹配情况，然而从实际情况看，该指标还存在较大局限性，后续研究中需进一步用更加翔实的微观数据进行补充分析。

参 考 文 献

[1] 宋金平, 王恩儒, 张文新, 等. 北京住宅郊区化与就业空间错位[J]. 地理学报, 2007, (4): 387-396.

[2] 周素红, 闫小培. 城市就业-居住空间特征及组织模式——以广州市为例[J]. 地理科学, 2005, 25(6): 664-670.

[3] 张忠国. 城市成长管理的空间策略[M]. 南京: 东南大学出版社, 2006.

[4] 同济大学. 城市规划原理[M]. 北京: 中国建筑工业出版社, 1991.

[5] 方可. 简·雅各布斯关于城市多样性的思想及其对旧城改造的启示——简·雅各布斯《美国大城市的生与死》读后[J]. 国外城市规划, 1998, (1): 49-52.

[6] Badoe D A, Miller E J. Transportation-land-use interaction: empirical findings in North America, and their implications for modeling[J]. Transportation Research Part D: Transport and Environment, 2000, 5(4): 235-263.

[7] 仇保兴. 19 世纪以来西方城市规划理论演变的六次转折[J]. 规划师, 2003, (11): 5-10.

[8] Kain J. Housing segregation, negro employment, and metropolitan decentralization[J]. The Quarterly Journal of Economics, 1968, 82: 175-197.

[9] 孙斌栋, 李南菲, 宋杰洁, 等. 职住平衡对通勤交通的影响分析——对一个传统城市规划理念的实证检验[J]. 城市规划学刊, 2010, (6): 55-60.

[10] Cervero R. Jobs-housing balance revisited: trends and impacts in the San Francisco Bay Area[J]. Journal of the American Planning Association, 1996, 62(4): 492-511.

[11] Levingston B L. Using Jobs/Housing Balance Indicators for Air Pollution Control[R]. Berkeley: Institute of Transportation Studies, University of California, 1989.

[12] Giuliano G. Is jobs-housing balance a transportation issue?[J]. Transportation Research Record, 1991, 13(5): 305-312.

[13] Peng Z R. The jobs-housing balance and urban commuting[J]. Urban Studies, 1997, 34(8): 1215-1235.

[14] 郑思齐, 曹洋. 居住与就业空间关系的决定机理和影响因素——对北京市通勤时间和通勤流量的实证研究[J]. 城市发展研究, 2009, 16(6): 29-35.

[15] Southern California Association of Governments. The New Economy and Jobs/Housing Balance in Southern California[EB/OL]. https://citeseerx.ist.psu.edu/doc/10.1.1.203.4538 [2022-09-17].

[16] 刘定惠, 杨永春, 朱超洪. 兰州市职住空间组织特征[J]. 干旱区地理, 2012, 35(2): 288-294.

[17] 孟斌. 北京城市居民职住分离的空间组织特征[J]. 地理学报, 2009, 64(12): 1457-1466.

[18] 柴彦威. 以单位为基础的中国城市内部生活空间结构——兰州市的实证研究[J]. 地理研究, 1996, (1): 30-38.

[19] 冯健, 周一星. 郊区化进程中北京城市内部迁居及相关空间行为——基于千份问卷调查的分析[J]. 地理研究, 2004, (2): 227-242.

[20] 孟晓晨, 吴静, 沈凡卜. 职住平衡的研究回顾及观点综述[J]. 城市发展研究, 2009, 16(6): 23-28, 35.

[21] Anas A, Arnott R J, Small K. Urban spatial structure[J]. Journal of Economic Literature, 1998, 36(3): 1426-1464.

[22] 周素红, 程璐萍, 吴志东. 广州市保障性住房社区居民的居住-就业选择与空间匹配性[J]. 地理研究, 2010, 29(10): 1735-1745.

[23] 周素红, 闫小培. 广州城市空间结构与交通需求关系[J]. 地理学报, 2005, (1): 131-142.

[24] 周素红, 闫小培. 广州城市居住-就业空间及对居民出行的影响[J]. 城市规划, 2006, (5): 13-18, 26.

[25] 张艳, 柴彦威. 基于居住区比较的北京城市通勤研究[J]. 地理研究, 2009, 28(5): 1327-1340.

[26] 孙斌栋, 潘鑫, 宁越敏. 上海市就业与居住空间均衡对交通出行的影响分析[J]. 城市规划学刊, 2008, (1): 77-82.

[27] 顾翠红, 魏清泉. 上海市职住分离情况定量分析[J]. 规划师, 2008, (6): 57-62.

[28] 刘颖, 张平宇, 李静. 长春市区新建住宅价格的空间格局分析[J]. 地理科学, 2011, 31(1): 95-101.

[29] 庞瑞秋, 赵梓渝, 王唯, 等. 住房制度改革以来长春市新建住宅的空间布局研究[J]. 地理科学, 2013, 33(4): 435-442.

[30] 无锡市统计局. 无锡统计年鉴(2001~2011)[M]. 北京: 中国统计出版社, 2001-2011.

[31] 张丹, 孙铁山, 李国平. 中国首都圈区域空间结构特征——基于分行业就业人口分布的实证研究[J]. 地理研究, 2012, 31(5): 899-908.

[32] 焦华富, 胡静. 芜湖市就业与居住空间匹配研究[J]. 地理科学, 2011, 31(7): 788-793.

[33] 马荣华, 蒲英霞, 马晓冬. GIS 空间关联模式发现[M]. 北京: 科学出版社, 2007.

[34] 徐建华. 地理建模方法[M]. 北京: 科学出版社, 2010.

第〈十 三〉章

无锡市人口规模预测与分布优化

本章在分析无锡人口发展特征、成因及效应的基础上，结合经济社会发展的未来趋势，对无锡市人口规模进行预测，分析未来人口的空间格局，引导人口分布与资源环境和经济社会发展相协调。

第一节 人口规模预测

以人口发展历程和状况特征为基础，考虑人口自然增长、机械增长、区域经济社会发展预期、资源环境承载能力等多方面因素，运用多方法和模型相互验证，综合确定未来无锡市的人口规模和结构。

一、基于自然增长和机械增长的预测

（一）多状态模型的"状态"选择

PDE 模型可以通过任意状态的组合进行人口预测，如区域、婚姻、教育等。我们在模型中主要选取了出生、死亡、教育和迁移等方面的"状态"。按照生育率、死亡率、教育程度和迁移模式来模拟，人口预测模拟方程可以表示为

$$P_{i+1} = P_i + N_i + M_i$$

式中，P 为人口；N 为自然增长人口；M 为净迁移人口。

其中，自然增长人口通过多年的自然增长率初设，并根据对未来趋势的判断设置不同的情景；机械增长人口的预测方法类似，同样进行多情景的设计。此外，也可以通过一元或多元线性回归模型，基于历史增长过程，对自然增长和机械增长导致的人口规模变化进行预测。

（二）基期数据选择

基期人口数据的来源为第六次全国人口普查中无锡的相关数据，收集分年龄

组、性别、受教育程度等多个状态的人口数据。

（三）预测参数设定

预测参数包括生育率、死亡率、教育转换率、净迁移人口等。

（1）生育率。生育率设定是方案制订的关键环节，也是预测最难的部分，尤其是分地区和教育水平的生育率设定。具体可以根据历史数据和未来国家、区域的人口政策进行不同方案的设计。

（2）死亡率。死亡率参数为分年龄组、性别和教育程度的死亡率，其数值随时期的变动而变化，通过模型可以计算不同死亡水平下总人口的出生预期寿命。根据历史数据，结合变化趋势对死亡率进行适当修正。

（3）教育转换率。其指某一教育程度人口中在预测期内获得更高一级教育程度的人口的比率。基期数据为第六次全国人口普查数据。

基期人口的教育转换率的计算公式为

$$T_{i,j}(m,n) = \frac{\mathrm{popr}_i(m)}{\mathrm{popr}_j(n)}$$

式中，$T_{i,j}(m,n)$ 为从 i 状态 m 年龄组人口到 j 状态 n 年龄组的转换率；$\mathrm{popr}_{i(j)}$ 为状态 $i(j)$ 的人口占该年龄组总人口的比率。在确定 2010 年教育转换率的基础上，我们根据无锡市教育规划和相关数据，给出了 2000～2050 年教育转换率的变化趋势。

（4）净迁移人口。净迁移人口数据涉及的因素比较多，不仅涉及性别、年龄、教育程度，还需要考虑地区内人口的城乡迁移以及地区间人口的迁移。

城乡净迁移人口的计算公式是

$$M_n = M_i - M_e$$

式中，M_n 为净迁入人口；M_i 为迁入人口；M_e 为迁出人口。

在具体的运算过程中，历史迁移过程、未来迁移所面临的新背景等，都可以成为确定或修正迁移规模的依据。

（四）预测结果

以人口发展的历史过程为依据，分别按照自然增长和机械增长的趋势，预测不同年份的人口规模和结构。

（1）户籍人口预测。2000～2015 年，户籍人口年增长率为 6.77‰，每年的增长率介于 1.95‰和 12.63‰之间。采用线性增长模型，按照历史演变过程和国内外相关城市类似阶段的发展规律，设定三种方案：低方案，年增速为 6‰；中方案，年增速为 7‰；高方案，年增速为 8‰。2035 年，户籍人口为 542 万～564 万人；2050 年，户籍人口为 592 万～636 万人（表 13.1）。

表 13.1　无锡市户籍人口预测　　　　　　单位：万人

年份	户籍人口数量		
	低方案	中方案	高方案
2015		480.90	
2025	510.55	515.64	520.79
2030	526.05	533.95	541.95
2035	542.02	552.90	563.98
2040	558.48	572.53	586.90
2045	575.43	592.84	610.76
2050	592.90	613.88	635.58

（2）常住人口。分别采用指数增长模型以及线性模型、多项式模型进行预测。

采用指数增长模型进行预测。2000~2015 年，每年常住人口增长率先增后减，波动性较大，年均增长率为 1.6%。其中，2006~2010 年增长率逐年下降，年增长率为 1.2%；2010~2015 年增长率进一步下降，年增长率仅为 0.39%。根据这一趋势，考虑无锡市常住人口增长的周期性特征，设定低、中、高三种方案：低方案，增长率为 0.4%；中方案，增长率为 0.8%；高方案，增长率为 1.2%。

采用其他预测模型进行预测。分别对 2000~2015 年数据进行线性、多项式拟合，得到相应拟合方程，外推得到预测年份的人口规模。

线性模型为

$$y = 11.108\,262x - 621\,708.323\,548 \quad R^2 = 0.948\,370$$

多项式模型为

$$y = -0.442\,541\,528\,x^2 + 1\,787.912\,496\,764\,3\,x - 1\,805\,166.170\,608\,150\,0$$
$$R^2 = 0.973\,657\,692\,9$$

式中，y 为常住人口；x 为年份。

上述模型中，多项式模型得到 2020 年后常住人口规模开始下降，与城市未来发展的导向不一致，与未来的趋势也可能有差异，故而不采用此数据。此外，线性模型所得的人口规模远高于指数增长模型，且与近年来的趋势差别较大，因此其结果也不采用。

本章基于指数增长模型，2035 年，常住人口规模为 704 万~826 万人，中方案为 762.41 万人；2050 年，常住人口规模为 747 万~989 万人，中方案约为 859.21 万人（表 13.2）。

表 13.2　无锡市常住人口预测（指数增长模型）　　　单位：万人

年份	人口数量		
	低方案	中方案	高方案
2015		650.10	

续表

年份	人口数量		
	低方案	中方案	高方案
2025	676.58	704.02	732.46
2030	690.22	732.64	777.48
2035	704.13	762.41	825.26
2040	718.33	793.40	875.98
2045	732.81	825.65	929.81
2050	747.58	859.21	986.96

（五）总人口

分别采用指数增长模型以及线性、多项式模型进行预测。

（1）指数增长模型。2001～2015 年，总人口规模持续增加，但增长率波动较大。2001～2015 年，年均增长率为 3.24%。2006～2015 年，年均增长率为 1.91%。根据这一趋势，考虑无锡市总人口增长逐渐趋缓，设定低、中、高三种方案：低方案，增长率为 1.5%；中方案，增长率为 1.6%；高方案，增长率为 1.7%。

（2）其他模型。对 2001～2015 年总人口数量分别进行线性、多项式拟合，得到拟合方程，推算得到相应年份的人口规模。

线性模型为

$$y = 19.289\,240\,x - 38\,053.207\,416 \quad R^2 = 0.933\,497$$

多项式模型为

$$y = 0.877\,319\,982\,2\,x^2 + 3\,542.606\,288\,253\,0\,x - 3\,575\,447.147\,581\,100\,0$$

$$R^2 = 0.961\,948\,183\,9$$

式中，y 为总人口；x 为年份。

上述模型中，多项式得到 2020～2050 年总人口规模集聚下降，与城市未来发展的导向不一致，与未来的趋势也可能有差异，故而不采用此数据。综合线性模型和指数增长模型，2035 年，总人口规模为 1077 万～1201 万人，平均值约为 1139 万人；2050 年，总人口规模为 1347 万～1490 万人，平均值约为 1419 万人（表 13.3、表 13.4）。

表 13.3　无锡市总人口预测（指数增长模型）　　单位：万人

年份	人口数量		
	低方案	中方案	高方案
2015		799.95	
2020	861.77	866.03	870.30
2025	928.37	937.56	946.83

续表

年份	人口数量		
	低方案	中方案	高方案
2030	1000.12	1015.01	1030.09
2035	1077.42	1098.85	1120.68
2040	1160.68	1189.61	1219.23
2045	1250.39	1287.88	1326.45
2050	1347.02	1394.26	1443.10

表 13.4　无锡市总人口预测　　　　单位：万人

年份	线性	多项式
2015	814.61	788.00
2020	911.06	801.10
2025	1007.50	770.33
2030	1103.95	695.70
2035	1200.40	577.21
2040	1296.84	414.84
2045	1393.28	—
2050	1489.72	—

二、基于土地承载能力的预测

（一）主要参数的选择

（1）农产品自给率。其反映人口规模与所需求的农业生产用地面积之间的关系，其中，粮食自给率与粮食生产用地面积关联，叶菜自给率与蔬菜生产用地面积关联。国内外诸多城市都设定了主要农产品最低保有量的标准[①]，作为保障区域粮食安全和人民生活的基础。国家规定主销区粮食安全储备一般应该保持在 6 个月需求量的标准，上海市确定 20%的粮食自给率和 80%以上的本地绿叶菜自给率。此外，对肉类、奶类、蛋类、水产品等也有明确的规定。无锡的农产品保障，主要从粮食供应（尤其是基本口粮）和叶菜供应两个方面，对人口规模和农用地面

---

① 主要农产品最低保有量是指，为确保完成一定的年度生产目标所必须具备的生产能力。其意义在于，一是从农业产业本身可持续发展的内在要求出发，主要农产品生产能力应该确保一个阶段性底线；二是从保障城市安全看，考虑到突发疫情或其他重大自然灾害发生的可能性，借鉴国际经验，确保地产农产品拥有一定保有量，对保障城市安全是非常必要的；三是从保障市场均衡供应看，确保适度地产农产品保有量，对保障淡季和重要节日供应、调节和平衡特定时段市场供求矛盾具有重要作用。——摘自《上海市农业委员会关于确保本市主要农产品最低保有量的工作意见》（沪农委〔2008〕467 号）

积产生影响。

对市域而言,从粮食供应来看,2000～2010 年无锡耕地面积急速下降,粮食产量减少,基本维持在 80 万吨左右。加之人口规模不断扩大,人均粮食占有量急剧下降,2007 年达到历史最低的 158 千克(图 13.1)。根据满足粮食供应安全性和为经济社会发展留有充足的空间资源的原则,设定无锡的粮食最低保有量标准为本地生产能力能满足 6 个月的基本口粮消费①,即人均粮食占有量不低于 75 千克。

图 13.1　耕地面积、粮食产量和人均粮食占有量变化图

(2)农田单产。根据无锡多年的平均数据,粮食单产设定为 6500 千克/公顷(合 650 吨/千米²),叶菜单产设定为 2500 吨/千米²。

(3)生态系统固碳能力。其反映不同类型生态系统对区域碳氧平衡的影响,所选定的生态用地类型包括耕地、林地、草地和建成区绿化用地等。以森林面积作为固碳参量,年固碳能力为 0.135×10^4 吨/千米²。依据相关研究,耕地的换算系数为 0.2,园地的换算系数为 0.9,城市公共绿地的换算系数为 0.6(假定建成区绿地率为 40%)。

(4)固碳总量。其反映区域各种生态用地所能提供的固碳能力。1995 年、2000 年、2007 年无锡市的碳排放总量分别为 337.51 万吨、635.40 万吨、1540.59 万吨,而相应的固碳能力仅为 277.13 万吨、266.45 万吨、240.02 万吨,碳收支平衡缺口较大,未来设定 200 万吨、220 万吨、250 万吨三种情景。

(5)人均建设用地面积。其反映人口规模与建设用地面积之间的关系。由于

---

① 相关研究表明,人均粮食消费量大约为每年 450 千克,随着消费水平的提高,粮食消费量会提高,主要是由于以粮食为基础而生产的各种农副产品的增加带来了粮食消费量的增加,但是基本口粮消费量维持稳定,大约占粮食消费量的 1/3,即 150 千克左右。

经济发展较快，建设空间急剧扩张，2005 年、2010 年无锡市人均建设用地面积分别为 219 平方米、233 平方米（含交通运输用地），远高于国家 110 平方米的标准。预测未来将逐渐下降，设定 200 平方米、180 平方米、150 平方米、110 平方米四个情景。

（二）情景设定

总人口规模以 x 表示，粮食生产用地、叶菜生产用地、林地、园地、建设用地分别用 a、b、c、d、e 表示，以固碳能力 200 万吨、人均建设用地面积 200 平方米为代表情景，得到以下方程组，其中的方程，自上而下的含义分别为：粮食生产用地与人口规模的关系；叶菜生产用地与人口规模的关系；建设用地与人口规模的关系；区域总陆域面积等于各类用地面积的总和；固碳能力与各类用地的关系。

$$\begin{cases} a = 1.15x \\ b = 0.16x \\ e = 2.0x \\ a+b+c+d+e=3583 \\ [0.2\times(a+b)+c+0.9\times d+0.6\times0.4\times e]\times0.135=200 \end{cases}$$

其他情景根据参数设定进行方程的微调，得到表 13.5。

表 13.5　不同情景下人口规模及各类用地面积

情景	人口规模 x /万人	用地面积/千米²				
		a	b	c	d	e
(200, 200)	810	931	130	679	224	1619
	818	941	131	874	0	1637
(200, 180)	861	990	138	683	224	1549
	870	1000	139	878	0	1566
(200, 150)	949	1092	152	691	224	1424
	960	1104	154	887	0	1439
(200, 110)	1103	1268	176	701	224	1213
	1115	1282	178	896	0	1227
(220, 200)	752	865	120	870	224	1504
	761	875	122	1065	0	1521
(220, 180)	799	919	128	873	224	1439
	809	930	129	1069	0	1455
(220, 150)	882	1014	141	881	224	1323
	892	1026	143	1077	0	1338

续表

情景	人口规模 x /万人	用地面积/千米²				
		a	b	c	d	e
(220, 110)	1024	1178	164	891	224	1126
	1036	1191	166	1086	0	1140
(250, 200)	665	765	106	1157	224	1331
	674	775	108	1352	0	1348
(250, 180)	707	813	113	1159	224	1273
	717	824	115	1355	0	1290
(250, 150)	780	897	125	1166	224	1170
	790	909	126	1362	0	1186
(250, 110)	907	1043	145	1173	224	998
	919	1057	147	1368	0	1011

注：每种预测有三个情景方案，其中"情景"一列中，前一个数字表示固碳能力（单位：万吨），后一个数字表示人均建设用地面积（单位：平方米）；d 也设置了两种情景，分别为维持 224 平方千米的面积不变和完全转化为其他用地

（三）人口规模判断

无锡市域人均建设用地面积较大，因此本章设置了较高的情景方案。在维持 250 万吨固碳能力的情况下，建设用地上限为 1348 平方千米，与 2010 年建设用地规模之间存在矛盾。在其他情景预测的情况下，若无锡市域建设用地使用更加集约，总人口规模约在 1000 万人。考虑到目前建设用地使用相对粗放、人均建设用地面积较大、未来调整难度突出的特点，以 110 平方米作为未来人均建设用地面积调整标准，在固碳能力 200 万吨的情形下，得到无锡市人口上限约为 1100 万人。

三、基于产业发展与就业容纳能力的预测

（一）关键参数预测

根据公式计算需要，重点测算以下关键参数和指标。考虑到经济发展预测的不确定性较强，长时间预测尤其如此，因此仅预测至 2030 年。

（1）地区生产总值。进入 21 世纪以来，无锡市地区生产总值呈现下降的趋势，"十二五"期间可比增速为 9.2%（图 13.2），2015 年地区生产总值为 8518.26 亿元。根据无锡市"十三五"规划，地区生产总值增速约为 7.5%，假设 2020 年后经济增长速度进一步趋缓，年增速约为 7.0%，则 2025 年、2030 年的地区生产总值分别为 17 152 亿元和 25 740 亿元。

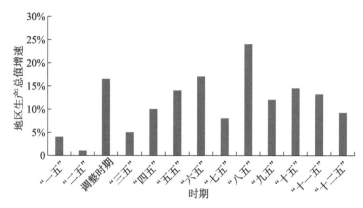

图 13.2   无锡市地区生产总值增速

（2）三次产业增加值结构。近年来，无锡市产业结构中第三产业比重不断提高，到 2015 年三次产业增加值结构转变为 1.6∶49.3∶49.1，第一产业增加值、第二产业增加值占地区生产总值的比重分别比 2010 年下降 0.5 个百分点、2.5 个百分点，第三产业比重增加 3 个百分点（表 13.6）。"十四五"期间，预计第一产业略有下降，而第三产业比重增加约 2 个百分点，2020 年以后，第三产业增加值将进一步增加，而第一产业比重基本稳定，到 2025 年，结构调整为 1.5∶45.5∶53.0，到 2030 年，调整为 1.5∶43.5∶55.0。

表 13.6   2005~2015 年无锡市三次产业增加值、从业人员和平均劳动生产率变化

年份	增加值/亿元			从业人员/万人			平均劳动生产率/（万元/人）		
	第一产业	第二产业	第三产业	第一产业	第二产业	第三产业	第一产业	第二产业	第三产业
2005	91.4	1560.6	1237.7	34.18	159.43	95.59	2.7	9.8	12.9
2006	97.1	1802.0	1429.2	30.20	171.80	105.90	3.2	10.5	13.5
2007	102.6	2070.9	1664.1	28.27	183.27	113.69	3.6	11.3	14.6
2008	106.5	2312.9	1894.2	25.66	199.48	124.88	4.2	11.6	15.2
2009	113.5	2503.0	2217.4	18.76	213.67	131.88	6.1	11.7	16.8
2010	118.4	2830.9	2521.2	18.60	222.70	141.00	6.4	12.7	17.9
2011	123.6	3159.3	2818.7	18.40	223.10	144.50	6.7	14.2	19.5
2012	129.3	3453.1	3137.2	18.20	223.80	147.10	7.1	15.4	21.3
2013	133.2	3753.6	3460.3	18.10	222.50	148.60	7.4	16.9	23.3
2014	137.9	3997.6	3816.7	17.80	220.50	151.20	7.7	18.1	25.2
2015	137.7	4197.4	4183.1	17.60	219.40	153.00	7.8	19.1	27.3

注：三次产业增加值均为以 2015 年为基期的可比价

（3）平均劳动生产率。2005～2015 年，无锡市三次产业从业人员的平均劳动生产率得到了进一步提升（表 13.6），与年份之间呈现明显的线性关系，可表达为

$$y_1 = 0.560\,228x - 1\,120.346\,198 \quad R^2 = 0.932$$
$$y_2 = 0.946\,394x - 1\,888.495\,395 \quad R^2 = 0.956$$
$$y_3 = 1.453\,694x - 2\,903.047\,393 \quad R^2 = 0.972$$

式中，y_1、y_2、y_3 分别为第一产业、第二产业、第三产业的平均劳动生产率；x 为年份。

按照此相关关系，可以推算出目标年份三次产业的平均劳动生产率。

（4）人口负担系数。无锡市人口负担系数先降后增，由 2005 年的 2.18 降至 2009 年的 1.86，后又缓慢上升至 2015 年的 2.05（表 13.7）。随着老龄化加剧，未来可能出现继续增加的态势，设定 2020 年、2025 年、2030 年分别为 2.10、2.15 和 2.20。

表 13.7 无锡市人口负担系数变化

年份	总人口/万人	就业人口/万人	人口负担系数
2005	629.90	289.20	2.18
2006	674.58	307.90	2.19
2007	689.63	325.23	2.12
2008	697.45	350.02	1.99
2009	678.47	364.31	1.86
2010	724.29	382.30	1.89
2011	762.22	386.00	1.97
2012	762.96	389.10	1.96
2013	733.27	389.20	1.88
2014	795.38	389.50	2.04
2015	799.95	390.00	2.05

资料来源：《无锡统计年鉴 2016》

（二）总人口规模预测

根据人口负担系数法，预计无锡市 2025 年和 2030 年总人口规模分别为 811.6 万人和 864.3 万人（表 13.8）。

表 13.8 2025 年和 2030 年无锡市总人口规模预测

项目		2015 年	2025 年	2030 年
地区生产总值/亿元		8 518.26	17 152	25 740
三次产业结构		1.6∶49.3∶49.1	1.5∶45.5∶53.0	1.5∶43.5∶55.0
三次产业增加值/亿元	第一产业	137.7	257.3	386.1
	第二产业	4 197.4	7 804.2	11 196.9
	第三产业	4 183.1	9 090.6	14 157.0
平均劳动生产率/（万元/人）	第一产业	7.8	22.8	39.0
	第二产业	19.1	37.3	52.0
	第三产业	27.3	57.9	84.4

续表

项目		2015 年	2025 年	2030 年
就业人口/万人	第一产业	17.6	11.3	9.9
	第二产业	219.4	209.3	215.1
	第三产业	153.0	156.9	167.8
	合计	390.0	377.5	392.9
人口负担系数		2.05	2.15	2.20
总人口规模/万人		799.95	811.6	864.3

注：表中数据因进行四舍五入修约，分项数据与合计数据部分存在误差

四、基于上位规划的人口规模预判

相关的上位规划对无锡市未来人口规模进行了预测，比较明确的数据出现在 2016 年印发的《长江三角洲城市群发展规划》（发改规划〔2016〕1176 号）中。该规划以 2014 年为基点，指出 2014 年无锡市常住人口为 650 万人，到 2030 年预测为 850 万人。按照这样的预测，2015~2020 年平均每年增长近 12 万人、2021~2030 年平均每年增长 13 万人，这一增速远超过 2010~2015 年每年 2.5 万人的增量，略低于人口迅猛增长期（2004~2008 年，每年的人口增量均在 10 万人以上，5 年间平均每年增长 16 万人）的增速（表 13.9）。

表 13.9   长三角城市群各市市域人口预测   单位：万人

城市	2014 年	2030 年预测	城市	2014 年	2030 年预测
上海	2426	2500	湖州	292	307
南京	822	1060	绍兴	496	551
苏州	1059	1150	台州	602	660
无锡	650	850	舟山	115	200
常州	470	650	金华	544	565
南通	730	910	合肥	770	1000
扬州	447	570	芜湖	362	530
镇江	317	400	马鞍山	223	330
泰州	464	580	滁州	399	560
盐城	722	800	宣城	257	340
杭州	889	950	铜陵	74	130
宁波	768	900	池州	143	180
嘉兴	457	690	安庆	538	630

注：数据来源于《长江三角洲城市群发展规划》

基于历年的《江苏统计年鉴》，从无锡市常住人口占全省的比重来看，以 2013 年为转折点，之前稳步上升，从 2000 年的 6.96%增长至 2013 年的 8.17%，之后却略有下降，至 2015 年降至 8.15%。这与无锡市近年来逐年趋缓的人口增速有关，若延续每年下降 0.1 个百分点的趋势，到 2020 年占比降至约 8.10%，则全市常住人口约

为 664.2 万人，仅比 2015 年增长 14.1 万人；若维系 8.15%的比例，到 2020 年约为 668.3 万人，较 2015 年增长 18.2 万人；若能实现人口快速增长，按照占比每年增加 0.1 个百分点计算，到 2020 年达到 8.2%，则常住人口约为 672.4 万人，较 2015 年增长 22.3 万人。

五、市域人口规模综合判断

各种方法所预测的总人口规模具有较大的差异，从资源环境承载能力的方面看，人口上限规模应该在 1103 万～1115 万人，不宜突破 1100 万人。为给资源环境留足容量，以 1100 万人作为 2050 年无锡市人口规模的上限。鉴于产业发展与就业容量所能支撑的人口规模较小，没有突破资源环境的承载上限，而且经济发展的不确定性更强，其人口规模不作为参考依据。根据 2015 年实际的总人口规模和总人口增速将趋缓的预期，判断得到 2025 年、2035 年、2050 年总人口规模的中值分别约为 900 万、970 万人和 1100 万人（表 13.10）。基于总人口规模中值，对相应年份自然增长与机械增长的人口规模范围按照比例进行修正，得到各年份无锡市辖区人口规模的低值和高值。总的看来，2035 年人口规模高值约为 1021 万人，基本符合市域人口规模上限的范围要求。

表 13.10　不同思路下无锡市代表性年份总人口规模预测结果　　单位：万人

预测出发点	人口规模						
	2015年	2025年	2030年	2035年	2040年	2045年	2050年
自然增长与机械增长	799.95	928～1008（967）	1000～1104（1052）	1077～1201（1139）	1160～1297（1229）	1250～1394（1321）	1347～1490（1419）
资源环境承载能力		上限人口规模为 1103～1115					
产业发展与就业容量		811.6	864.3				
建议值（中值）		900	940	970	1000	1050	1100
建议值（范围）		863～937	893～985	917～1021	945～1055	1000～1100	1050～1150

注：括号中的数据为均值

六、关于市域服务人口的判断

根据无锡市域人口结构，2015 年总人口接近 800 万人，其中常住人口约 650 万人，其他服务人口约 150 万人，其他服务人口占总人口的比重为 18.75%。根据《上海市城市总体规划（2017—2035 年）》，水、能源、安全、交通等需要满足实际服务人口的需求，城市建设考虑在常住人口的基础上预留 20%以上的弹性。20% 以上的弹性值是根据常住人口之外的实际服务人口高出常住人口的比重得到的，无锡市域的人口结构状况与此基本一致。从无锡市提高人口吸引力、在人口/人才"争夺战"中抢占先机的思路出发，城市建设适度超前增加公共服务设施的承载能力，有助于通过优质公共服务吸引人口/人才，为区域可持续发展提供坚强支撑。鉴于不同类型设施的服务范围、规划建设难度及无锡区域发展的总体定位，本章建议以 20% 为上限，对不同类型的服务设施预留相应的弹性。对于安全性、能源型、交通型等的服务设施，可以适当降低弹性值，以 15% 为弹性值进行设施能力规划和建设；对于高等级公共服务设施，如高端养老、健康医疗、体育文化等相关设施，本着充分满足本地人需求和切实增强周边区域人口吸引力的要求，按照 20% 的弹性值进行设施能力规划和建设，为无锡市发展养老、医疗、体育等相关产业和打造长三角地区高度宜居的人才"第二居所"提供支撑和保障。

此外，从上位规划看，《长江三角洲城市群发展规划》预测 2030 年无锡市域常住人口为 850 万人，这一人口规模远远高于基于增长趋势所得的 733 万人的常住人口规模。实现《长江三角洲城市群发展规划》确定的人口增速，需要制定更加开放、宽松的人口政策，同时积极推进产业振兴和"二次腾飞"，以提升人口的吸引能力。将《长江三角洲城市群发展规划》确定的 850 万人的常住人口与我们预测得到的 940 万总人口相比，虽然总人口规模明显高出《长江三角洲城市群发展规划》确定的规模，但是两者的差距仅在 100 万人左右。如果能采取措施提高无锡对外来人口的"黏性"、延长外来人口停留在无锡的时间，实现 2030 年 850 万人的常住人口规模，也是有一定可能性的（表 13.11）。与《江苏省人口发展"十三五"规划》相比，无锡市实现这一规模需要进一步提升无锡的人口集聚力和吸引力、在全省经济发展和人口发展中占据更大的话语权。

表 13.11　基于服务人口类型的人口结构状况

类别	2015 年	2020 年	2025 年	2030 年	2035 年	2040 年	2045 年	2050 年
常住人口/万人	650	677	704	733	762	795	829	865
总人口/万人	800	850	900	940	970	1000	1050	1100
其他服务人口/万人	150	173	196	207	208	205	221	235
其他服务人口与常住人口的比例	23.08%	25.55%	27.84%	28.24%	27.30%	25.79%	26.66%	27.17%
其他服务人口占总人口比重	18.75%	20.35%	21.78%	22.02%	21.44%	20.50%	21.05%	21.36%

第二节　空间分布优化

一、布局原则

（1）顾及现状原则。人口布局优化必须兼顾现状布局的影响，当下人口集聚区设施方便，仍然具有一定的人口吸引力，但同时局部地区过高的人口密度使宜居性下降，人口集聚的能力减小。

（2）规模集聚原则。充分考虑人口集聚所带来的规模效益，总体上还是要引导人口集中、集聚布局，但同时要防止人口过度增长，控制在生态环境和社会管理所能承受的范围内，实现规模效益最大化。

（3）生态协调原则。充分考虑生态环境保护和宜居环境塑造的需求，既要避免对重要生态功能区的占用和破坏，也要考虑靠山近水的自然条件对人口集聚，特别是高端人才集聚的吸引力。

（4）与就业空间统筹原则。充分考虑产业布局对人口布局的影响，转变传统制造业空间与居住空间分离的理念，鼓励以高技术和现代服务业为主的新产业空间与居住空间适度融合，以共同支撑城市新区和新城建设。

（5）与居住空间统筹原则。充分考虑居住空间供给对人口布局的直接影响，结合各板块现状和规划居住用地规模，减少现状人口密集区域和居住空间，减少区域的人口压力，引导人口向新增居住用地较多的区域转移，推动人口规模和居住空间数量相协调。

（6）与公共设施布局匹配原则。结合轨道交通、公共服务设施布局等相关内容，发挥基础设施和公共服务设施的规划和建设对人口布局优化的调控作用，进一步引导人口在交通便捷、服务完善的区域集聚，提高居民获取各种公共服务的便利性。

二、人口布局适宜性分区评价

（一）指标赋值与评价

人口布局适宜性分区主要考虑资源环境承载能力和现状人口分布两个方面。其中，资源环境承载能力反映自然资源条件、生态环境状况等对大规模人口集聚的承载能力，主要通过生态重要性、灾害风险性、环境容量、土地资源丰度等四类指标来测度；现状人口分布主要考察常住人口集聚和外来人口分布状况，间接反映生活配套条件和吸引能力。以镇/街为基本空间单元进行指标赋值。其中，生态重要性、土地资源丰度的分析数据来自《江苏省生态红线区域保护规划》和《无锡市土地利用总体规划（2006—2020 年）》，灾害风险性指标评价数据来自《无锡市地质灾害防治规划（2006—2020 年）》，环境容量评价资料来自《江苏省地表水（环境）功能区划》，人口数据主要来自《无锡统计年鉴 2016》和原人口和计划生育委员会内部统计资料，公共服务配套水平分析资料主要来自《无锡市城市轨道交通近期建设规划（2013—2018 年）》，无锡市开发区与工业集中区分布、市区工业园区布局的数据来自《无锡市城市总体规划（2001—2020）》。

（1）生态重要性。根据各类重要生态功能区分为极重要和较重要两级，按照各级分布面积占所在单元面积的比重计算。其中，极重要生态功能区是指自然保护区、森林公园、风景名胜区、地质公园、饮用水源保护区、重要水源涵养区、蓄滞洪区、重要湿地、清水通道维护区、生态公益林区的核心区以及重要山体和水体等区域；较重要生态功能区是指上述核心区外围的缓冲区，以及未划入上述重要生态功能区的林地、牧草地、河流湖泊、苇地滩涂等具有生态服务功能的区域。

（2）灾害风险性。灾害风险性评价既要考虑单一灾害的影响强度，也要考虑多种灾害对于同一空间的共同作用。因此，首先将灾害风险性评价要素边界进行空间叠加，切分形成若干个多边形评价单元，保证各多边形评价单元受灾害影响水平的内部同质性与外部异质性。根据无锡实际，主要选择洪涝灾害、低洼地、软土、地面沉降和滑坡崩塌等指标。通过将上述指标的边界进行空间叠加，划分为 169 个灾害易损性评价的多边形单元，综合评价后将多边形单元的灾害易损性指数分解到乡镇单元，确定各单元灾害易损性指数。

（3）环境容量。大气环境容量在小区域内难以测度，因此主要考虑水环境容量。根据地形特征、水系格局、引（排）水功能关系、水系结构等，进行小流域多边形的划分，然后进行指标赋值与计算，并通过指数分解模型将评价结果转换到乡镇单元。

地貌特征表征不同地貌类型持水和排水能力，山地丘陵区径流汇集与冲刷强烈，水土易流失，水环境容量较小；地势低洼地区，尾水外排能力差，水体自净能力弱，水环境容量也相对较小；相对而言，平原地区水流通畅，水环境容量相对较大。一般地，高程在 50 米以上的山地赋值为 1，高程在 3 米及以下的低洼地赋值为 2，高程在 11～50 米的低丘岗地赋值为 3，高程在 4～10 米的平原地区赋值为 4。

水质目标按照《地表水环境质量标准》一般分为Ⅰ～Ⅴ，类别越低对汇水流域的排污控制越严格，赋值越低。一般按照二级水功能区划分段水质调控目标，水质目标为Ⅲ类的赋值 1，水质目标为Ⅳ类的赋值 2，水质目标为Ⅴ类的赋值 3，其他二级水功能区未覆盖的小流域参照其所属干流赋值。

河流水系与外围水系的沟通程度，间接表征人类活动污染排放路径的通畅程度，与外界大容量水体交换条件好的小流域消纳污染物的能力也相对较强，赋较高的值，而对于连通交换能力差的水体的小流域赋较低的值。

清水通道和入太湖河道过境小流域赋值为 1，否则为 0。

（4）土地资源丰度。其以各单元可供开发的土地资源占比来表征，反映未来人口集聚用地需求的供给保障能力。在全部土地资源丰度评价的基础上，重点考虑居住用地的现状规模和控规增量，以其作为引导人口向居住用地重点供给区倾斜的依据（表 13.12）。

表 13.12　2015 年无锡市市辖区各板块居住用地规模及控规增量　单位：公顷

市辖区	板块	规模	控规增量	市辖区	板块	规模	控规增量
梁溪区[①]	老城中心片区	396.0	-43.2	新吴区	新安片区	218.0	67.7
	太湖广场片区	515.2	-28.3		高新片区	70.8	14.3
	上马墩片区	368.6	-1.4		空港（硕放）片区	279.6	208.1
	扬名片区	279.3	29.6		鸿山片区	300.9	463.6
	黄巷通江片区	441.8	20.8		梅村片区	358.6	182.8
	山北盛岸片区	617.0	-54.3		旺庄江溪片区	1055.6	77.4
滨湖区	蠡园片区	456.8	18.6	锡山区	东亭片区	558.0	-13.6
	蠡湖片区	343.3	-46.9		锡东新城西片区	585.7	104.1
	太湖片区	411.5	-30.7		锡东新城东片区	666.1	684.3
	河埒片区	257.9	6.8		羊尖片区	93.7	64.7
	雪浪片区	354.8	109.2		锡北片区	121.2	26.1
	新城中心片区	76.9	216.2		东港片区	400.9	54.0
	华庄南片区	180.7	89.0		鹅湖片区	226.3	116.2
	华庄北片区	330.4	62.9		东北塘片区	22.5	24.7
	环湖片区-马山	258.7	121.1	惠山区	玉祁前洲片区	513.4	162.8
	胡埭片区	170.2	142.0		惠山新城片区	717.7	176.5
	环湖片区-渔港	193.1	57.1		西漳片区	458.2	135.5
	环湖片区-大浮	59.5	1.8		洛社片区	470.5	305.1
	环湖片区-雪浪	11.4	41.8		钱桥片区	383.8	242.0
	环湖片区-南泉	146.1	102.2		阳山片区	155.3	96.3

（5）公共服务配套水平。以各单元公共交通、医疗卫生、文化教育等公共服务资源和要素的密集程度、服务等级及其水平作为表征，反映人口集聚的公共服务供给吸引能力差异。

（6）就业空间分布。其以开发区和工业园区的空间分布表征。随着产城融合进程的加快，靠近园区、公共服务配套较好的区域对于吸引就业人口居住具有较高的优势，其具有较高的人口集聚能力。

（7）现状人口分布。其以人口密度和人口流动强度来表示，间接反映现状人口集聚对吸引新增人口的影响。人流流动强度较高、人口集聚度较高的区域，是当前人口倾向分布的区域，若该区域人口密度适宜，未来有可能集聚更多人口。

（二）分区方案

采用层次分析法和熵值法等主客观相结合的权重法，计算各单元的适宜性指数，将各单元分为重点增长区、适度增长区、控制增长区、适度调减区等类型区。对于人口压力过大的内城区域和生态极为敏感的保护区域直接划定为适度调减区（表 13.13）。

---

① 本章中的梁溪区指原崇安区、南长区、北塘区范围。

表 13.13　人口布局适宜性分区

优化类型	乡镇（街道）
重点增长区	市区的堰桥、长安、东北塘、通江、惠山、河埒、蠡湖、金匮、太湖、华庄、新安、硕放、梅村、安镇；江阴的璜土、利港、申港、夏港、云亭、南闸；宜兴的新庄、新街、屺亭和丁蜀等
适度增长区	市区的洛社、钱桥、山北、蠡园、北大街、广益、东亭、旺庄、鹅湖、羊尖、东港、锡北；江阴的澄江、华士、周庄、新桥、月城、青阳、徐霞客；宜兴的宜城、官林、高塍、徐舍和周铁等
控制增长区	市区的玉祁、前洲、阳山、胡埭、黄巷、荣巷、江溪、雪浪、鸿山；江阴的祝塘、长泾、顾山；宜兴的新建、杨巷、和桥、万石和芳桥等
适度调减区	市区的崇安寺、广瑞路、江海、马山、南禅寺、清名桥、上马墩、扬名、迎龙桥；宜兴的张渚、西渚、太华、湖㳇等

（1）重点增长区。其是人居环境和配套条件较好，经济发展水平较高，人口集聚程度较高，配套条件相对完善，仍具有一定资源环境承载能力，目前人口压力不大的重点拓展区域。主要分布在市区的太湖街道、华庄街道、硕放街道、长安街道等，江阴的申港街道、夏港街道、云亭街道、南闸街道等，以及宜兴的新庄街道、新街街道、丁蜀镇。该区域适宜人口较快增长，重点改善交通条件、提高生活服务配套能力，成为吸纳新增人口的主要地区。

（2）适度增长区。其是人居环境和配套条件好，经济发展水平较高，但具有一定的生态保护价值或资源环境承载能力趋于饱和、人口压力趋大的优化提升区域及部分重点拓展区域。主要分布在市区的东亭街道、锡北镇、东港镇等，江阴的澄江街道、华士镇、周庄镇、新桥镇等，宜兴的宜城街道、周铁镇等。该区域也是未来人口分布的主要区域，但要避免人口的过度集聚，防止居住过度开发而破坏资源环境承载能力。

（3）控制增长区。其是经济发展水平相对不高，且具有较大生态保护需求，需要控制人口增长速度的适度发展区域。主要分布在市区的玉祁街道、雪浪街道、鸿山街道、阳山镇、胡埭镇等，江阴的祝塘镇、长泾镇、顾山镇，以及宜兴的新建镇、杨巷镇、芳桥镇等。该区域要稳步吸引人口进入，严格控制人口增速，防止人口过快集聚，适度有序供给居住用地。

（4）适度调减区。其是主要资源环境承载能力较低的限制开发和禁止开发的区域以及不开发和无干扰的区域，或者是资源环境承载能力趋于饱和、人口压力过大的市区。一部分分布在市区的马山街道和宜兴南部山区的张渚镇、西渚镇等生态地区，其撤并零散分布的小村庄，推动农村人口向城镇集中聚居，适度外迁调减人口，以进行恢复性生态保护。另一部分分布在市区的广瑞路、上马墩、崇安寺等街道，现有人口密度接近或超过 20 000 人/千米 ^{2}，未来以城市更新改造为契机，加快推进老新村和棚户区的整治，疏解老城过密人口。

三、空间配置方案

（一）无锡市域

以 2015 年常住人口数量及分布为基础，按照无锡市域常住人口总量为 850 万人、900 万人、940 万人、970 万人、1000 万人、1050 万人、1100 万人的情景判断，根据适宜性评价结果，进一步考虑新城建设与新产业空间布局的战略预期，形成人口配置优化推荐方案（表 13.14、表 13.15）。

表 13.14　无锡市域人口空间分布方案（适宜性情景）　　单位：万人

市辖区/县级市	2015 年（800）	人口总量方案						
		850	900	940	970	1000	1050	1100
梁溪区	104.7	117.7	125.6	131.7	138.7	144.3	149.8	157.4
锡山区	79.1	88.7	95.6	102.2	108.8	114.4	120.1	127.6
惠山区	81.8	82.3	88.8	95.3	101.7	107.4	113.0	120.5
滨湖区	76.6	90.5	101.2	109.4	117.1	123.8	130.6	139.6
新吴区	75.2	90.9	98.8	106.5	113.7	120.1	126.5	134.9
江阴市	236.4	266.3	288.9	308.7	328.5	345.5	362.5	385.1
宜兴市	181.0	203.8	221.1	236.4	251.5	264.5	277.5	294.9

表 13.15　无锡市域人口空间分布方案（战略预期情景）　　单位：万人

市辖区/县级市	2015 年（800）	人口总量方案						
		850	900	940	970	1000	1050	1100
梁溪区	104.7	117.7	125.6	131.7	138.7	144.3	149.8	157.4
锡山区	79.1	88.7	95.6	102.2	108.8	114.4	120.1	127.6
惠山区	81.8	82.3	88.8	95.3	101.7	107.4	113.0	120.5
滨湖区	76.6	90.5	101.2	109.4	117.1	123.8	130.6	139.6
新吴区	75.2	90.9	98.8	106.5	113.7	120.1	126.5	134.9
江阴市	236.4	266.2	288.9	308.7	328.4	345.4	362.4	385.0
宜兴市	181.0	203.8	221.1	236.3	251.5	264.4	277.4	294.7

（二）无锡市市辖区

根据上述配置方法，以 2015 年常住人口数量及分布为基础，按照无锡市市辖区常住人口总量为 470 万人、510 万人、545 万人、580 万人、610 万人、640 万人和 680 万人的人口方案，得到适宜性和战略预期两种情景下无锡市市辖区人口配置结果（表 13.16）。人口配置结果表明，基于适宜性情景的方案人口变动较小，新增人口布局相对比较均衡，但受格局影响较大，规划引导性不够强，集中集聚布局体现不足。相比之下，修正方案体现了人口布局与资源环境承载能力更加匹配、与用地和产业空间布局更加协调的原则，现实操作性更强，但是对人口引导和相关政策制定提出了更高要求。

表 13.16　无锡市市辖区乡镇（街道）人口配置方案　　　单位：万人

市辖区	乡镇（街道）	2015年	适宜性情景							战略预期情景						
			470	510	545	580	610	640	680	470	510	545	580	610	640	680
梁溪区	合计	104.7	117.7	125.6	131.7	138.7	144.3	149.8	157.4	116.7	123.2	126.4	133.1	138.5	140.7	139.6
	崇安寺	5.6	5.6	5.6	5.6	5.9	6.0	6.2	6.4	5.5	5.5	5.5	5.6	5.6	5.2	4.0
	广瑞路	3.5	3.2	3.2	3.2	3.3	3.3	3.4	3.4	3.2	3.1	2.8	2.9	2.9	2.7	2.1
	上马墩	3.6	3.5	3.5	3.5	3.6	3.6	3.7	3.7	3.5	3.4	3.3	3.4	3.4	3.2	2.4
	通江	2.1	2.9	3.5	3.9	4.2	4.4	4.7	5.0	2.8	3.2	3.3	3.6	3.8	4.2	4.9
	广益	7.6	9.4	10.6	11.7	12.6	13.4	14.2	15.3	9.1	10.1	10.7	11.5	12.2	13.1	14.7
	江海	3.5	3.3	3.3	3.3	3.4	3.4	3.5	3.5	3.2	3.1	2.8	2.9	2.9	2.7	2.1
	清名桥	8.4	8.5	8.8	9.1	9.6	9.9	10.2	10.6	8.5	8.8	9.1	9.5	9.8	9.7	9.1
	金匮	3.5	4.6	5.5	6.2	6.8	7.4	7.9	8.6	4.5	5.2	5.5	6.1	6.6	7.4	9.0
	南禅寺	8.2	7.7	7.8	7.9	8.2	8.4	8.5	8.8	7.6	7.6	7.3	7.5	7.6	7.0	5.4
	迎龙桥	7.5	7.1	7.1	7.0	7.1	7.2	7.2	7.2	7.1	7.1	7.0	7.2	7.3	6.7	5.2
	扬名	4.3	4.2	4.3	4.4	4.6	4.7	4.9	5.1	4.2	4.3	4.4	4.6	4.8	5.0	5.1
	金星	9.6	10.0	10.6	11.0	11.5	11.9	12.3	12.8	9.9	10.4	10.8	11.4	11.8	11.9	11.7
	北大街（五河）	8.6	11.1	12.0	12.7	13.5	14.1	14.7	15.6	11.0	11.9	12.5	13.2	13.8	14.3	14.7
	黄巷	9.9	12.7	13.8	14.6	15.4	16.1	16.8	17.8	12.7	13.7	14.5	15.3	16.0	16.5	16.9
	惠山	10.0	12.5	13.5	14.3	15.1	15.7	16.4	17.2	12.5	13.5	14.3	15.1	15.7	16.1	16.1
	山北	8.7	11.3	12.4	13.1	13.9	14.6	15.3	16.2	11.3	12.2	12.7	13.5	14.2	15.0	16.1
锡山区	合计	79.1	88.7	95.6	102.2	108.8	114.4	120.1	127.6	88.6	95.8	103.0	109.5	115.1	120.6	127.8
	东亭（云林）	21.6	23.0	24.1	25.4	26.8	28.0	29.2	30.8	23.0	23.9	24.8	26.2	27.4	28.2	28.8
	安镇（厚桥）	15.1	18.6	20.9	22.7	24.4	25.9	27.5	29.5	18.2	20.7	22.9	24.5	26.0	27.9	31.1
	羊尖	6.0	6.4	6.7	6.9	7.2	7.5	7.7	8.0	6.4	6.7	6.9	7.3	7.6	7.7	7.6
	鹅湖	6.7	7.5	8.0	9.0	9.6	10.2	10.8	11.5	7.5	8.3	9.1	9.7	10.2	10.8	11.6
	东北塘	6.3	7.7	8.5	9.2	9.9	10.4	10.9	11.6	7.7	8.5	9.2	9.9	10.4	11.0	11.8
	锡北	11.3	12.5	13.5	14.7	15.8	16.7	17.7	19.0	12.5	13.4	14.2	15.2	16.1	17.3	19.1
	东港	12.2	12.9	13.5	14.3	15.1	15.7	16.4	17.2	13.2	14.2	15.9	16.7	17.4	17.8	17.9
惠山区	合计	81.8	82.3	88.8	95.3	101.7	107.4	113.0	120.5	82.3	88.5	95.3	101.4	106.9	112.9	121.5
	堰桥	17.9	18.4	19.9	21.4	22.9	24.2	25.5	27.2	18.3	19.7	21.2	22.4	23.3	23.6	23.4
	前洲	9.8	9.7	10.4	11.0	11.7	12.2	12.7	13.5	9.7	10.4	11.0	11.7	12.2	12.6	13.1
	玉祁	7.5	7.5	8.0	8.4	8.9	9.3	9.7	10.2	7.5	7.8	8.3	8.6	9.1	9.7	10.7
	洛社	18.8	18.0	19.0	20.5	22.0	23.2	24.4	26.1	18.0	18.9	19.8	21.2	22.4	23.9	26.3
	钱桥	14.0	13.7	14.7	15.6	16.5	17.3	18.1	19.2	13.5	14.4	15.3	16.2	17.0	17.8	18.7
	阳山	5.8	5.7	6.1	6.3	6.6	6.9	7.1	7.4	5.7	6.1	6.3	6.6	6.9	6.8	6.5
	长安	8.0	9.2	10.6	12.1	13.2	14.3	15.4	16.9	9.6	11.2	13.4	14.8	16.0	18.4	22.9

续表

市辖区	乡镇(街道)	2015年	适宜性情景							战略预期情景						
			470	510	545	580	610	640	680	470	510	545	580	610	640	680
滨湖区	合计	76.6	90.5	101.2	109.4	117.1	123.8	130.6	139.6	90.8	102.2	111.5	119.5	126.5	135.4	149.6
	河埒	14.3	15.4	16.6	17.6	18.7	19.6	20.4	21.6	15.2	16.5	17.5	18.6	19.6	20.4	21.6
	蠡湖	5.2	7.2	8.5	9.5	10.3	11.0	11.7	12.6	6.5	7.5	8.4	9.1	9.7	10.6	12.4
	荣巷	9.0	10.5	11.9	12.7	13.7	14.5	15.4	16.5	10.5	11.8	12.7	13.7	14.5	15.6	17.4
	蠡园	4.6	6.4	7.7	8.5	9.2	9.8	10.4	11.2	6.4	7.7	8.5	9.2	9.8	10.7	12.4
	胡埭	5.8	6.1	6.5	6.8	7.2	7.5	7.7	8.1	6.0	6.3	6.3	6.7	7.0	7.1	7.1
	太湖	11.7	14.9	17.1	18.8	20.4	21.9	23.4	25.3	15.7	18.5	21.3	23.1	24.7	27.3	31.8
	华庄	10.9	14.5	16.9	18.6	20.1	21.5	22.9	24.7	15.2	18.0	20.6	22.3	23.8	26.1	30.0
	雪浪	10.9	11.7	12.3	12.9	13.6	14.2	14.8	15.5	11.6	12.3	12.9	13.6	14.2	14.5	14.5
	马山	4.2	3.9	3.9	3.9	3.9	3.9	3.9	3.9	3.9	3.7	3.2	3.3	3.3	3.1	2.4
新吴区	合计	75.2	90.9	98.8	106.5	113.7	120.1	126.5	134.9	91.6	100.3	108.8	116.4	122.8	130.2	141.2
	旺庄	17.9	21.8	23.7	25.2	26.8	28.2	29.6	31.5	21.8	23.9	25.9	27.6	28.8	29.6	30.0
	新安	5.1	6.6	7.5	8.2	8.8	9.3	9.8	10.5	6.7	7.5	8.1	8.6	9.1	9.6	10.3
	江溪	20.2	23.0	24.4	26.2	27.7	29.0	30.3	32.1	23.2	24.8	26.7	28.2	29.5	30.5	31.4
	硕放	8.9	12.0	13.7	15.5	17.0	18.4	19.8	21.6	12.3	14.0	15.8	17.2	18.6	20.9	25.2
	梅村	12.8	15.9	17.4	18.9	20.3	21.6	22.9	24.5	15.9	17.4	18.9	20.3	21.5	23.1	25.7
	鸿山	10.3	11.6	12.1	12.6	13.2	13.6	14.1	14.7	11.7	12.7	13.5	14.5	15.4	16.6	18.7

注：由于此表中的数据直接由 Excel 所得，存在四舍五入的情况，按照表中数据计算合计可能与 Excel 所得到的有误差

第《十 四》章

典型城区人口规模预测与分布优化

　　锡山区，是长三角中心城市无锡的市辖区之一，是苏南模式的典型区。2001年撤市设区以来，其经济社会发展迅速，城镇建设水平不断提高，人口规模、结构及空间分布等发生了较大变化。本章在分析锡山人口发展主要特征的基础上，结合区域经济社会和人口发展趋势，从人口规模和空间布局等方面开展预测研究，以期为调控人口规模、优化人口布局提供依据，为区域经济社会持续健康发展提供保障。

第一节　人口发展特征

一、人口规模持续增加，外来常住人口趋于稳定

　　2014年，全区常住人口规模达到70.15万人（图14.1），其中户籍人口为43.16万人（图14.2），外来常住人口为26.99万人。2000~2014年，常住人口增加26.43万人，其中户籍人口仅增加5.84万人、外来人口增加20.59万人。外来人口增量占据总增量的主体，占同期人口增量的77.90%。常住人口增速总体呈现下降态势，2011年后降至1%以下。户籍人口稳步增加，年增长率保持在0~20‰。其中，户籍人口的增加以机械增长为主，2010年以前，机械增长率远高于自然增长率；2010~2014年，自然增长率有增加的趋势，与机械增长率之间的差距有所减小。与之相比，外来常住人口规模呈现先增后减的态势，2010年最多，约为27.24万人，较2000年增长20.83万人，在无锡市区仅次于惠山区；之后略有下降，至2014年降至26.99万人。以2014年为例，全年常住人口增加0.20万人，其中户籍人口增加0.50万人，外来常住人口减少0.30万人，这表明近年来户籍人口逐渐成为常住人口增加的主体。这是几年来的普遍规律，与无锡、苏州等地近年来的趋势大体一致。

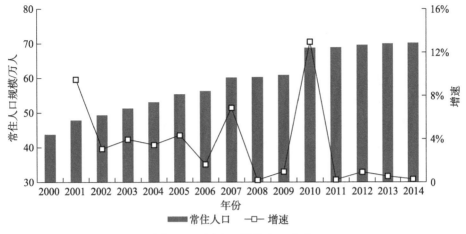

图 14.1 锡山区常住人口变化

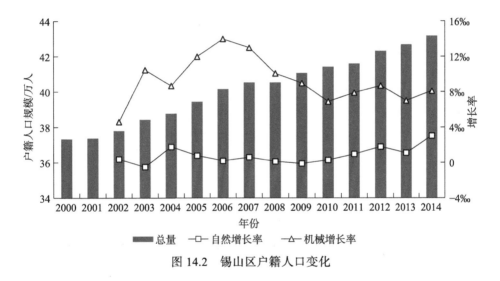

图 14.2 锡山区户籍人口变化

总的来看，全区人口总量呈现"三个稳定"的特征：其一，常住人口总量保持基本稳定，2000~2014 年增速降至 5%以下，增量大幅下降；其二，外来常住人口总量保持相对稳定，进入 2010 年以来，稳定在 27 万人左右；其三，占全市的比重稳定，2000~2010 年，占比从 16.87%增长至 19.41%，此后稳定在 19.41%左右。从对苏州、无锡、常州等地区的分析看，锡山区近年来人口总量和流动格局已经基本保持稳定，进入平稳发展期。

二、外来劳动者数量超过本地，集中于制造业

2000~2014 年，全区适龄劳动人口（19~59 岁）从 29.52 万人增至 56.44 万人，增加了 26.92 万人，占同期新增人口总量的 83.06%，适龄劳动人口增量占 2014

年全区适龄劳动人口的 47.70%。外来人口中，23～35 岁、36～59 岁两个年龄段占比较高，分别为 36.99%和 39.56%，接下来为 19～22 岁年龄段，占 8.23%，其余年龄段占比合计仅为 15.22%。2014 年，全区实际从业人员为 45.61 万人，其中外来就业人口约为 31.94 万人，占比高达 70.03%。

全区以制造业为主的就业结构保持相对稳定，根据《无锡统计年鉴 2002》，2001 年，第二产业就业比重为 55.32%，至 2012 年升至峰值，达到 68.79%，此后略有下降，2014 年为 67.35%。外来劳动力中，外来务工人员占据绝对主导地位。根据无锡市公安局提供的外来流动人口就业情况（图 14.3），2010 年全区外来流动人口中，务工占 61.82%，从事服务业的（含经商、运输）占 21.08%，从事建筑业的占 5.80%，其余（含务农、无业等）占 11.30%。根据无锡市人口和计划生育委员会提供的非本地户籍人口就业情况，2014 年，务工人员占全部外来从业人口的比重高达 88.47%，从事服务业（经商）和建筑业的占比分别为 6.81%和 4.72%。近年来，外来流动人口从事第一产业数量也有所增加。从实际调研情况看，全区耕地大约有 1/2 被外来人口耕种，而园地以外来人口经营为主。2013 年，全区耕地 22 万亩、园地 2 万亩，按照单个全员劳动力可经营耕地 7 亩、园地 5 亩看，大概需要外来务农人员约 1.61 万人。

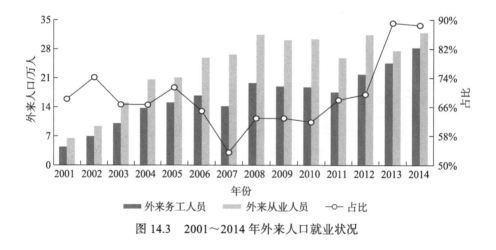

图 14.3　2001～2014 年外来人口就业状况

本地乡村劳动力总量稳中有降，从 2010 年的 17.55 万人下降至 2014 年的 15.90 万人。2014 年，第二产业就业人员约为 11.65 万人，占比高达 73.27%，其中制造业从业人员约为 10.88 万人，占总量的 68.43%。务农、从事服务业的比重相对较低，分别仅占 11.70%和 15.03%。

三、人口密度总体较低，近城区及开发区周边人口密度增长明显

2014 年，全区总人口密度为 1961 人/千米 ^{2}，其中户籍人口密度为 1081 人/千米 ^{2}，

分别仅高于滨湖区。锡山区属于近年来无锡市辖区人口集聚的重要载体，2000～2014年，锡山区承接了无锡市区 24.09% 的常住人口增量，仅次于新区的 29.82%，高于惠山区的 19.75% 和滨湖区的 13.80%。

从乡镇（街道）的人口密度看，锡山区密度分异比较明显，在无锡市圈层式的人口密度格局中，锡山区属于其中的一块扇形分布区域，人口密度由东亭社区向外围区域逐渐减小（表 14.1）。根据 2014 年无锡市卫生和计划生育委员会的人口数据，东亭社区人口密度较高，超过 5000 人/千米^2，部分社区人口密度高达 25 000 人/千米^2；东湖塘社区、杨亭社区以及其他乡镇镇区人口密度也较高，为 2000～5000 人/千米^2；东港镇南部、羊尖镇北部以及鹅湖镇东北部的农村地区人口相对稀疏，密度为 500～1000 人/千米^2。2000～2010 年，锡山区各街道、乡镇的人口密度均明显增加，其中东亭社区增长最为明显，其次为东北塘社区。2010年以后，除东亭、云林、安镇人口快速增长外，其余社区的人口保持相对稳定。

表 14.1 2014 年锡山区常住人口密度 　　　　单位：人/千米^2

人口密度	区域
0～500	山林茶果场、长流社区、蔡湾村
500～1 000	圩厍村、东南村、鹅湖村、东青河村、群联村、松芝村、燕水庄村、太芙村、丽安村、新桥村、严家桥村、港南村、华东村、南丰村、谢埭荡村、彩桥村、新联村、圆通村、寨门村
1 000～2 000	龙凤巷村、劲丰村、泾新村、光明村、斗山村、宛山村、南桥头村、胶山村、新巷村、山联村、春风村、周家阁村、南村村、朝阳村、新明村、安西村、鑫西社区、嵩山村、三新村、亚光村、廊下村、东湖村、中东村、东房桥村、港东村、胶南村、黄土塘村、羊尖社区、青荡村、东升村、勤新村、年余村、厚桥社区、安南村、泾西村、白丹山村、裕巷村、陈市村、山河村、张缪舍村、春光村、联新村、梓旺村、大厍头村、胶西村、蓉阳村、新坝村、芙蓉村
2 000～5 000	团结村、大马巷村、青虹路社区、新农丰社区、新厚桥村、谈村村、八士村、双桥村、湖塘桥社区、先锋村、农坝村、竹园社区、正阳村、仓下社区、锦阳村、羊尖村、张泾社区、安镇村、钱家庄社区、鑫安社区、严埭社区、查桥村、锡通社区、东湖塘社区、春雷村、梓旺新村社区、东北塘社区、新屯社区、八士社区、杨亭社区、春合社区、长大夏社区、吼山社区
5 000～10 000	港下社区、春象社区、甘露社区、东亭社区、柏庄一村社区、锦旺新村社区、庄桥社区、北街社区
10 000～25 000	门楼社区、人民路社区、春星社区、春江花园社区、桑达园社区、柏庄社区、东街社区

全区人口增长格局变化明显（表 14.2），2000～2010 年，绝大部分村（社区）的人口均有较快增长，其中，东亭、云林、东北塘等城区、经济开发区所在地以及邻近城区或工业规模较大的村（社区）的人口增长均超过 3000 人，城镇外围地

区的大部分村（社区）人口增长 1000～3000 人，锡北镇西部、东港镇南部和鹅湖镇东北部的村（社区）的人口增长相对较慢。2011～2014 年，城区（东亭）、经济开发区（云林、厚桥）、商务区（安镇）和其他乡镇镇区等产业集中、服务配套完善，村（社区）的人口继续高速增长，增幅均高于 1000 人；经济开发区周边的村（社区）（如新联、周家阁等）的人口增长均多于 500 人。但开发区南部、东北塘等大部分邻近城镇的地区人口减少较快，人口流失均多于 500 人；东港镇东南部、羊尖镇北部地区的人口也开始减少，大部分村（社区）的人口减少 100～500 人；但锡北、鹅湖、东港北部、羊尖东南部等乡镇（街道）的农村区域人口仍然保持稳定增长，各村人口增幅均位于 100～500 人（表 14.2）。

表 14.2　2000~2010 年和 2011~2014 年常住人口变化　　　单位：人

变化量	2000～2010 年	2011～2014 年
<–500	梓旺村、新农丰社区、芙蓉村	张泾社区、春雷社区、先锋村、八士社区、春合社区、北街社区、安西村、春光村、长大夏社区、东湖塘社区、长流社区、锡通社区、裕巷村、东亭社区、新桥村、钱家庄社区、东南村、谈村村
–500～–100	春星社区、陈市村、胶山村	朝阳村、梓旺村、锦阳村、南丰村、南桥头村、湖塘桥社区、廊下村、仓下社区、严埭社区、新巷村、太芙村、大马巷村、胶西村、丽安村、彩桥村、正阳村、东北塘社区
–100～0	鹅湖村、蠡西社区、山林茶果场、蔡湾村	南村村、张缪舍村、东湖村、山林茶果场、蔡湾村
0～500	山联村、春风村、东房桥村、新屯社区、八士村、长流社区、斗山村、周家阁村、燕水庄村、东北塘社区、港下社区、东青河村、东湖村、港南村、彩桥村	圆通村、严家桥村、华东村、港南村、东青河村、农坝村、燕水庄村、劲丰村、东升村、厚桥社区、年余村、寨门村、圩厍村、中东村、羊尖社区、龙凤巷村、谢埭荡村、山河村、松芝村、亚光村、光明村、山联村、胶南村、陈市村、大厍头村、宛山村、八士村、群联村、青荡村、青虹路社区、黄土塘村、泾新村、鹅湖村、港东村、锦旺新村社区、斗山村、东街社区、春风村
500～1000	联新村、圩厍村、松芝村、厚桥社区、华东村、劲丰村、吼山社区、新联村、蓉阳村、春象社区、湖塘桥社区、谢埭荡村、泾新村、新坝村、鑫安社区、勤新村、龙凤巷村、柏庄一村社区、东南村、张缪舍村、严家桥村、白丹山村、太芙村	甘露社区、梓旺新村社区、羊尖村、泾西村、蠡西村、新联村、周家阁村、三新村、东房桥村、新坝村、白丹山村、嵩山村

变化量	2000~2010 年	2011~2014 年
1000~3000	羊尖村、群联村、圆通村、泾西村、丽安村、青荡村、年余村、嵩山村、谈村村、大厍头村、南丰村、光明村、东升村、羊尖社区、新明村、港东村、新厚桥村、寨门村、南村村、新桥村、南桥头村、竹园社区、亚光村、裕巷村、中东村、胶南村、朝阳村、胶西村、宛山村、人民路社区、三新村、东湖塘社区、青虹路社区、大马巷村、团结村、甘露社区、查桥村、新巷村、安镇村、山河村、黄土塘村、安西村、桑达园社区、农坝村	新农丰社区、联新村、团结村、门楼社区、吼山社区、柏庄一村社区、查桥村、安南村、新明村、勤新村、安镇村、胶山村、蓉阳村、鑫安社区、人民路社区、港下社区、双桥村、新厚桥村
≥3000	锦阳村、安南村、廊下村、杨亭社区、正阳村、锦旺新村社区、双桥村、梓旺新村社区、春江花园社区、庄桥社区、春光村、仓下社区、严埭社区、锡通社区、门楼社区、柏庄社区、春合社区、东亭社区、钱家庄社区、张泾社区、北街社区、长大夏社区、八士社区、先锋村、春雷社区、东街社区	新屯社区、竹园社区、春江花园社区、芙蓉村、春象社区、桑达园社区、柏庄社区、庄桥社区、春星社区、杨亭社区

四、人口素质不断增加，但高端人力资源缺乏

从 2000 年和 2010 年的两次全国人口普查数据看，全区人口的受教育水平有明显提升。与 2000 年相比，2010 年从未上学人口所占比例明显减少，从 4.96% 降至 2.76%；小学及初中人口占比也明显下降，从 80.61% 降至 71.58%。与此同时，高中、本科及以上的受教育人口占比明显增加，分别比 2000 年增加了 7.83 个百分点和 2.80 个百分点。此外，中专及大专等偏向职业技能教育的人口占比有增加的趋势，从 5.30% 增长至 5.88%。与无锡其他市辖区相比，2010 年，锡山区未上学人口比例仍然偏高，仅次于北塘区；而高素质人才相对较少，本科及以上学历的人口占比仅略高于惠山区（图 14.4）。

从创业型、研发型、管理型、技能型高端人才的集聚情况来看（表 14.3、表 14.4），到 2010 年，全区研究生及以上学历的人口达到 1071 人，比 2000 年增加了 1026 人。到 2013 年，全区累计已引进和培育省"双创"人才 46 名、"企业博士集聚计划" 20 名；借助"东方硅谷"人才计划，全区累计引进"530"计划等各类创业创新人才 147 名、引进"东方硅谷"创业领军人才 32 名、创新人才 3 名、创业团队 2 个。锡山区连续六届被评为全国科技进步先进区，被批准为国家知识产权强县建设试点区、江苏省创新型试点城区、中国产学研合作创新示范基地。但是，与新区、滨湖、惠山等地区相比，锡山区的人才引进工作仍相对滞后，高端人力资源的支撑能力不强。同时，锡山区外来流动人口的受教育水平相对较低，27.2% 的外来流动人口仅有小学文化水平，占比全市最高；而大专及以上学历的仅占 2.9%，略高于惠山区（来自全市公安局的流动人口统计，为 2010 年数据）。

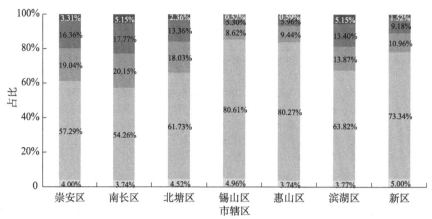

（a）2000年

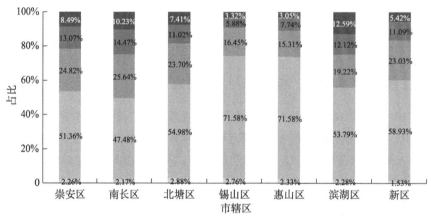

（b）2010年

图 14.4　2000 年和 2010 年市辖区外来人口受教育水平比较

表 14.3　无锡市辖区 2011~2013 年"双创"人才分布情况　　　单位：名

年份	锡山	惠山	滨湖	南长	北塘	新区	合计
2011	4	4	19	—	1	12	40
2012	8	8	14	2	1	14	47
2013	6	10	11	3	2	13	45
累计	18	22	44	5	4	39	132

表 14.4　无锡市辖区 2011~2013 年"企业博士集聚计划"分布情况　　　单位：名

年份	锡山	惠山	滨湖	南长	北塘	新区	合计
2011	6	8	3	1	—	10	28
2012	5	6	6	1	—	7	25
2013	2	5	10	—	—	7	24
累计	13	19	19	2	—	24	77

五、人口老龄化趋势加剧，外来人口以青壮年为主

人口出生率的下降和人均年龄的延长导致全区人口老龄化日趋严重。2000～2014 年，全区户籍人口出生率保持在 10‰以下，均低于全国平均水平，属于严重少子化。2000 年，常住人口中 60 岁及以上的老龄人口为 5.55 万人，占全区常住人口的 12.69%。到 2010 年，老龄人口增长至 8.62 万人，占比略有下降，为 12.65%。到 2014 年，老龄人口占比增长至 14.34%。从户籍人口看，老龄人口占比更大，2010 年、2014 年分别为 20.33%和 23.90%（图 14.5）。可见，外来人口的进入显著地拉低了全区的老龄化水平。2014 年，全区外来常住人口中 23～35 岁、36～59 岁两个青壮年年龄段的人口占比较高，分别为 36.99%和 39.56%，接下来为 19～22 岁年龄段，占 8.23%，其余年龄段占比合计仅为 15.22%。其中，60 岁及以上老龄人口仅有 0.91 万人，占外来常住人口的比例为 2.60%。与 2010 年相比，2014 年这个比例增加了 1.42 个百分点。与无锡其他市辖区相比，外来常住人口中青壮年（19～59 岁）占比仅次于新区和惠山区，而老龄人口占比仅高于新区，是外来人口红利较明显的区域之一。

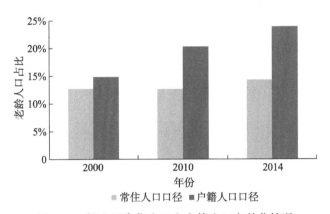

图 14.5　锡山区常住人口和户籍人口老龄化情况

六、农村人口城镇化趋缓，外来人口市民文化程度较低

锡山区是传统意义上的农业区，根据《无锡市土地利用总体规划（2006—2020 年）》，到 2020 年，无锡市区 45.50%的耕地保有任务量和 57.23%的基本农田保护面积都在锡山区。随着工业经济的快速发展，锡山区城镇化明显增加，常住人口城镇化率从 2000 年的 43.57%增长至 2010 年的 63.95%，平均每年增加约 2.04 个百分点；2011～2014 年，从 66.25%增至 68.73%，平均每年增加 0.62 个百分点（图 14.6）。城镇化率的快速增加受到本地农业转移人口和外来流动人口向城镇集聚的影响。设区以来，锡山区大力推进区划调整、发展非农产业，2001～2014 年，全区居委会数量由 31 个增加至 42 个，同期村委会数量由 103 个骤降至 76 个（图 14.7）。

与此同时，非农产业增加值由 110.33 亿元增长到 2014 年的 599.98 亿元（《无锡统计年鉴 2015》）。

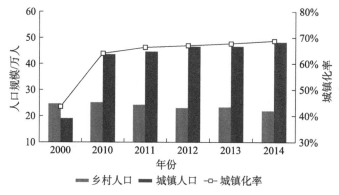

图 14.6　锡山区城乡常住人口及城镇化率

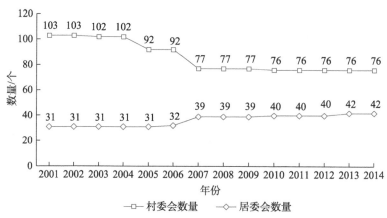

图 14.7　锡山区居委会和村委会数量变化

　　虽然常住人口城镇化率仍然持续提高，但乡村常住人口的数量变化并未呈现相应的下降。其中，常住乡村的户籍人口缓慢增加，2010～2014 年增加了 0.25 万人，同期常住城镇的户籍人口仅增长了 1.5 万人。受乡村生活成本较低、配套设施改善较快、到企业距离不远等因素的影响，居住在村的外来人口也持续增加，2014 年达到 10.52 万人，较 2010 年增长了 41.59%，占全部外来人口的比例约为 31.91%（表 14.5、表 14.6）。

表 14.5　锡山区外来人口城乡分布变化　　　　　　　　　　单位：万人

类型	2010 年	2011 年	2012 年	2013 年	2014 年
居委	7.43	7.83	8.23	9.91	10.52
村委	19.91	18.02	19.09	20.21	22.45

表 14.6　锡山区户籍人口城乡分布　　　　单位：万人

类型	2010 年	2011 年	2012 年	2013 年	2014 年
居委	11.52	11.64	12.30	12.60	13.02
村委	29.89	29.95	30.00	30.06	30.14

七、人口红利明显，但逐渐趋于弱化

锡山区人口规模的增加产生了明显的人口红利，对经济社会发展起到了巨大的推动作用，既创造了大量社会财富，又增强了城市活力，推动了社会零售品、房地产等市场的繁荣。以房地产为例，2013 年 1 月，在无锡市辖区各版块中，锡山区房地产销售面积、金额仅次于惠山区，分别占市区的 21.38% 和 17.60%（表 14.7）。但是，受各方面因素的影响，人口红利呈现逐年弱化的趋势。首先，人口老龄化形势严峻，常住人口中 60 岁及以上的老龄人口占比从 2000 年的 12.69% 增长至 2014 年的 14.34%。2000～2014 年不仅户籍人口老龄化明显，外来人口中老龄人口占比也逐年增加，60 岁及以上的非本地户籍常住人口从 2010 年的 1994 人增加至 2014 年的 9130 人，占比从 0.66% 增长至 2.35%。其次，劳动力增长对经济增长的贡献率逐年下降。2005～2006 年，全区经济增长中，劳动力增长的贡献率超过 80%，2013～2014 年降至 10% 以下，同期，劳动生产率增长的贡献率从不足 20% 增长至 90% 以上。最后，外来人口增加了财政支出、基础设施建设等方面的压力，对公共服务供给、资源使用、社会管理等产生了一些负面影响。以财政支出为例，按照户籍人口、常住人口计算，2014 年人均财政支出分别为 12 908 元和 7941 元，相差 4967 元，高于 2010 年 3324 元的差距。

表 14.7　2013 年 1 月市区各板块商品房成交情况

板块	销售面积/米²	金额/亿元	平均单价/（元/米²）
城中	24 500	2.64	10 776
崇安新城	16 400	1.84	11 220
南长	39 000	3.92	10 051
北塘	28 500	2.19	7 684
新区	94 900	7.52	7 924
蠡溪	32 400	3.46	10 679
太湖新城	85 800	7.90	9 207
锡山	139 100	9.39	6 751
惠山	190 000	14.50	7 632
合计	650 600	53.36	8 202

第二节　人口规模预测

以人口发展历程和现状特征为基础，考虑人口增长趋势、土地资源承载能力、经济发展和产业支撑能力等多方面对人口规模进行预测，进而综合分析，得到2020年、2030年的人口规模和结构。

一、基于人口增长趋势的总量外推

以人口发展的历史过程为依据，分别按照自然增长和机械增长的趋势，预测不同年份的人口规模和结构。

（一）户籍人口

撤市设区后，锡山区户籍人口呈现稳步增长的态势，从2000年的37.32万人增长到2014年的43.16万人。其中，自然增长率在2010年之前围绕0上下波动，之后呈现波动上升的局面，到2014年升至3.0‰；机械增长率呈现先增后降的态势，2010～2014年基本稳定在7.5‰左右。考虑到未来计划生育政策和外来人口落户条件放宽等因素的影响，对未来的户籍人口自然增长率、机械增长率适度上调。在自然增长率方面，实行"全面二孩"政策，则自然增长率有望介于3.6‰～4.1‰。在机械增长率方面，按照推进人口市民化、放宽"落户标准"的要求，未来户籍人口增长率将明显增加，按照往年趋势，假设机械增长率是自然增长率的3倍左右，则在10.8‰～12.3‰。基于此，未来户籍人口年增长率介于14.4‰～16.4‰，2020年户籍人口介于47.02万～47.58万人，到2030年增长至54.25万～55.99万人。基于此，2015～2020年，平均每年增加0.65万～0.74万人；2021万～2030年，平均每年增加0.73万～0.85万人。

（二）外来常住人口

外来常住人口总量和增速受到区内外各种影响因素的综合作用，呈现出较为复杂的变化格局。2000～2014年，锡山区外来人口的变化呈现与苏州、无锡、常州等地类似的特征，总体上表现为"快速增长—低速增长—趋于平稳"的阶段性特征。2010～2014年，外来常住人口从27.34万人波动下降至26.99万人。面临经济发展新常态，加之无锡市、锡山区产业结构加速调整，锡山区所能提供的就业岗位逐步趋于平稳，对外来人口的吸引力有所下降。同时，安徽、河南、四川、苏北等就业机会的增加导致这些区域人口流出减少，未来锡山区承接外来人口大量流入的可能性不大。结合对全国、长三角和无锡未来人口发展趋势的预期，预计未来外来常住人口将保持相对稳定，到2020年、2030年，均维持在27万人左右。

（三）常住人口总规模

通过对户籍人口和外来常住人口的核算可知，2020 年、2030 年锡山区常住人口总规模分别为 74.02 万～74.58 万人和 81.25 万～82.99 万人。

二、基于经济需求的总量外推

参考无锡市域基于经济需求和就业容量的人口规模预测方法，采用劳动生产率法来测算就业容量，进而通过人口负担系数法估计总人口规模。

（一）关键参数预测

（1）地区生产总值。根据《无锡统计年鉴 2016》，2005～2015 年，锡山区地区生产总值从 182.50 亿元增长至 650.20 亿元，按可比价计算，年均增长 12.1%。但是，增速总体呈现逐年下降的态势，2010～2015 年，年可比增速从 13.7% 逐年降至 7.2%。随着经济发展进入新常态，未来地区生产总值的增速将可能进一步趋缓，按照既有延续性、又留有余地的原则，假设 2016～2020 年，地区生产总值年增速为 7%～8%，到 2020 年，地区生产总值为 910 亿～950 亿元；2021～2030 年，年增速为 6%～7%，到 2030 年，地区生产总值为 1630 亿～1870 亿元。

（2）三次产业结构。根据《无锡统计年鉴 2016》，锡山区长期保持以第二产业为主的产业结构，但其占比不断下降，从 2005 年的 64.9% 下降至 2010 年的 58.5%，平均每年下降 1.28 个百分点；2010～2015 年，平均每年下降 1.4 个百分点，其中，2015 年第二产业比重仅下降 0.2 个百分点（与 2014 年相比）。同期，第三产业占比不断提高，从 2005 年的 32.2% 增长至 2010 年的 38.0%，到 2015 年增至 45.0%，其中 2015 年仅增加 0.8 个百分点（与 2014 年相比）。随着未来产城融合发展步伐的加快，在锡东新城建设加速的情况下，未来第三产业比重仍将有所增加；但是，经济技术开发区等制造业载体推动制造业稳步发展，仍将使得第二产业增加值占有相当比重。2015 年，第一产业比重下降至 2.7%，较 2014 年下降 0.6 个百分点，假设未来维持稳中有降的格局。基于此，假设 2016～2020 年，第三产业占比平均每年增加 0.4 个百分点，到 2020 年占比达到 47%；2021～2030 年，第三产业占比平均每年增加 0.3 个百分点，到 2030 年占比达到 50%。基于此，2020 年、2030 年三次产业结构分别为 2.5∶50.5∶47.0 和 2.0∶48.0∶50.0。

（3）平均劳动生产率。2005～2014 年，锡山区三次产业从业人员的平均劳动生产率得到了进一步提升（表 14.8），根据线性回归分析结果，以年份为自变量，三次产业的平均劳动生产率为因变量，$y_1 = 1.2754x - 2557.1333$，$y_2 = 0.8174x - 1635.5754$，$y_3 = 1.5715x - 3144.9071$，其中，$y_1$、$y_2$、$y_3$ 分别为第一产业、第二产业、第三产业的平均劳动生产率，线性回归的 R^2 值分别为 0.95、0.91、0.96。根据上面的公式，计算得到 2020 年、2030 年三次产业的平均劳动生产率。

表 14.8　锡山区三次产业平均劳动生产率变化　　　　单位：万元/人

年份	第一产业	第二产业	第三产业
2005	1.44	4.14	7.88
2006	1.58	4.24	7.36
2007	1.71	5.12	9.18
2008	3.63	5.00	9.64
2009	4.38	5.46	11.02
2010	4.89	6.17	13.45
2011	7.65	9.09	15.10
2012	9.96	9.49	17.42
2013	10.83	10.23	19.05
2014	11.65	10.60	20.93

（4）人口负担系数。2005~2014 年，全区人口负担系数呈现波动式上升，2011 年后稳定在 1.5 以上（图 14.8）。随着人口老龄化进程的加快，预计未来人口负担系数将稳中有升，到 2020 年、2030 年分别约为 1.55 和 1.65。

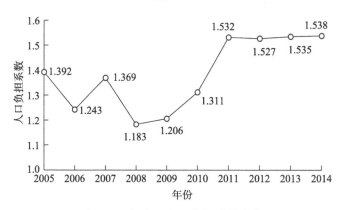

图 14.8　锡山区人口负担系数变化

（二）锡山区人口规模预测

根据劳动生产率法计算，到 2020 年，锡山区人口规模为 75.20 万~78.50 万人，2030 年为 81.08 万~93.02 万人（表 14.9）。

表 14.9　基于就业需求的人口规模预测

参数		2014 年	2020 年		2030 年	
地区生产总值/亿元		620.71	910	950	1630	1870
三次产业结构		3.3:52.5:44.2	2.5:50.5:47.0		2.0:48.0:50.0	
三次产业增加值/亿元	第一产业	20.7	22.75	23.75	32.60	37.40
	第二产业	322.6	459.55	479.75	782.40	897.60
	第三产业	274.4	427.70	446.50	815.00	935.00

续表

参数		2014 年	2020 年		2030 年	
平均劳动生产率/（万元/人）	第一产业	11.65	17.20		31.93	
	第二产业	10.60	14.80		28.10	
	第三产业	20.93	26.50		40.20	
从业人口/万人	第一产业	1.78	1.32	1.38	1.02	1.17
	第二产业	30.72	31.05	32.42	27.84	31.94
	第三产业	13.11	16.14	16.85	20.27	23.26
	合计	45.61	48.51	50.65	49.13	56.37
人口负担系数		1.538	1.55		1.65	
人口总规模/万人		70.15	75.20	78.50	81.08	93.02

三、基于房地产开发总量的人口规模判断

要分析房地产开发总量与人口承载规模的关系，所需的主要参数包括房地产建筑面积和人均住房面积。从对人口规模的影响看，安置房建设只是影响区域内户籍人口空间分布的变化，并不涉及常住人口的导入，对常住人口导入影响较大的是商品房的开发、销售及入住情况。同时，本地居民的原有住房或剩余安置房也有可能出租给外来人口。

从安置房建设情况看，截至 2015 年上半年，全区已建、在建安置房累积达到 1168.58 万平方米（指建筑面积）、约 8.69 万套。按照户均 2.5 套安置房、每户 3 人来计算，累积可安置约 10.43 万人。根据调研情况，每户平均 2.5 套的安置房中，大概有 1 套用于出租，则全部可用于出租的安置房约为 3.48 万套，假设每套居住 3 人，则同时可承载租住人口 10.44 万人。

从商品房建设情况看，2000～2014 年，全区房地产开工面积为 1840.46 万平方米。不考虑 2015 年后新开工的房地产项目，假设已开工的项目在 2020 年前全部竣工，按照每人 50 平方米计算，可承约 36.81 万人。如果是本地居民购买的商品房，假设其原有住房或获得的安置房也用于出租，类似可以用相应的面积来替代，以计算外来租住人口的规模。

综合以上考虑，2000～2014 年，房地产项目（含安置房和商品房）累计可承载新增人口约 47.24 万人，加上原有人口，可承载的人口规模约为 90.96 万人。考虑到同期全区常住人口仅增加 26.43 万人，可见至少有可供 20 万人居住的房地产项目是处于空置状态的。如果考虑 2015 年后新增加的房地产项目，商品房供过于求的问题将更为突出。

四、综合判断

根据以上分析，可得到以下主要结论：首先，近年来人口增长趋缓，若按照

研究期的增长速度，不仅满足不了支撑经济发展的人口需求，也无法消耗目前大量的房地产存量；其次，目前全区的房地产总量已经处于供过于求的状态，需要严格控制新增房地产的规模，或者通过去库存的手段来减少房地产存量，其中加大人口导入力度是可行手段之一；最后，建设用地，尤其是产业用地的供给是支撑区域经济发展的重要因素，目前经济发展相对缓慢，产业用地供给不足是可能的原因之一，产业用地供给不足导致经济发展缓慢、产业工人导入不足、人口总量增长缓慢，进而使房地产供过于求的问题更加突出，未来增加产业用地的供给有助于增强人口吸引力、加快房地产去库存的速度。

具体分析看，到 2020 年，全区房地产大约可以承载 91 万人，而经济需求的人口规模仅为 48 万～50 万人。这表明，房地产项目是明显的供过于求，需要进行总量的控制，或是通过加速人口导入等手段来加快去库存的速度。对于通过人口导入来推进房地产去库存，有多种途径，其一，房地产项目明确重点目标人群，吸引老城区疏解的人口前来购房、居住，同时吸引周边产业区的产业工人前来购房、生活；其二，设法扩大就业岗位，增加产业工人，达到区域内就业人口、常住人口结构保持相对合理的目标。这就需要增加产业用地的供给量。根据人口负担系数变化趋势和保持区域发展活力的要求，预测 2020 年人口负担系数为 1.55，假设全区人口达到房地产项目所承载的规模，即 90.96 万人，则产业工人数量为 58.68 万人，其间新增产业工人 10.68 万人。到 2020 年，人均劳动生产率为 20.04 万元，则增加 10.68 万人的产业工人创造的地区生产总值为 214.03 亿元；按照地均产出 605.36 万元计算，需要增加产业用地 3535.53 公顷。按照近年来年均出让约 150 公顷工业用地的规模，2014～2020 年预计将累计出让 1050 公顷，远低于 3535.53 公顷的客观需求规模。鉴于未来建设用地总量控制较为严格，可以通过建设用地结构调整的方式，将有限的新增建设用地指标、存量用地中的城乡挂钩指标等，优先用于产业发展，来实现通过用地供给推动产业发展、加快产业人口导入、做大区域人口规模的目的。

基于惯性增长、经济承载、用地承载等多种路径的分析，锡山区人口规模具有较大的变动空间，但是人口总规模的上限将在 90 万人左右，而最终的人口规模能达到多少，则取决于人口发展宏观环境、产业发展态势、人口政策等多种因素的综合作用。综上分析，设定 2020 年人口规模的合理区间为 75 万～80 万人，上限不超过 90 万人，同时也作为远期的目标规模。

第三节　空间布局优化

锡山的人口增减较为分散，人口增长与就业、住房和设施的空间布局较为明显，新型城镇化的建设和基本公共服务均衡供给将面临较大的压力，亟待引导人口空间分布格局的调整与优化。

一、人口布局适宜性评价

主要分析、评判不同单元的人口集聚适宜程度，是对比人口分布现状、开展人口空间分布调整和布局优化的重要依据。根据人口布局优化的基本原则，考虑锡山实际，本节主要选择生态环境、交通出行、生活就业、人口现状与趋势等方面的因素进行分析（表 14.10）。自然要素采用自然边界作为评价单元，交通可达性采用 500 米×500 米的网格单元计算（共计 1700 个网格），其他因素以村（社区）为单元分析，并以村（社区）为基本单元进行指标汇总和综合评价。评价范围覆盖锡山区全域 118 个村（社区），面积约为 400 平方千米。

表 14.10　人口布局适宜性评价指标体系

目标	作用	指标	因子层
生态环境约束	表征自然生态环境对人口规模的约束	生态重要性	重要林地、河湖水面等生态用地分布
		灾害易损性	低洼地、软土层、滑坡崩塌等地质灾害分布
		环境限制性	环境设施（污水处理厂、固废填埋和焚烧厂等）、污染企业与设施（变电站、发电厂等）
人居吸引力	反映经济社会因素对人口集聚的引导作用	交通便利度	各单元至城区、镇区、高铁站点、地铁站点和高速互通口的可达性
		就业机会	工业产值、个体工商户数、工业和居住用地分布比重
		生活保障度	居住和商贸空间规模、人口现状规模与近期增长趋势

（1）生态重要性。其表征生态系统服务价值高低。考虑锡山区的自然地理条件，将地势较高的山体、较大的河湖水面以及其他林草地等划为重要的生态用地，根据生态用地的面积占评价单元的比重表征生态重要性程度。安镇街道、锡北镇北部吼山、斗山及周边地区地形起伏、林地覆盖较多，水源涵养、水土保持等生态服务功能重要，不宜承载过多人口。厚桥街道东北部、羊尖镇西南部、鹅湖镇东南部和北部等的宛山荡、鹅湖荡等地水面密布、湿地众多，湿地生态系统维护功能重要。其他地区的生态重要性不高，人口承载的生态约束程度较低。

（2）灾害易损性。其刻画各类灾害发生的可能性和危害程度，根据锡山实际，选择低洼地、滑坡崩塌和软土等灾种，加权叠加评估形成灾害易损性指数。总体上，鹅湖镇东北部地势低洼、湖荡较多，有一定的洪涝风险。安镇街道北部、锡北镇西北部的吼山和斗山及周边地区，地形起伏较大，恶劣气候条件下崩塌滑坡等地质灾害发生概率较高。鹅湖镇西南部有部分软土区域分布，对于人口集中居住地设施建设约束较强。其余乡镇（街道）的大部分区域灾害风险较低，对于人口集聚的影响较小。

（3）环境限制性。其反映对环境影响较大的企业、基础设施布局对于人口空间分布的影响。就锡山区而言，东港镇黄土塘村西北部地区受垃圾发电站运行以及延伸配套产业的影响，环境污染风险较高，人居环境约束较强。锡北镇西北部的斗山变电站及其高压走廊分布区域，受电磁辐射影响，周边区域人口分布的限制也较强，不宜人口大规模地集中。其他地区的环境限制性一般。

（4）生活保障度。其是人口分布的重要引导因素，主要刻画获取居住、生活、休闲等日常服务的便利状况，重点选择人口现状规模、居住和商贸空间规模与近期增长趋势等指标表征。现状人口密集、居住和商服配套完善的区域，人气更加旺盛，未来对人口的吸引能力越强；与此同时，在市场理性地驱动下，人口快速增长的区域也将是配套服务供给快速扩张的区域，如此循环将吸引人口进一步集聚。从相关数据分析看，东亭街道、商务区（安镇街道）、其他各乡镇（街道）的城镇区及区划调整之前的集镇区既是居住、商服用地布局的集中区，也是人口分布的密集区（以社区（村）为单元，人口密度均高于 5000 人/千米 ^{2}），还是近期人口增长的重点区，此外，云林街道北部及周边邻近村的人口增长也较快。因此，可以预期未来这些地区的生活环境、服务配套将渐趋完善，人口引力趋于增强，其他外围农村地区，居住较为分散、配套较为滞后，生活舒适、便利程度较低。

（5）就业机会。其主要表征潜在非农就业岗位数量的空间差异，重点选用工业产值、个体工商户数以及工业和居住用地分布比重表征（表 14.11、表 14.12）。工业产值、个体工商户越多的区域，非农就业机会越多，人口吸引越强，此外，居住区集中的地区也是服务业就业机会丰富的区位，反之则相反。经济开发区、各乡镇（街道）工业园区的工业企业集中、规模较大，就业供给能力较强；锡北镇西北部、东港镇西部和东南部、羊尖镇的东北部、安镇街道西南部等地个体工商户较多，就业机会也较为充裕，人口引力也较强。此外，东亭街道、云林街道南部以及其他各乡镇（街道）地区人口和居住用地较为集中，商贸服务行业就业潜力较大，人口吸聚力较强；其他地区的人口引力相对较弱。

表 14.11　2014 年工业产值分布格局

范围	区域
0~3 000 万元	山林茶果场、新屯社区、彩桥村、东街社区、春星社区、春合社区、谈村村、大厍头村、白丹山村、东北塘社区、春风村、斗山村、新明村、梓旺新村社区、厚桥社区、柏庄一村社区、桑达园社区、春江花园社区、锦旺新村社区、柏庄社区、安西村、胶南村、南村村、门楼社区、团结村、安镇村
3 000 万~5 000 万元	查桥村、陈市村
5 000 万~10 000 万元	港南村、庄桥社区、松芝村、北街社区、新联村、长流社区、东南村、青虹路社区、宛山村、八士村、严家桥村、丽安村、山联村、胶山村、劲丰村

续表

范围	区域
10 000 万～ 30 000 万元	新厚桥村、龙凤巷村、嵩山村、寨门村、圩库村、华东村、锡通社区、严埭社区、东亭社区、联新村、山河村、东湖村、新巷村、新坝村、春光村、张缪舍村、杨亭社区、胶西村、东湖塘社区、锦阳村、人民路社区、光明村、青荡村、鹅湖村、谢埭荡村、湖塘桥社区、南丰村
30 000 万～ 50 000 万元	港东村、泾西村、周家阁村、黄土塘村、南桥头村、裕巷村、东房桥村、新农丰社区、中东村、燕水庄村、梓旺村
50 000 万～ 100 000 万元	大马巷村、农坝村、年余村、羊尖社区、安南村、圆通村、新桥村、张泾社区、东升村、三新村、双桥村、春象社区
100 000 万～ 200 000 万元	甘露社区、朝阳村、仓下社区、群联村、蔡湾村、太芙村、东青河村、正阳村、亚光村、先锋村、春雷社区、泾新村
200 000 万～ 1 200 000 万元	羊尖村、鑫安社区、钱家庄社区、长大夏社区、芙蓉村、八士社区、吼山社区、蓉阳村、廊下村、蠡西社区、勤新村、竹园社区、港下社区

表 14.12　2014 年个体工商户

范围	区域
0～5 个	山林茶果场、新屯社区、东街社区、春星社区、春合社区、东北塘社区、梓旺新村社区、厚桥社区、柏庄一村社区、桑达园社区、春江花园社区、锦旺新村社区、柏庄社区、门楼社区、庄桥社区、北街社区、长流社区、青虹路社区、东亭社区、杨亭社区、东湖塘社区、人民路社区、新农丰社区、年余村、羊尖社区、张泾社区、春象社区、蔡湾村、春雷社区、鑫安社区、钱家庄社区、长大夏社区、八士社区、吼山社区、蠡西社区、竹园社区、港下社区、大库头村、蓉阳村、新厚桥村、湖塘桥社区
6～25 个	白丹山村、燕水庄村、团结村、南桥头村、双桥村、新联村、谈村村、新桥村、胶西村、中东村、梓旺村
26～45 个	圩库村、谢埭荡村、东青河村、严埭社区、甘露社区、朝阳村、胶南村、圆通村、群联村、胶山村、劲丰村、周家阁村、太芙村、鹅湖村、春风村、光明村、东升村、仓下社区、青荡村、东房桥村
46～65 个	新明村、联新村、亚光村、港南村、泾新村、芙蓉村、南村村、南丰村、彩桥村、山联村、新坝村、大马巷村、裕巷村、勤新村
66～95 个	三新村、张缪舍村、农坝村、羊尖村、松芝村、春光村、斗山村、安西村
96～150 个	华东村、丽安村、东湖村、港东村、泾西村、安南村、嵩山村、寨门村、正阳村、陈市村、查桥村、黄土塘村
151～200 个	新巷村、龙凤巷村、山河村、锡通社区、锦阳村、安镇村、宛山村
201～280 个	严家桥村、先锋村、廊下村、八士村、东南村

（6）交通便利度。其指交通出行的便捷程度，以各单元至锡山城区、镇区、高铁站点、地铁站点和高速互通口的可达性表征。东亭街道、云林街道和东北塘街道的大部分地区离城区最近，交通可达时间最短，在 10 分钟以内；东港和羊尖镇东北部、鹅湖镇东南部等地离城区较远，交通可达时间接近半小时。大部分单元离镇区的通达时间在 6 分钟以内，仅锡北镇西北部、厚桥街道东南部、鹅湖镇西北部和安镇街道西部等地到镇区的通达时间较长，多于 10 分钟。受高铁站和地

铁线路布局的影响，安镇街道和厚桥街道的大部分地区离高铁站点可达时间均在10分钟以内，安镇、云林和东亭街道的大部分地区离地铁站点的可达时间均在10分钟以内，此外，东亭街道、东北塘街道、锡北镇南部、厚桥街道东南部、鹅湖镇西北部、羊尖镇西南部和东港镇东北部等地离高速互通口的可达时间也较短，其他地区的交通可达性相对较差。总体上，东亭街道、云林街道、安镇街道、厚桥街道、锡北街西南部以及厚桥街道南部及周边地区的交通出行较为便捷，其他区域的出行条件相对较差。

（7）人口布局适宜性。综合表 14.10 的单项指标，加权叠加获取人口布局综合适宜性指数（表 14.13）。东亭街道、商务区（安镇街道）南部、云林街道、东北塘街道南部、厚桥街道中部和北部、锡北镇中部、东港镇中部、羊尖镇中部和西部以及鹅湖镇中部等地就业机会充裕、居住生活配套较为完善、交通出行便捷、环境限制不强，适宜人口大规模集聚。东北塘街道北部、锡北镇西部和东南部、厚桥街道北部、鹅湖镇西北部、羊尖镇西部、东港镇东南部等地乡村或工业发展基础较好、就业机会较多，或距离工业园区较近、居住和通勤成本较低，且生态环境承载条件较好，适宜集聚一定规模的乡村人口。锡北镇和东港镇的北部、商务区（安镇街道）北部、羊尖镇东北部、厚桥街道东南部、鹅湖镇东部等的乡村地区或生态约束较强，或环境限制较大，或灾害风险较高，或远离城镇且非农就业机会不多，生活配套不够完善，不宜大规模人口集中居住，条件成熟时宜有序引导人口迁移。

表 14.13   人口布局适宜性分区表

乡镇（街道）	低值区 0.2888~0.3757	较低值区 0.3757~0.4697	中值区 0.4697~0.5420	较高值区 0.5420~0.6207	高值区 0.6207~0.7230
东亭街道			长流社区	门楼社区、春合社区	柏庄社区、春星社区、庄桥社区、新屯社区、北街社区、东亭社区、东街社区、柏庄一村社区、春江花园社区
云林街道			春象社区	仓下社区、钱家庄社区、长大夏社区、杨亭社区、春雷社区、新农丰社区、双桥村	竹园社区、蓉阳村、芙蓉村
厚桥街道	谢埭荡村	新联村、中东村	南桥头村、年余村、太芙村、厚桥社区、嵩山村	新厚桥村	

乡镇 （街道）	低值区 0.2888～0.3757	较低值区 0.3757～0.4697	中值区 0.4697～0.5420	较高值区 0.5420～0.6207	高值区 0.6207～0.7230
东北塘 街道			农坝村、大马巷 村	东北塘社区、严埭 社区、锡通社区、 梓旺新村社区、裕 巷村、正阳村、锦 阳村、梓旺村	
商务区 （安镇 街道）		山河村、胶南村	谈村村、春光村、 胶西村、胶山村	白丹山村、先锋 村、查桥村、团结 村	吼山社区、鑫安 社区、大厍头 村、安南村、安 西村、安镇村
东港镇		湖塘桥社区、黄土 塘村、东南村、华 东村、山联村、陈 市村、张缪舍村、 港南村	东湖村、朝阳村、 东升村、东青河 村、新巷村、港 东村	东湖塘社区、蠡西 社区、亚光村	港下社区、勤新 村
锡北镇	春风村、山林茶 果场	劲丰村、斗山村、 光明村、寨门村	八士村、联新村、 东房桥村、新明 村、周家阁村	八士社区、张泾社 区、新坝村、泾新 村、泾西村	
羊尖镇		南村村、严家桥村、 丽安村	宛山村、南丰村、 龙风巷村	羊尖社区、羊尖村	廊下村
鹅湖镇	鹅湖村、圩厍村、 彩桥村、松芝村、 燕水庄村	青荡村、三新村、 圆通村	青虹路社区、甘 露社区、群联村、 蔡湾村	人民路社区、新桥 村	

二、优化配置思路

参考无锡市人口空间配置的具体方法，综合各村（社区）的人口适宜性，获取各乡镇（街道）人口布局适宜性指数，进而得到各乡镇（街道）以及各功能区或村（社区）目标年的人口规模。

以此为基础，结合人口空间布局的战略预期，对分配结果进行适当修正。具体考虑如下。

商务区（安镇街道）和厚桥街道兼具高铁和地铁的交通条件优势，出行便捷；居住环境、商贸服务、医疗卫生、文化教育等生活服务条件逐步完善；随着科技创意、商贸商务等新兴产业项目落户集聚和传统产业的升级，就业容量将逐步扩张，未来将是锡山人口增长的核心区域。

锡山城区（东亭-云林-东北塘街道）是全区工业和服务业的集中布局区域，就业机会众多，区政府所在地，紧邻市中心，通勤便利，医疗教育、居住生活配套完善，是全区人口增长和分布的主要区域之一。

东港镇区，工业基础雄厚，发展趋势良好，城镇生活服务配套健全，人口集聚规模较大，可以预期就业规模将持续扩大，人口稳定增长，未来将是锡山人口增长的重要区域。

锡北-羊尖-鹅湖镇区，通过稳步推进工业园区的产业集聚，就业机会将持续增加，随着锡北、羊尖和鹅湖的城镇建设，生活居住配套服务将逐步完备，可以预期将吸引一部分外来或本地农村人口向城镇集聚，未来人口仍获得一定增长。

重点村（社区），有一定规模的乡村工业和就业容量，村庄生活环境和配套服务较好，未来人口将保持稳定或略有增长。邻近重要河湖山地、景观优美的乡村，通过完善生活配套服务条件，将可能吸引休闲、养老人群集聚，还可能吸引部分城镇人口回乡居住，未来人口也可能保持稳定或略有增长。

其他村（社区），未来以现代农业和自然生态保护为主，人口可能逐步减少。

三、人口优化配置方案

根据锡山区 2014 年人口分布和布局适宜性的空间差异，结合目标全区总人口，分别按照 80 万人和 90 万人的人口规模，提出人口优化布局的方案（表 14.14）。

表 14.14　2020 年各乡镇（街道）人口变化　　　　单位：万人

乡镇（街道）	2014 年	80 万人方案		90 万人方案	
	规模	规模	增加	规模	增加
东亭街道	11.68	12.78	1.10	14.18	1.40
云林街道	7.72	8.32	0.60	9.12	0.80
厚桥街道	4.16	4.56	0.40	5.56	1.00
东北塘街道	5.76	6.76	1.00	8.06	1.30
商务区（安镇街道）	9.24	13.64	4.40	18.14	4.50
东港镇	11.09	12.09	1.00	12.79	0.70
锡北镇	8.16	8.76	0.60	9.01	0.25
羊尖镇	5.71	6.11	0.40	6.21	0.10
鹅湖镇	6.63	6.98	0.35	6.93	−0.05
合计	70.15	80.00	9.85	90.00	10.00

（一）乡镇（街道）人口优化方案

（1）东亭街道。区政府所在地，居住、医疗卫生、教育等配套完善，通勤便利，是全区人口集聚规模最大的地区，2020 年人口总量增加约 1.1 万人。若全区人口达到 90 万人，该街道将进一步增加 1.4 万人。

（2）云林街道和厚桥街道。锡山经济开发区所在地，就业机会众多，紧邻城区和高铁商务区，生活配套完善，人口稳步增加，分别增长 0.6 万人和 0.4 万人，合计 1.0 万人。若全区人口达到 90 万人，两街道将累计增加 1.8 万人。

（3）东北塘街道。交通区位优越，工业、商贸物流发展基础较好，南连锡山城区、东接经济开发区，生活、就业便利，随着城镇建设和产业转型升级的稳步推进，人口也将有稳定增长，人口增加约 1.0 万人。若全区人口达到 90 万人，该街道将进一步增加 1.3 万人。

（4）商务区（安镇街道）。随着新城建设的推进和产业集聚规模的扩张，居住和就业人口将快速增长，人口规模增加约 4.4 万人，是人口增长最快的街道。若全区人口达到 90 万人，该街道将进一步增加 4.5 万人，人口集聚效应更加显现。

（5）东港镇。其是锡山区东北部地区的核心产业和城镇组团，随着工业园区的稳步发展和商贸服务业的壮大，未来人口将有较大规模的增长，人口增加 1.0 万人。若全区人口达到 90 万人，该镇将进一步增加 0.7 万人。

（6）锡北-羊尖-鹅湖镇。位于锡山西北部和东南部，随着产业稳步发展，就业机会持续增加，仍将可能吸引一定规模的外来人口集聚，人口分别增长 0.6 万人、0.4 万人和 0.35 万人，合计为 1.35 万人。若全区人口达到 90 万人，三镇将累计增加 0.3 万人。

（二）城镇板块和乡村片区人口优化方案

按照城镇板块和乡村片区分析，城镇板块将是锡山未来人口承载的主要空间（表 14.15）。在总人口达到 80 万人的方案下，城镇板块合计增加 10.7 万人。其中，锡山城区板块（包括东亭、云林和东北塘街道的城镇板块）未来人口规模最大，将达 25.9 万人，较 2014 年增长 2.6 万人。商务区（安镇）-厚桥-羊尖城镇板块和东港城镇板块的人口规模也有较多增长，分别达 17.95 万人和 6.74 万人，较 2014 年分别增加约 5.6 万人和 1.4 万人。锡北和鹅湖城镇板块人口规模增加较小，与 2014 年相比分别增加约 0.6 万人和 0.5 万人。乡村片区主要分布在城镇板块的外围地区，按照自然条件、农业和乡村工业发展的空间差异，可以分为 14 片区，随着农业现代化、新型城镇化发展加快，各片区未来的人口规模将保持稳定或有不同程度地减少，合计减少 0.85 万人。若全区人口达到 90 万人，城镇板块将进一步增加 11.9 万人，而乡村片区减少 1.9 万人。

表 14.15　不同人口规模方案下的板块、片区人口变化　　单位：万人

分区类型	名称	2014 年	80 万人方案		90 万人方案	
		规模	规模	增量	规模	增量
城镇板块	东亭片区	11.68	12.78	1.1	14.18	1.40
	云林北片	3.61	4.11	0.5	4.71	0.6
	云林南片	4.11	4.21	0.1	4.41	0.2

续表

分区类型	名称	2014年	80万人方案		90万人方案	
		规模	规模	增量	规模	增量
城镇板块	东北塘东南片	2.29	3.39	1.1	4.49	1.1
	东北塘西南片	1.61	1.41	−0.2	1.41	0
	厚桥北片	2.53	3.03	0.5	4.38	1.35
	商务区（安镇）东北片	2.68	4.18	1.5	5.38	1.2
	商务区（安镇）东南片	1.96	5.06	3.1	8.66	3.6
	商务区（安镇）西南片	2.51	2.41	−0.1	2.46	0.05
	东港中片	5.34	6.74	1.4	7.79	1.05
	锡北中片	3.19	3.79	0.6	4.24	0.45
	羊尖中片	2.67	3.27	0.6	3.72	0.45
	鹅湖中部片	4.33	4.83	0.5	5.28	0.45
乡村片区	东北塘东北片	1.86	1.96	0.1	2.16	0.20
	商务区（安镇）西北片	2.09	1.99	−0.1	1.64	−0.35
	厚桥南片	1.63	1.53	−0.1	1.18	−0.35
	东港北片	0.74	0.64	−0.1	0.44	−0.20
	东港东片	2.68	2.48	−0.2	2.08	−0.40
	东港南片	1.31	1.41	0.1	1.66	0.25
	东港西片	1.02	0.82	−0.2	0.82	0.00
	锡北东北片	1.24	1.04	−0.2	0.64	−0.40
	锡北南片	1.27	1.37	0.1	1.52	0.15
	锡北西北片	2.46	2.56	0.1	2.61	0.05
	羊尖北片	1.30	1.2	−0.1	1.05	−0.15
	羊尖东南片	1.74	1.64	−0.1	1.44	−0.20
	鹅湖东北片	1.31	1.21	−0.1	0.91	−0.30
	鹅湖南片	0.99	0.94	−0.05	0.74	−0.20
	合计	70.15	80.00	9.85	90.00	10.00

（三）与已有相关城镇规划导向的比较

　　本章的分配方案充分考虑了兼顾现状、适度规模、生态协调、产城融合的原则，与相关城镇规划比较，人口增长的重点区域向商务区（安镇）转移，比城镇规划预测的人口规模有较大数量的提升。锡山城区配套成熟，人口也有较快增长。东港、锡北的产业和城镇基础相对较好，也具有一定的吸引力。鹅湖、羊尖因其区位相对偏僻，工业发展的优势不突出，未来人口净流入将不会太大，因而设定了缓慢增长的情景。乡村地区未来面临村庄撤并、农业人口向城镇集聚等趋势，人口整体以减少为主，并主要集中在几大乡村片区。

第五篇

对 策 建 议

第《十 五》章

未来人口空间分布的对策建议

通过研究，可以判断如果人口大规模向中西部回流，特别是回流到中西部的城镇或乡村，可能会加大地方财政保民生的支出压力，也会加大资源环境的压力。同时，国家投资、财税优惠和土地指标向中西部的中小城市和城镇倾斜，会降低资源使用效率，也不利于提高长三角、粤港澳、京津冀等世界级城市群的人口经济承载力。为此，后续拟提出如下建议。

（1）分级分类制定特大城市和城市群人口分布引导政策。未来重点推动人口优先向东部的长三角、粤港澳和京津冀城市群集聚，提高资源要素利用效率，打造世界级城市群；适度引导人口向长江中游城市群、成渝城市群集聚，重点做大做强武汉、成都、重庆等中心城市，带动周边城市快速崛起；对于中原、关中平原、哈长、辽中南、山东半岛、海峡西岸、北部湾、呼包鄂榆、兰西等区域性城市群，重点吸纳本地农业转移人口。通过差别化的人口分布政策，引导形成与之相匹配的土地供给和国家投资制度，促进人口与经济相协调，提升特大城市和城市群的发展效率和承载能力。

（2）按照美丽中国建设要求，推动农业和生态地区健康绿色发展。落实主体功能区战略和制度，推动农业地区剩余劳动力有序转移和城镇化，推动生态地区的生态移民，降低限制开发区域的地方财政兜底压力，促进人口与资源环境相协调、人与自然和谐共生。对于农业地区来说，重点增强县城集聚发展能力，提高县城人口经济在县域人口经济中的比重和贡献。农村地区的城镇根据生态资源、交通区位、历史文化等条件，建设自然生态型、乡村旅游型和历史文化型小城镇，塑造具有地域特色的经济增长板块，促进农业转移人口就地就近城镇化。对于生态地区来说，总人口占全国的比重降低，对生态环境的压力减轻，生态移民使百姓享受更高水平的公共服务，同时通过人类活动占用空间的减少扩大绿色生态空间。

（3）挖掘服务业就业潜力，提高特大城市和城市群的就业容纳能力。特大城市和城市群地区可能创造的新增就业机会远远大于人口密度较低的三四线城市和县城，其仍然是未来人口流入和容纳就业的主要空间，尤其是外来务工人员的第二代、第三代长期在城市生活、接受城市教育，返乡从事农业或在中小城市寻找就业的可能性大大降低。为此，首先需要调整现有的就业引导政策，把增加就业的重点从返乡创业调整为强化特大城市和城市群接纳就业的能力。重点利用城市人口集聚带来的新增消费需求，大力发展生活服务业，支持发展地摊经济、夜经济，防止以非本地户口为由限制灵活就业形式。同时要大力发展教育培训业，提高进城务工人员的劳动技能。此外，要提高城市发展质量，在城市更新与旧城改造中保留适度规模的低成本居住空间，以提高外来就业人员的可进入性。

（4）推动资源要素市场化配置，有序推进人口市民化。以新增建设用地指标为例，近年来主要向中西部地区倾斜，而且大部分都留在了省会城市。许多省会城市动用行政权力进行行政区划调整，把大部分周边的县（市）通过"撤县（市）改区"纳入中心城市范畴，而这些县（市）距离中心城市的主城区远达几十千米，导致基础设施建设投入战线过长，土地指标和财政资金效益发挥不足。现在提出中心城市建设和城市群的发展，就是要摒弃各种新区的盲目发展，重点是如何运用市场的机制，引导要素更多地向城市群和中心城市集中，而不是行政的指令性配置。为此，首先要建立"地随人走、钱随人走"的土地和公共财政保障政策，根据每个地区吸纳的人口市民化规模，增加建设用地指标和中央财力投入，减缓流入地的地方财政压力，支持流入地解决外来移民市民化问题。其次，要探索"分级标准、分步推进"的外来人口市民化机制。根据城市人口容量和公共财力，确定分级落户标准和逐步放开步骤，综合考虑学历、投资、创业、纳税、购房等因素，探索建立积分制等市民化身份的认定方式。例如，对大城市而言，一方面，应积极推动制度改革、先行先试，将流动人口纳入城市住房、医疗与教育等基本社会保障体系之内；另一方面，根据主体功能区划通过分散城市功能或调整产业布局等引导人口合理布局以应对环境质量下降、交通拥堵严重、房价上涨过快等社会问题。中小城市根据经济社会发展水平及流动人口相关特征采取差异化对策：发达地区应通过完善住房、医保、教育及就业等体系，提高流动人口社会融合度和推动市民化进程；欠发达地区应大力提高当地的社会经济发展水平和综合承载能力，增加就业和提高收入的机会，为大城市缓解人口压力提供可能。最后，要避免提出过高的城市发展标准，量力而行，循序渐进，在兼顾效率和公平的基础上推进公共服务设施简约化，提高城市包容性，稳定外来人口在城市的消费和投资预期。

（5）多主体协同发力，依法保障流动人口合法权益。在政府主导的旧城改造、市场主导的住房竞争"驱贫引富"等影响下，流动人口的社会隔离正不断显化为居住分异。在城市更新推动制造业向外部转移及服务业向中心集聚的共同作用下，流动人口在教育、医疗与休闲等的获取上处于明显的不利地位，进一步加剧了城市空间分异。未来，要实现流动人口社会融合，进而实现市民化，需要政府、市场和社会三者的紧密合作、协同参与。政府应通过增加就业机会及提高收入等实现社会高质量发展；积极构建公平的劳动力及社会保障市场体系，让市场力量成为流动人口融入市民社会、提高城市归属感的重要力量；社会层面应致力于建立城乡均等公共服务体系，保障流动人口和市民平等的工作和生活权利。此外，在农村大量剩余劳动力逐渐走出乡村的同时，也带来了一系列新的社会难题，其中留守儿童、空巢老人、随迁子女及新生代流动人口等相关社会问题亟待解决，这些都是新型城镇化过程中不可忽视的社会难题。

第 十 六 章

城市群未来人口空间分布的对策建议

　　针对长三角人口分布特征及问题，从人口布局优化、产业链合作、公共服务均等化等方面，提出新发展阶段长三角人口布局优化及治理措施，以期提高城市群的人口经济承载能力，促进城市群高质量和可持续发展。

　　（1）探索制定差别化的人口政策。区域中心城市上海、南京、杭州、苏州、无锡、宁波等依然面临较强的人口集聚趋势，但受到区域经济格局转变、城市功能升级和资源环境承载能力约束等影响，需要适度控制特大城市和大城市人口过快增长，特别是要严格控制上海超大城市的人口规模。经济学家认为人口向上海集聚最具产出效率，但人口继续向上海集聚，不仅面临空间局促和公共服务供给的问题，更大的压力来自饮用水资源的短缺，目前上海已经开始经太浦河调东太湖的水，这需要付出巨大的成本。沿江、沿湾和沿海的中小城市仍具有一定的容量，也是未来重点拓展的区域，应该按照经济扩散格局和过程，引导人口回流和集聚。对于浙南、苏南丘陵地区和苏中里下河地区，资源环境承载能力较低，要适度有序引导人口就地就近向城镇化空间集聚。

　　（2）推动产业链共建及特色产业发展。产业转移推动区域经济格局变迁并引导人口的重新布局，但边缘区经济增长的同时能否带来人口的汇集直接影响到区域产业转移和产业结构升级转换能否真正得到实现。推动大城市依据自身优势产业打造若干区域性产业链，引导大城市与中小城市分工协作，形成"总部＋基地""研发＋生产"的产业链共建方式。支持和鼓励大城市龙头企业加快转型升级，把公司总部、研发中心和生产基地有效分离，将生产基地优先布局到有配套基础的中小城市。中小城市也要在区域产业分工中找准自身定位，不断提高特色化、专业化水平，形成无可替代的发展优势，创造更多就业岗位，吸引人口回流，防止中小城市特别是县城空心化。对于生态环境较为敏感的区域，也可通过绿色创新发展生态经济，吸引更多人口回乡就业创业。因此，一方面，要发挥政府的协调作用，推进区域协同发展；另一方面，在产业转移与承接产业转移的过程中，各城市要差异化定位，核心区应注重引领产业高端环节、推动产业升级，边缘区要注重发展特色产业、充分发挥后发优势，在区域发展的同时吸引人口的流入，这也符合区域均衡发展的题中之意，否则可能使人口与经济分布不均衡程度及区域差异扩大。

（3）促进基本公共服务均等化。工资待遇及收入的差距，是人口向大城市集聚最根本的原因，促进公共服务均等化是长三角人口分布优化最需要着力增强的方面。按照城市功能分工和基本公共服务均等化的原则，调整省市一般性转移支付机制，确保小城市或者保护地区的基本支出需求，实现基本公共服务大致均等。同时，在财政奖补制度的基础上，探索设立长三角一体化发展基金，对保护地区增设生态保护及生态环境修复专项支出，对粮食发展、农产品生产和生态保护贡献突出的地区实施奖励补贴，促进生态补偿横向转移支付常态化、制度化。加快推动城市群内各地区基本公共服务框架、内容和实施步骤相互对接，减少制度障碍，促进形成城市群内待遇逐步趋同的自我调节机制。

第十七章

城市未来人口分布与优化的对策建议

幸福和谐的城市，始终是人类与自然和历史的对话，一切的发展都是为了人。人口过多或过少、人口结构的优劣等都将对区域经济社会发展产生重要影响。本章针对城市人口发展面临的新形势，结合未来经济社会发展的需要，科学解析需要重点关注的问题，提出针对性的对策建议，以合理调控城市人口布局、提升人口发展质量。

（1）调整用地配置导向，加大产业用地供给力度。树立"多规合一"和"存量规划"理念，基于"管住总量、严控增量、盘活存量、精准配置、提质增效"的原则，加强国土空间规划管控作用，创新土地管理制度，优化土地利用结构，提高土地利用效率，合理满足城镇化发展用地需求。考虑城市人口的增长趋势和空间分布变化可能，适时调整动态新增建设用地的投放规模、类型和区域，推进建设用地的供给侧结构性调整，重点加大工业用地供给规模，适度限制目前供给量过多的房地产用地数量。其中，居住与商贸服务功能主导的人口增长重点区域，需要严格控制工业用地规模，重点增加商业和公共服务配套用地，以完善公共服务水平，增强人口吸引力。制造与服务功能主导的人口增长重点地区，要考虑产业和就业发展需求，重点加大工业用地的供给倾斜力度。同时，适度增加供给商贸、居住用地，完善基本的生活、居住配套，引导产城融合发展，吸引人口进入，促进人口增长。以工业主导向城市主导转型的人口增长区，要适度控制工业用地规模，鼓励商业与居住、工业与商贸等用地功能混合，适度增加商业和公共服务设施用地供给，吸引人口集聚。在生态环境较好的地区，增加高档房地产、旅游地产等的供给规模，促进健康养生、休闲度假等产业发展。放大扩权强镇改革成效，按照"分类引导、差别发展、择优培育"的原则，推进特色产业乡镇和重点中心镇建设，因地制宜推进小城镇建设，有效吸纳本地农业转移人口、城乡兼业人口和返乡农民工就地就近城镇化，突出中心镇作为就地就近农业人口转移节点的作用。

（2）推进产业集聚，提供充足多样就业岗位。加快培育电子信息等现代产业集群，做大做强商贸物流、信息服务等服务产业，大力发展就业吸纳能力强的纺织服装等加工业和各类生活性服务业，提供更多就业岗位。加强就业政策与财税、产业、外贸、社保等政策的相互衔接，构建常态化援企稳岗帮扶机制，支持民营中小微企业和个体工商户稳定发展，吸纳就业。加强重点企业跟踪服务和重点群体分级分类就业服务，提升精准服务效能。明确重要产业规划带动就业目标，实施重大产业就业影响评估。建立城市功能完善、产业优化升级与就业质量提高的联动机制，大力发展生产、生活性服务业，因地制宜发展劳动密集型产业，满足差异化就业需求。实施新业态成长计划，有序引导发展适应社会需求的灵活就业、"副业创新"、多点执业等新就业模式，支持发展农村电商、跨境电商、直播带货、短视频带货等新业态，形成新业态就业创业集聚效应。健全困难人员就业援助制度，扩大公益性岗位安置，拓展社区超市、便利店和社区服务等岗位，兜牢就业底线。积极完善就业服务体系，完善网上信息发布平台，推进人力资源市场建设，定期组织各类招聘活动，提供多途径、便利化就业信息。

（3）创新人口管理体制，促进人口可持续健康发展。坚持"以人为本"的发展理念，持续深化户籍制度改革、优化人口管理制度，按照"尊重意愿、自主选择，存量优先、带动增量，因地制宜、分步推进，数量为基、质量为本"的原则，高质量实现城镇常住人口市民化。还原户籍人口登记管理功能，放宽放开城镇落户限制，实行以就业年限、居住年限和城镇社会保险参加年限等为基准的积分制落户政策，进一步降低直系亲属投靠落户门槛。深化人才引进落户政策，全面放开人才落户限制，放宽人才随迁人员落户条件。允许租房常住人口在公共户口落户，增设社区集体户以发挥"兜底"功能。简化落户办理手续，落实城乡户口统一登记制度、全市户口通迁制度，允许符合条件的入乡返乡创业就业的高校学生、退伍军人，拥有农村宅基地使用权的原进城落户农村人口回农村落户。全面实施外来人口居住证制度，推动以居住证为载体为非户籍常住人口提供基本公共服务，提高居住证持有者的落户便利程度，增强流动人口社会融合度、留居意愿。以"一老一小"为重点，建立健全覆盖全生命周期的人口服务体系。建立健全以社区为基础的人口服务管理制度，建强网格员队伍，全面清理无户人员，推进户口、居民身份证办理"无纸化"、"免填单"和跨行政区域户籍办理"秒迁"，提高户籍管理和服务效率。构建城市统一的集居住登记、房屋租赁、劳动就业、社会保障、计划生育、缴税收费等服务管理功能为一体的人口综合信息系统。推行以家庭迁移为导向的市民化政策设计，完善以家庭为单位的税收、抚育赡养、教育住房、生活保障等政策。加强和完善人口统计调查制度，构建人口综合信息系统，实施人口动态监测，逐步建立城市市域、市区、城区常住人口常态化统计发布机制，促进相关经济社会政策与人口政策有效衔接，提高人口精细化管理水平和效率。

（4）优化资金供给制度，增强新型城镇化资金保障。深化投融资体制改革，完善财政转移支付制度，创新金融服务，依法规范和健全政府举债融资机制，逐步建立低成本、多元化、可持续的城乡建设资金保障机制，强化政府债务管理，坚决打好防范化解重大风险攻坚战，逐步建立多元化、可持续的城镇化资金保障机制。完善政府预算体系，探索基本公共服务项目清单化管理，根据财力状况逐步提高保障标准、扩大清单范围。强化政府基本公共服务供给主体责任，按常住人口需求调整优化财政支出结构，争取中央财政农业转移人口市民化奖励资金，增强基本公共服务保障能力。健全"三农"财政投入稳定增长机制，推进涉农资金统筹整合，提高土地出让收入用于农业农村的比例，促进城乡社会公共服务均等化。按照事权与支出责任相适应的原则，建立财政转移支付和人口市民化挂钩机制，对非户籍人口市民化进展快、质量高的地区予以奖补。大力培育乡镇财源，保证乡镇具有相对稳定的财力来源，加大中心镇财政投入。建立健全转移支付定期评估机制。根据市民化成本分类，明确政府、企业、个人共同参与的成本分担责任。完善政府购买基本公共服务清单制度，建立投资成本收益相匹配的投融资机制，鼓励使用 PPP（public-private partnership，政府和社会资本合作）、BOT（build-operate-transfer，建设–经营–转让）等多类型融资渠道，稳妥推进基础设施不动产投资信托基金（real estate investment trust，REITs）等模式，引导民间资本通过多种方式参与公共服务、市政公用事业等的建设和运营。创新农村基础设施资金保障机制，鼓励引导更多社会资本参与农村基础设施建设。建立工商资本下乡"负面清单"制度，加强对工商资本租赁农地的监管和风险防范，严禁农地非农化。积极发挥社会组织、慈善福利机构在推进市民化进程中的积极作用。深化绩效管理改革，建立量力而行、量入为出的财政支出制度，削减长期沉淀和低效无效的资金。完善债务风险识别、评估预警和有效防控机制，加强对融资平台公司全口径债务管理和动态监控，稳妥化解地方政府隐性债务，坚决防止风险累积形成系统性风险。加强审计监督和督查考核问责，坚决查处各类违规违法举债行为，严惩逃废债行为。全面规范地方金融秩序，持续加大对非法集资等的打击力度，积极开展防范非法集资宣传教育，不断提高群众风险意识、防范意识，维护金融秩序稳定。

（5）提升人口服务能力，维护和谐社会秩序。坚持以人的城镇化为核心，以提高质量为导向，以子女教育、住房保障、社会保险、医疗卫生等为重点，建立与户籍制度脱钩、城乡均等化的基本公共服务动态供给机制。针对人口规模增加、外来人口较多、人口布局出现调整、老龄化加剧等趋势，提升人口服务能力，以适应新形势下科学管理人口的需求。全面启动建设人口管理服务全覆盖体系，按照居住地管理原则，对户籍人口、流动人口和境外人员实行"平等管理、平等服务"，逐步实现市民化待遇。不断完善以社区为基础的社会公共服务，探索建立社区综合服务中心，在社区建设便民服务站，推进医疗保健、文化娱乐、生活服务、法律服务、信访调解、计划生育、老年人服务、残疾人康复等综合服务进社区，使社区成为城市公共服务的基础平台。强化基层服务管理，完善基层管理协会，加强开发区人才公寓、工业园区、商贸集中区及流动人口集居点的服务管理工作。推动基本公共服务覆盖全部常住人口，重点强化就业、教育、医疗卫生、社会保障等领域服务，探索依靠政府、社会和企业等多途径解决农民工住房的新路子，切实保障外来人口享受社会基本公共服务的权益。积极完善养老服务，发展养老产业，应对人口老龄化，大力发展老龄经济。倡导开放包容的城市文化，建设福利平等、机会公平、全龄友好的包容性城市。加强城镇非户籍人口合法权益保障，引导非户籍人口在流入地参加党组织、依法行使民主权利、积极参与社区治理，在非户籍人口集中区建设公共文化体育空间，提供心理咨询等服务，以满足其精神文化需求。

（6）协调城乡发展机制，高质量推动城乡共同富裕。坚持经济发展促进就业导向，深化收入分配制度改革，推动经济增长与居民增收互促共进，健全困难群体帮扶长效机制，高质量推动城乡共同富裕。建立健全经济发展、充分就业与收入增长联动机制，着力提高劳动生产率，扩大中等收入群体，实现城乡居民收入增长与经济发展保持同步，让人民群众拥有更满意的收入。健全科学的工资水平决定机制、正常增长机制、支付保障机制，完善最低工资调整机制，合理调整最低工资标准，强化工资性收入与企业效益协同，稳步增加居民工资性收入。拓宽居民租金、股息、红利等增收渠道，规范发展理财产品，完善分红激励制度，支持有条件的企业实施员工持股计划，丰富居民财产性收入来源渠道，着力提高财产性收入比重。完善基本生活保障增收，加大转移支付力度，增加低收入者收入，合理提高转移性收入。建立健全农民分享产业链增值收益机制，推进农村集体产权制度改革，探索增加农民土地产权收益，强化农民创业就业政策支持，推动农村一二三产业融合发展，加快构建农民增收长效机制。借势产业结构调整的契机，规划建设城乡产业协同发展先行区，激发乡镇工业发展潜力。提高特色产业可持续发展能力，高起点、高标准推动乡镇工业集中区发展，推动新上一批特色明显、带动就业能力强的一二三产业融合发展的项目，打造特色产业集群和农村产业融合发展示范园。鼓励乡镇工业集中区之间协同发展，支持集中区内的中小企业与城市主导产业进行配套、进入龙头企业供应网络，实现龙头带动、快速发展。推进农业与旅游、教育、文化、康养等产业功能互补和深度融合，加快发展体验农业、发展创意农业、功能农业等，支持多镇联合发展农业主导产业，加快打造各具特色的农业全产业链。实施底线民生保障提升行动，健全困难群体兜底保障和关爱服务体系，完善基本生活救助标准动态调整机制。有序扩大社会救助范围，推动社会救助政策常住人口全覆盖。运用大数据等手段建立困难群众主动发现和动态调整机制。率先建立健全农村低收入人口等困难群体及时发现、跟踪监测和快速响应机制，推进强村富民帮促行动向支出型困难家庭延伸。加强帮扶项目资产管理和监督，促进保值增值和长期稳定发挥效益。